实际控制人境外居留权与民营企业创新

王雪平　著

中国财经出版传媒集团
中国财政经济出版社

图书在版编目（CIP）数据

实际控制人境外居留权与民营企业创新／王雪平著．
－－北京：中国财政经济出版社，2022.6
ISBN 978－7－5223－1365－8

Ⅰ.①实… Ⅱ.①王… Ⅲ.①移民问题－研究－中国－现代 ②民营企业－企业创新－研究－中国 Ⅳ.①D634 ②F279.245

中国版本图书馆 CIP 数据核字（2022）第 066568 号

责任编辑：李 静　　　　责任校对：张 凡
责任印刷：张 健

实际控制人境外居留权与民营企业创新
SHIJI KONGZHIREN JINGWAI JULIUQUAN YU MINYING QIYE CHUANGXIN

中国财政经济出版社 出版
URL：http：//www.cfeph.cn
E－mail：cfeph@cfeph.cn

社址：北京市海淀区阜成路甲 28 号 邮政编码：100142
营销中心电话：010－88191522
天猫网店：中国财政经济出版社旗舰店
网址：https：//zgczjjcbs.tmall.com
北京财经印刷厂印刷 各地新华书店经销
成品尺寸：147mm×210mm 32 开 8.375 印张 203 000 字
2022 年 6 月第 1 版 2022 年 6 月北京第 1 次印刷
定价：42.00 元
ISBN 978－7－5223－1365－8
（图书出现印装问题，本社负责调换，电话：010－88190548）
本社质量投诉电话：010－88190744
打击盗版举报热线：010－88191661 QQ：2242791300

内容摘要

人类进入21世纪以来，全球经济增长的驱动要素主要从有形资本转变为无形资本，创新是形成无形资本的最重要手段。目前，我国经济已由高速增长转向高质量发展，从“重视数量”转向“提升质量”，从“规模扩张”转向“结构升级”，从“要素驱动”转向“创新驱动”。党的十九大报告指出，创新是引领发展的第一动力，是建设现代化经济体系的战略支撑。必须坚定不移贯彻创新、协调、绿色、开放、共享的发展理念，实施创新驱动发展战略。近年来，我国持续加大研发投入力度，不断强化知识产权保护，创新能力和水平大为提升。2019年7月24日世界知识产权组织发布的《2019年全球创新指数》表明，2019年我国创新指数排名第14位，与2018年相比上升了3位，排名连续4年上升。但2018—2019年，美国接连制裁中兴通讯与华为事件表明我国部分核心技术、设备、零部件等依然受制于国外，“缺芯少魂”的现象仍未得到根本扭转，基础研究不足，原始创新较弱，创新质量不高，我国的创新能力存在较大的提升空间。习近平总书记指出，我国创新能力不强，科技发展水平总体不高，科技对经济社会发展的支撑能力不足，科技对经济增长的贡献率远低于发达国家水平，这是我国这个经济大个头的“阿喀琉斯之踵”。作为社会经济运行的微观主体，企业是建设创新型国家的主要载体，发挥着重要支撑和引领作用，而民营企业是我国企业的重要组成部分。党的十九大报告指出，毫不动摇鼓励、支持、引导非公有制经济发展，使市场在资源配置中起决定性作用。习近平总书记强调，民营经济是社会主义市场经济发展的重要成果，是推动社会主义市场经济发展的重要力量。2019年，中共中央发布了《中共中央 国务院关于营造更好发展环境支持民营企业改革发展的意见》，要求推动民营企业改革创新，鼓励和引导民营企业加快转型升级，深化供给侧结构性改革，不断提升创新能力和核心竞争力。因此，加大民营企业创新力度，提升创新质量，是现在及未来较长一段时期我国经济发展的重要任务。

近年来，人工智能、机器学习、物联网、自动驾驶汽车、无人机、精密医学、机器人技术和大数据等领域的技术变革正不断改变着全球经济、社会和政治。全球化背景下的各国产品、服务、技术、人才交流日益频繁，作为全球最大的发展中国家，我国人口的跨国跨地区迁移也越来越多，截至2019年底，我国是全球第三大国际移民来源国，有1100万中国移民在境外国家或地区生活。在众多的移民群体中，由于民营企业实际控制人能够承担不菲的移民费用，且可以为移民目的国带来就业、税收、技术等资源流入，因此，民营企业实际控制人是目前我国移民群体中的重要组成部分。获得非国籍国家或地区的永久居留权，即境外居留权是一种主要的移民方式。我国民营制造业上市公司中拥有境外居留权的实际控制人的比例由2003年的0.16%增长至2017年的10.1%。实际控制人获取境外居留权后仍然在境内进行投资经营活动的这种“移民不移居、移民不移业”的“裸商”现象已不容忽视。那么，实际控制人拥有境外居留权是否会导致其经营思路和决策方式发生变化，进而投射在企业创新活动中？其中的影响路径是什么？哪些因素可能会调节两者之间的关系？等，这些问题值得深入研究和探讨。因此，本书研究了民营企业实际控制人拥有境外居留权与企业创新的关系以及其中的作用机制，为实际控制人拥有境外居留权现象的经济后果提供了一个新的研究视角。

通过对相关理论和文献的梳理，本书从企业创新的角度研究了实际控制人拥有境外居留权的经济后果。首先回顾与评述了实际控制人境外居留权与企业创新的相关文献，在此基础上进行了深入的理论分析并提出相应的研究假设。其次运用2003—2017年我国民营制造业上市公司数据，从创新投入、创新产出数量、创新产出质量、创新效率、管理创新等不同角度实证检验了实际控制人拥有境外居留权对企业创新的影响。最后从掏空行为、会计信息操纵与融资约束等维度实证检验了实际控制人拥有境外居留权对企业创新的作用机制。同时，从宏观、市场、企业、实际控制人等四个层面出发，对实际控制人拥有境外居留权与企业创新的关系进行了异质性分析。

本书的主要研究结论如下：

一是实际控制人拥有境外居留权抑制了企业创新。实际控制人拥有境外居留权反映了实际控制人的个人偏好，其认知能力、思维模式发生了一定程度的转化，管理企业的决策方式也发生了改变，这种特殊的烙印会进一步影响企业创新活动。一方面，拥有境外居留权的实际控制人缺乏在境内长期经营的意愿，眼光较为短浅。创新是一种回报周期长、效益见效慢的投资活动，这就导致实际控制人不愿意实施创新项目。实际控制人更加注重个人利益，有更强的动机掏空企业资源，侵占中小股东利益。创新活动的投入金额较大，需要消耗大量的内部资源和外部资金，实际控制人的这种机会主义行为减少了企业的研发投资。另一方面，实际控制人取得境外居留权降低了企业利益相关者对实际控制人的信任程度。实际控制人能够在实施违法违规行为后利用境外居留权身份随时离境的这种人为风险，使得投资者和债权人不愿意为企业提供资金或者索取更高的资金收益。同时，实际控制人能够利用境外居留权身份随时“跑路”的这种行为削弱了内部研发人员的心理安全感及其对企业的信任度，从而降低了研发人员的创新效率。

二是掏空行为、会计信息操纵与融资约束是实际控制人境外居留权影响企业创新的主要路径。本书主要从主观与客观两个方面来分析实际控制人获得境外居留权影响企业创新的作用机制。一是实际控制人主观上比较短视，更加关注短期利益，而不是未来长期利益，从而有更多的掏空、会计信息操纵等行为；二是客观上加剧了企业融资约束。实际控制人可以利用境外居留权身份随时离境逃避自身责任和法律制裁的行为，导致企业内外部利益相关者对实际控制人及其企业的信任程度、信任感的下降，从而使得企业的融资成本上升。

三是经济政策不确定性、制度环境、财政政策、信息环境、外部审计师、机构投资者与独立董事缓解了实际控制人境外居留权对企业创新的负面影响。

四是当实际控制人与其亲属同时拥有境外居留权时，企业控制权与现金流权分离程度更高，实际控制人以直接控制方式控制企业以及当实际控制人较为年长、受教育程度较低、不具备研发背景时，这种抑制作用更加显著。

本书的创新之处主要体现在以下三个方面：

第一，将高管个人特征与企业创新的研究延伸至实际控制人个人特征与企业创新以及将烙印概念在个体层面的应用进一步扩充到实际控制人，从而拓宽了高层梯队理论和烙印理论的应用领域。

第二，在实证检验实际控制人境外居留权与企业创新关系基础上深入挖掘了实际控制人境外居留权影响企业创新的作用机制，揭示了掏空行为、会计信息操纵与融资约束是实际控制人境外居留权影响企业创新的主要路径。

第三，丰富了企业创新和国际移民的研究文献，扩展了实际控制人拥有境外居留权的经济后果的相关研究。首先，从实际控制人个人特征视角研究了企业创新的影响因素，补充了企业创新的现有研究。其次，经济学文献更多地聚焦于移民者个体或家庭的成本效益分析以及移民行为对移民目的国的经济社会影响研究，但移民行为对移民迁出国的经济社会影响研究存在不足，且移民行为的影响往往从宏观经济社会等入手研究，忽略了移民行为对微观企业的影响。本书通过研究实际控制人取得境外居留权对其控制的企业可能带来的影响，从而丰富了国际移民相关研究。最后，前人文献从审计费用、避税、研发国际化、盈余质量等角度研究了实际控制人境外居留权的经济后果，本书的研究进一步完善了实际控制人境外居留权的经济后果研究。

目　录

导 论

一、研究背景

（一）现实背景

目前，我国经济正从高速发展阶段转向高质量发展阶段，创新是经济发展的核心驱动力，民营企业是创新的重要力量，全球化加速引发移民潮等情况为本书实际控制人境外居留权与民营企业创新关系的研究提供了现实背景，具体如下：

第一，创新是我国经济高质量发展的必要手段。创新是一个国家经济增长的驱动力（Schumpeter，1911；Solow，1957；Romer，1986），是企业长期竞争力的来源（Porter，1992）。党的十九大报告指出，创新是引领发展的第一动力，是建设现代化经济体系的战略支撑。必须坚定不移贯彻创新、协调、绿色、开放、共享的发展理念。近年来，我国持续加大研发投入力度，2018 年我国研发投入 1.97 万亿元，同比增长 11.8%，研发经费投入强度为 2.19%，比 2017 年提高 0.04 个百分点[①]。同时，我国不断强化知识产权保护力度，出台并修订完善《中华人民共和国专利法》《中华人民共和国著作权法》《中华人民共和国反不正当竞争法》等法律法规，健全行政和司法保护工作机制，成立知识产权法院

① 数据来自《2018 年全国科技经费投入公报》。

与法庭，严厉打击各类侵权行为，有效地发挥了知识产权制度激励创新的基本保障作用，我国整体创新水平上升到了新的台阶。2019 年我国创新指数全球排名第 14 位，与 2018 年相比上升了 3 位，排名连续 4 年上升[①]。作为社会经济运行的微观主体，企业是创新与经济发展的纽带（Kogan 等，2017），是建设创新型国家的主要载体，发挥着重要支撑和引领作用。2018 年，我国企业研发投入 1.52 万亿元，在企业、政府以及高校三大创新主体中占比 77.4 %[②]。然而，2018—2019 年，中美贸易摩擦不断升级，美国继对中兴通讯实施制裁后，又将华为列入出口管制"实体清单"，种种事件表明我国目前核心技术、高端设备、关键材料等仍然受制于人，基础研究不足，原始创新较弱，颠覆性创新缺乏，创新质量存在较大提升空间。习近平总书记指出，我国创新能力不强，科技发展水平总体不高，科技对经济社会发展的支撑能力不足，科技对经济增长的贡献率远低于发达国家水平，这是我国这个经济大个头的"阿喀琉斯之踵"[③]。从研发经费投入来看，2017 年我国 R&D 经费占 GDP 比重为 2.13%，与以色列（4.58%）、韩国（4.55%）、日本（3.20%）、美国（2.80%）、丹麦（3.10%）相比存在较大差距[④]；我国基础研究经费 1090.4 亿元，占 R&D 经费比重仅为 5.5%，远远落后于以色列（11.33%）、韩国（14.46%）、日本（13.11%）、美国（16.98%）、丹麦（18.50%）[⑤]。从企业创新意愿来看，2018 年全国企业创新调查结果显示，2017 年实施创新

---

① 数据来自世界知识产权组织发布的《2019 年全球创新指数》。

② 数据来自《2018 年全国科技经费投入公报》。

③ 2015 年 10 月 29 日，习近平总书记在党的十八届五中全会第二次全体会议上的讲话。

④ 数据来自世界银行数据库：https://data.worldbank.org.cn/indicator/GB.XPD.RSDV.GD.ZS.

⑤ 数据来自 OECD 数据库：Research and Development Statistics：https://stats.oecd.org/Index.aspx?DataSetCode=GERD_TORD.

活动的企业数为29.8万家，仅占全部调查企业的39.8%；规模以上制造业企业中，开展技术创新的企业数为14.7万家，占比仅为42.1%[①]，这表明我国企业的创新动力仍存在一定的不足。党的十九届四中全会强调，建立以企业为主体、市场为导向、产学研深度融合的创新体系，支持大中小企业和各类主体融通创新。因此，加大企业创新力度，提升创新质量，是现在及未来较长一段时期我国经济发展的重要任务。

第二，民营企业是我国经济高质量发展的重要支撑。党的十九大报告指出，毫不动摇鼓励、支持、引导非公有制经济发展，使市场在资源配置中起决定性作用。党的十九届四中全会提出，健全支持民营经济发展的法治环境，完善构建亲清政商关系的政策体系，促进非公有制经济健康发展。习近平总书记强调，民营经济是社会主义市场经济发展的重要成果，是推动社会主义市场经济发展的重要力量[②]。2018年，我国规模以上工业企业中，民营企业数量占比超过一半，资产、主营业务收入和利润总额占比均超过20%[③]。同时，民营企业是我国企业创新的主力军，2017年，我国规模以上工业企业中，民营企业专利申请量、发明专利申请量与有效发明专利量分别占比77.8%、77.4%与75.8%[④]。2019年，中共中央发布了《中共中央 国务院关于营造更好发展环境支持民营企业改革发展的意见》，要求推动民营企业改革创新，鼓励和引导民营企业加快转型升级，深化供给侧结构性改革，不断提

① 数据来自我国科技部发布的《2017年我国企业创新活动特征统计分析》。

② 习近平：《在民营企业座谈会上的讲话》（2018年11月1日）支部工作，2018-11-02。

③ 数据来自我国国家统计局发布的《工业经济跨越发展 制造大国屹立东方——新中国成立70周年经济社会发展成就系列报告之三》。

④ 数据来自恒大研究院发布的《中国民营经济报告：2019》，https：//www.useit.com.cn/thread-25075-1-1.html.

升创新能力和核心竞争力。

第三，全球化背景下我国民营企业实际控制人获取境外居留权的现象已具有一定程度的普遍性。近年来，经济全球化不断加速，2019 年 1 月 22 日在瑞士举办的达沃斯世界经济论坛就以“全球化 4.0：打造第四次工业革命时代的全球架构”作为主题。第四次工业革命正席卷而来，人工智能、机器学习、物联网、自动驾驶汽车、无人机、精密医学、机器人技术和大数据等领域的技术进步正在改变着全球经济、企业、社会和政治①。这一技术变革浪潮与日益紧迫的全球生态环境、世界经济多边化等催生了全球化的新阶段——全球化 4.0。全球化背景下的各国产品、服务、技术、人才交流日益频繁，特别是人才的跨国迁移与流动，2019 年全球国际移民人数达到 2.72 亿（约占世界人口的 3.5%），我国是全球第三大国际移民来源国，有 1100 万移民在境外国家或地区生活②。2018 年我国有 1.5 万名净资产 100 万美元以上的高净值人群③移民海外，是高净值人群国际迁移数量最多的国家④。作为高净值人群的重要组成部分，民营企业实际控制人由于具有创造就业、贡献税收、推动创新等方面优势，相对于其他移民群体而言，民营企业实际控制人群体尤其受到移民目的国的青睐。从我国民

---

① 第一次工业革命以蒸汽机的发明为代表，开创了机械化时代；第二次工业革命以电力和钢铁驱动，开启了大规模生产时代；第三次工业革命以计算机的诞生为代表，开启了计算机时代；第四次工业革命以智能化、网络化、数字化为核心，进入智能制造时代。见谢伏瞻．论新工业革命加速拓展与全球治理变革方向［J］．经济研究，2019（7）：4－13.

② 数据来自国际移民组织（IOM）发布的《2020 年国际移民报告》：https：//www. un. org/sites/un2. un. org /files/wmr_ 2020. pdf.

③ 高净值人群是指，其个人收入持续大于日常支出，存在收支结余和可投资资产的这类人群。参考文献：李善民，毛丹平．高净值财富个人理财行为研究［J］．经济研究，2010（S1）：83－96.

④ 数据来自亚非银行（AfrAsia Bank）发布的“Global Wealth Migration Review”：https：//www. afrasiabank. com/en/about/newsroom/global-wealth-migration-review－2019.

营制造业上市公司实际控制人群体来看，拥有境外居留权的实际控制人的比例在不断扩大，2003[①]—2017 年，实际控制人拥有境外居留权的比例从 0.16% 增长至 10.1%，样本期均值为 5.77%[②]。这表明，我国民营上市公司实际控制人拥有境外居留权的现象越来越普遍，实际控制人这种身份的转变，对于企业的经营管理可能带来一定的影响，早在 2003 年这种现象就已经引起了我国监管层的关注，2003 年中国证监会发布《公开发行证券的企业信息披露内容与格式准则第 2 号——年度报告的内容与格式》，要求上市公司必须披露实际控制人的境外居留权情况。与普通中国公民相比，拥有境外居留权的实际控制人可以随时离境，当其实施违规行为后，能够较为方便地“跑路”从而规避法律风险和声誉损失。我国政府对于这种违法者离境规避法律制裁的现象也加强了执法力度，2018 年，全国公安机关在“猎狐 2018”专项行动中，从 80 余个国家或地区缉捕经济犯罪在逃嫌疑人 1020 名，党的十八大以来，“猎狐行动”累积从 120 余个国家和地区缉捕经济犯罪在逃嫌疑人 4600 余名[③]。因此，我国民营企业实际控制人获取境外居留权的现象值得深入探讨和研究。

（二）理论背景

一是高层梯队理论与烙印理论为实际控制人境外居留权与企业创新关系研究奠定了理论基础。

一方面，高层梯队理论认为，高管的个人特征，如教育背景、职业生涯、生活阅历、社会关系等，会影响公司的经营活动（Hambrick and Mason，1984；Hambrick and Fukutomi，1991）。企业经营的

① 2003 年中国证券监督管理委员会（以下简称证监会）开始要求上市公司披露实际控制人的境外居留权情况。因此，境外居留权数据起始年份为 2003 年。

② 根据国泰安数据库数据手工整理得到。

③ 数据来自中华人民共和国公安部网站（https：//www. mps. gov. cn/）。

决策者，负责配置企业资源，设计与实施企业战略，其管理风格、激励机制等会作用于企业创新（He and Tian，2018）。我国上市公司股权相对集中（冯根福，2004），实际控制人通常直接兼任高管或者间接控制高管（La Porta 等，1999），能够较大程度地主导企业经营管理（姜付秀等，2017）。因此，我国民营企业的实际控制人拥有境外居留权这种特质，很可能会对企业创新活动产生重大影响。

另一方面，根据烙印理论，焦点主体在其发展过程中存在着环境敏感期，特定阶段的环境特质将给焦点主体烙上难以磨灭的印记，这些印记存在着一定的惯性，不会轻易随着环境的变化而变化，将对焦点主体产生持续的影响（Marquis and Tilcsik，2013）。实际控制人从没有境外居留权阶段过渡到拥有境外居留权阶段，焦点主体发生了状态转换，这种拥有境外居留权的关键人生经历会给实际控制人烙上特殊的印记，可能改变实际控制人的认知模型和行为方式，从而影响企业创新。

二是境外居留权经济后果的文献为实际控制人境外居留权与企业创新关系研究提供了研究基础。

Chen 等（2018）在其工作论文中首次对实际控制人境外居留权的经济后果进行了探索[①]，发现实际控制人取得境外居留权会导致企业出现更多欺诈行为。随后，不少学者沿着这篇文献的研究范式进一步探索了实际控制人境外居留权产生的其他经济后果。如实际控制人拥有境外居留权显著增加了审计费用（梁娟，2015），加剧企业避税行为（张胜等，2016），降低企业盈余质量（宋理升、任义忠，2015），强化了其利益侵占的动机，显著增加了异常高派现（谭雪，2019），更可能聘请高质量的审计服务

① Chen 等（2018）这篇文献是2018年正式发表的，但是这篇文献于2013年就以工作论文形式出现，很多学者在此工作论文基础上进一步对实际控制人境外居留权的经济后果问题进行了研究。

(Yang 等，2019) 等。这些文献为本书从企业创新视角研究实际控制人经济后果提供了很好的借鉴参考。

二、研究意义

本书试图从我国独特的制度背景出发，以我国2003—2017年沪深两市A股民营制造业上市公司为研究对象，探讨实际控制人境外居留权与企业创新的关系，可能具有以下理论意义和现实意义。

（一）理论意义

第一，将高管个人特征与企业创新的研究延伸至实际控制人个人特征与企业创新，拓宽了高层梯队理论的应用领域。自从Hambrick and Mason (1984) 提出高层梯队理论以来，众多学者研究了高管个人特征对企业创新的影响，但是这些研究主要集中在经理人或者董事等高管个人特征，如，海归高管、具有飞机驾驶证的CEO、自恋CEO、发明家背景高管与企业创新（张信东、吴静，2016；Sunder 等，2017；Ham 等，2018；虞义华等，2018）。不少学者还研究了非管理层员工的个人特征对企业创新的影响，如拥有股票期权的非管理层员工、良好情绪的发明家与企业创新 (Chang 等，2015；Chen 等，2018)。由于西方上市公司股权较为分散，因此，国内外学者主要聚焦于高管和非管理层员工个人特征与企业创新关系的研究。但我国上市公司股权相对集中，高管很多情况下仅仅是实际控制人的“代理方”，实际控制人是企业的“操纵者”，可见，实际控制人能够直接影响或者主导企业创新活动，其个人特征在一定程度上会塑造企业的创新行为。然而，现有研究对实际控制人的个人特征与企业创新的话题关注较少。为了弥补这一研究不足，本书选取了实际控制人拥有境外居留权这一特征进行探讨，研究实际控制人境外居留权与企业创新的关系，从而在一定程度上拓宽了高层梯队理论。

第二，扩展了烙印理论在个体层面的研究应用。1965 年 Stinchcombe 将烙印概念从生物学引入组织学研究后（Stinchcombe，1965），大多数学者从组织层面视角研究了烙印理论，如组织生态学（Carroll and Hannan，1989）、制度理论（Marquis and Huang，2010）、社会网络（McEvily 等，2012）等。但随着烙印理论研究的进一步深入，不少学者开始将烙印理论应用在个体层面，如企业家敏感时期的经验会影响企业家的决策，并指引企业家的职业生涯（Mathias 等，2015）。CEO 金融背景给 CEO 打上了烙印，影响其认知和能力，最终影响了企业金融化（杜勇等，2019）。本书在前人文献基础上进一步将烙印理论应用在民营企业实际控制人层面，深化了烙印理论在个体层面的应用。

（二）现实意义

第一，有利于为政策制定者制定和完善激励企业创新的政策提供参考。2018 年 11 月 1 日，习近平总书记在《在民营企业座谈会上的讲话》强调，要不断为民营经济营造更好发展环境，帮助民营经济解决发展中的困难，让民营经济创新源泉充分涌流。政府应加大基础创新、原始创新支持力度，强化知识产权创造、保护和运用，完善创新成果转化机制，进一步强化研发加计扣除、高科技产业税收减免等税收优惠政策，对于关键技术领域的企业加大研发补贴力度，充分发挥促进企业创新的政府采购政策功能，努力推动我国经济高质量发展。

第二，有助于企业健全激励创新机制，提升企业创新质量。企业应提高对创新项目失败的容忍度，通过股票期权、责任保险等措施为发明者提供长期的支持和保障，加强对管理层的监督力度，减少管理层短视行为。同时强化内部控制建设，提高企业信息透明度，增大企业研发投资，加强自主创新力度，在核心技术方面减少对国外供应商的依赖程度。

第三，为我国政府加强对实际控制人拥有境外居留权的治理提供经验借鉴。监管部门应重点关注拥有境外居留权的实际控制人所控制企业的资本外流情况，分析资本外流的合规性与合理性。对于资产负债率较高的企业，特别是一些僵尸企业的实际控制人，要加强其实际控制人的出入境管理，防止实际控制人通过境外居留权身份逃避法律责任。同时，各级政府要进一步推动市场化改革，为民营企业参与市场竞争提供公平公开的环境，保障人力、资本、技术等生产要素的自由流动。切实维护民营企业家的合法权益，保护企业家的合法财产，解决企业家的后顾之忧，激发企业家创业精神和创新动力。

三、研究思路与研究方法

（一）研究思路

本书紧紧围绕实际控制人拥有境外居留权对企业创新的影响展开讨论和研究。具体而言，本书基于高层梯队理论、烙印理论、资源依赖理论、委托代理理论、信息不对称理论、会计契约理论等经济学、管理学的经典理论，采用规范和实证相结合的研究方法，沿着问题提出、理论分析、实证检验、对策研究的思路，拟主要回答如下问题：第一，实际控制人拥有境外居留权是否会影响企业创新？第二，实际控制人拥有境外居留权影响企业创新的作用机理是什么？第三，哪些因素会影响两者之间的关系？

本书的研究思路主要如下：第一步收集、整理企业创新、境外居留权的相关文献，分析已有研究中存在的盲点，找出本书研究的切入点。同时针对本书研究话题，搜集境外居留权、专利、财务等数据，并进行统计分析。第二步运用高层梯队理论、烙印理论、委托代理理论、信息不对称理论、会计契约理论等与本研究话题紧密相关的理论，进行逻辑演绎，推理本书的主回归假设、传导机制假设以及调节作用假设。第三步基于我国 2003—2017 年间的沪深 A 股民营制造业上市公司样本，运用 OLS、PSM、DID、工具变量法、泊松模型等计量经济学分析方法，对本书研究假设进行实证检验，并根据回归结果阐述其中的原理。第四步在前文理论分析和实证检验基础上，提出相应的政策建议。同时，分析本书可能存在的局限性和未来需要进一步研究的方向。

（二）技术路线图

技术路线图如图 0－1 所示。

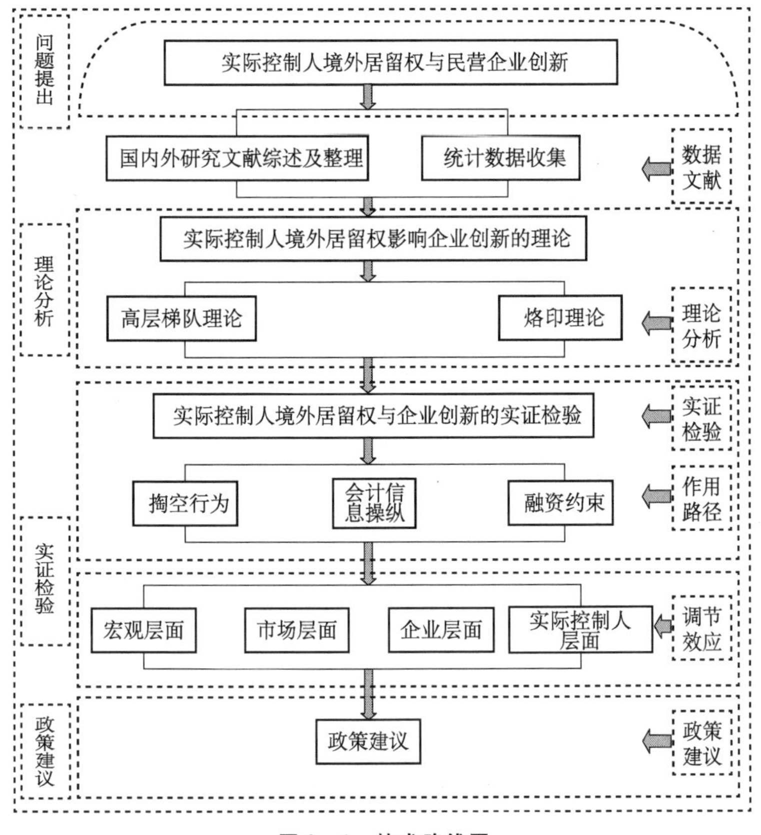

图 0－1　技术路线图

（三）研究方法

本书主要采用规范研究与实证研究相结合、定性分析与定量分析并行的方法，以相关文献、理论为基础，侧重于数据统计与实证检验，深入分析研究了实际控制人境外居留权与企业创新关系问题。

1. 规范研究方法

为了发掘研究切入点，为研究寻找有力的文献支撑和理论基础，本书针对企业创新、创新质量、境外居留权、移民等关键词进行了大量的文献收集、整理和分析。本书主要通过 Web of Science、JSTOR、谷歌学术、SSRN 等数据库梳理了英文文献资料，通过中国学术期刊网（知网）、万方等数据库收集了中文文献资料。通过文献整理，本书对高层梯队理论、烙印理论、委托代理理论、资源依赖理论等与本研究主题紧密相关的理论的主要内容、应用领域、研究成果等进行了系统分析，为本书后续研究奠定了扎实的基础。

在总结相关理论和文献基础上，本书找到已有研究中存在的盲点，即实际控制人境外居留权与企业创新关系的研究尚存在缺失。本书借鉴前人研究成果和理论，运用逻辑演绎方法，推导出本书的主要假设并推演出实际控制人境外居留权影响企业创新的传导机理以及不同层面因素的调节效应。

2. 实证研究方法

本书在规范分析基础上提炼了理论模型，确定了模型中需要使用的自变量、因变量、控制变量、中介变量、调节变量等变量。基于国泰安（CSMAR）、万德（Wind）等数据库资料，结合手工整理补充的数据，同时使用 python 软件爬取文本信息，建构了实际控制人境外居留权与企业创新的面板数据。根据研究假设，综合运用了 OLS、PSM、DID、工具变量法、泊松模型等多种计量经济学分析方法，使用STATA软件对本书提出的理论模型进行了统计分析、内生性处理和稳健性检验，得出了最终的研究结果，多种计量经济学分析方法的运用较好地保证了本书研究结论的稳健性和可靠性。

四、研究内容

实际控制人获取境外居留权后仍然在境内进行投资经营活动的这种“移民不移居、移民不移业”的“裸商”现象是发展中国家的特有现象，而西方发达国家较为罕见，西方学者对实际控制人境外居留权的关注度较低，国内学者对此研究还存在局限。因此，为了弥补这一研究不足，本书选取了实际控制人拥有境外居留权与民营企业创新这一话题进行深入探讨。本书研究内容具体如下：

导论部分。基于本书的现实背景和理论基础，明确本书的研究意义；概括本书的研究内容以及主要研究方法；提炼本书的研究思路，拟定本书的研究框架。

第一章文献回顾与述评。本章主要是梳理现有文献的进展情况，对企业创新的影响因素、实际控制人境外居留权的经济后果的相关文献进行回顾，指出现有研究中的不足，引出本书的切入点，提出本书拟要解决的问题。

第二章理论分析与研究假设。对本书的研究问题进行了深入的理论分析，为后续研究的开展提供了理论支撑，在此基础上提出了本书的研究假设。

第三章研究设计。详细阐述了样本的选取和数据来源，对本书模型进行了设定。分析了实际控制人境外居留权的历史与现状，初步验证了本书的主要研究结论。

第四章从创新投入、创新产出数量、创新产出质量、创新效率、管理创新等不同角度实证检验了实际控制人拥有境外居留权对企业创新的影响。

第五章从掏空行为、会计信息操纵与融资约束视角实证检验了实际控制人拥有境外居留权对企业创新的影响机制。

第六章从宏观、市场、企业、实际控制人四个层面出发，对实际控制人拥有境外居留权与企业创新的关系进行了异质性分析。

研究结论部分。概括本书研究结论，提出本研究对于监管部门和企业经营管理的实践启示，阐明本书的研究局限并展望未来可能的研究方向。

五、主要概念界定

（一）实际控制人及境外居留权的内涵

根据终极控制权理论，不仅发展中国家企业股权高度集中，发达国家中大部分企业也表现为股权集中，这种股权形式存在着终极控股股东，终极控股股东通过金字塔结构、交叉持股和发行复式表决权股票等方式，造成控制权和现金流权的偏离，使其能够以较小的现金流权获得较大的控制权进而控制上市公司（La Porta 等，1999）。实际控制人是处于上市公司控制链终端的终极控制人（宋芳秀等，2010）。控制权可以分为名义控制权和实际控制权（Aghion and Tirole，1997），名义控制权是由法律、契约赋予的显性权力，而实际控制权是由法律契约、管理结构、资源垄断、社会地位等赋予的显性与隐性权力（Zingales，2000）。实际控制人是取得公司实际控制权的行为人，影子控制人尽管在企业股权链中占据多数比例股权，即掌握着企业的名义控制权，但是其受到实际控制人的控制（赵晶和郭海，2014）。实际控制人关键在于“控制”，当非控股股东以一致行动、金字塔式持股、协议等方式实际控制企业时，该非控股股东即为实际控制人。企业实际控制人应按照实质重于形式的原则进行判定。

中国证监会2007年发布的《〈首次公开发行股票并上市管理办法〉第十二条“实际控制人没有发生变更”的理解和适用——证券期货法律适用意见第1号》，对公司控制权进行了详细规定。公司控制权为“能够对股东大会的决议产生重大影响或者能够实际支配公司行为的权力，其渊源是对公司的直接或者间接的股权投资关系”。因此，本书将实际控制人界定为直接持有公司股份50%及以上比例；虽不直接持有公司股份或者其直接持有的股份达不到50%比例，但通过投资关系、协议或者其他安排，能够实际支配公司行为的自然人。

境外居留权，即永久居留权。根据国际移民组织的《移民概念表》，永久居留权是指移民目的国的有权机构授予非公民在目的国永久居住的权利。获得非国籍国家的永久居留权是国际移民的一种方式，根据《联合国经济和社会事务部对国际移民数量的修订》，国际移民是指个体迁往一个国家，而这个国家不是他/她的国籍所在国或者习惯居住国，迁往目的国成为他/她新的习惯居住国。

以美国为例，获取永久居民身份后，即可拥有相应的权利与承担相关的义务，享受除选举和被选举等政治权利以外的美国公民的权利，承担遵守美国联邦及其州立法律，支付联邦及其州相关税等义务（亨瑞国际咨询集团，2010）。获取永久居民身份后，还可以进一步取得相关国家国籍。如《美国移民与国籍法》规定，任何申请加入美国国籍的人必须符合永久居民身份，以美国永久居民身份在美国居住至少5年（刘国福，2010）。目前，常见的国际移民方式有三种：劳务移民、技术移民与投资移民（董延芳，2009）。实际控制人作为企业家，主要采取投资移民方式。投资移民一般分为以下5类：一是金融投资移民；二是不动产投资移民；三是创业者移民；四是高级管理人员移民；五是企业主移民（刘国福，2008）。以美国为例，美国移民包括不受配额限制移民和受配额限制移民，其中受配额限制移民包括家庭移民、职业移民、多样化/抽签移民、政治庇护及难民4类，而职业移民包括EB－1优先人士，EB－2专业人才，EB－3专业雇员、熟练和非熟练工人，EB－4特别移民，EB－5投资人士（刘国福，2010）。美国EB－5投资移民的具体要求：外国投资者在美国境内特定目标就业区投资50万美元（在一般地区投资100万美元）或设立企业，并直接或间接创造10个就业机会就可获发两年期的有条件移民签证。投资人需在临时绿卡2年期届满前3个月，申请提出解除条件。美国移民局会审查投资人的投资资金确已投入项目商业经营，且达到创造就业的目标就会批准给予永久移民签证（亨瑞国际咨询集团，2010）。

2003年中国证监会发布《公开发行证券的企业信息披露内容与格式准则第2号——年度报告的内容与格式》，要求上市公司必须披露实际控制人的境外居留权情况。该准则第四节第二十五条指出："若控股股东为自然人的，应介绍其姓名、国籍、是否取得其他国家或地区居留权、最近五年内的职业及职务。"

（二）企业创新的内涵

1911年，美籍奥地利裔经济学家Schumpeter在《经济发展理论》一书中首次提出"创新"的概念，创新是使用一种新的方式将生产要素组合起来。创新包括五种形式：一是生产消费者还不熟悉的新产品；二是采用新的生产方式；三是开拓新的市场；四是使用新的原材料或半成品供应来源；五是采用新的组织（Schumpeter，1911）。20世纪50年代，以罗伯特·索洛为代表的新古典增长理论认为，技术创新是经济增长的核心驱动力。一国能够通过资本积累短期内实现经济增长，但由于存在资本边际收益递减规律，经济增长将出现停滞。但是现实中很多国家经济呈现持续增长态势，为了进行合理解释，索洛提出了索洛余值，用来衡量广义的技术进步，在均衡增长路径上，人均产出增长率由外生的技术进步率决定（Solow，1956，1957）。20世纪八九十年代出现的新增长理论认为，各国的经济发展差异是由境内的内生知识积累差异导致。创新很大程度上是企业根据市场激励采取有目的行为的结果，即技术创新是内生的。经济增长不仅依赖于传统模型中的资本和劳动要素，还依赖于企业的私有知识存量以及经济的整体知识存量（Romer，1986，1990）。创新不仅包含技术变革，还包括不能归类于技术变革的其他经济变革层面（Hall and Rosenberg，2010）。根据《奥斯陆手册》第三版，创新是商业惯例、组织或外部关系方面的新型或经过重大改良的产品（物品或服务）、工艺、营销手段或组织方法（OECD，2005）。因此，本书认为，企业创新包括了技术创新、管理创新、制度创新、市场创新等创新形式。专利信息是由政府长期运用大量资源以系统的方式筛选得来，是企业创新最有价值的信息来源，专利能够较好地反映企业创新（Hall and Rosenberg，2010）。Heij 等（2013）认为，在管理创新水平较低的情况下，对管理实践、流程、结构的调整与新技术知识的适应性不足，无法使企业获得创新成功。Camisón and Villar-López（2014）研究发现企业组织创新能够支持技术创新，当企业的组织创新与技术创新均为高水平时，导致企业产生更高的业绩。因此，专利不仅能够直接反映技术创新，还能够间接反映管理创新、制度创新等其他创新形式。所以，本书主要运用专利数据来衡量企业创新，同时运用文本信息进行补充衡量。

六、本书创新之处与不足

（一）创新之处

本书可能的创新点主要体现在以下几个方面：

第一，将高管个人特征与企业创新关系的研究延伸至实际控制人个人特征与企业创新，以及将烙印概念在个体层面的应用进一步扩充到实际控制人，从而拓宽了高层梯队理论和烙印理论的应用领域。

第二，在实证检验实际控制人境外居留权与企业创新关系基础上深入挖掘了实际控制人境外居留权影响企业创新的作用机制，揭示了掏空行为、会计信息操纵与融资约束是实际控制人境外居留权影响企业创新的主要路径。

第三，丰富了企业创新和国际移民的研究文献，扩展了实际控制人拥有境外居留权的经济后果的相关研究。首先，从实际控制人个人特征视角研究了企业创新的影响因素，补充了企业创新的现有研究。其次，经济学文献更多聚焦于移民者个体或家庭的成本效益分析以及移民行为对移民目的国的经济社会影响研究，但移民行为对移民迁出国的经济社会影响研究存在不足，且移民行为的影响往往从宏观经济社会等入手研究，忽略了移民行为对微观企业的影响。通过研究实际控制人取得境外居留权对于其控制的企业可能带来的影响，从而丰富了国际移民相关研究。最后，前人文献从审计费用、避税、研发国际化、盈余质量等角度研究了实际控制人境外居留权的经济后果，本书的研究进一步完善了实际控制人境外居留权的经济后果研究。

（二）不足之处

本书在现有文献基础上作出了一定的增量贡献，较好地厘清了实际控制人境外居留权与企业创新的关系，但是基于个人能力、数据的可得性和研究方法受限等多方面原因，本书亦存在如下不足之处：

一是目前国外文献一般同时使用专利授权量与专利引用量来反映创新，认为有更多未来发明者引用的专利影响力更大。专利较高的引用水平意味着其更显著的重要性或适用性，可获得的市场价值也更高（Mukherjee 等，2017）。但由于目前国内专利引用的数据较难获取，本书仅仅使用了专利授权量来衡量企业创新，未使用专利引用量，这样衡量的创新可能不够全面。

二是由于非实际控制人高管的境外居留权信息没有披露，手工也难以收集，因此，本书仅仅研究了实际控制人境外居留权与企业创新的关系，未深入探讨企业非实际控制人高管境外居留权与企业创新的关系。

三是限于个人能力及其资源限制，本人并未对上市公司中拥有境外居留权的实际控制人进行面对面的访谈以获取第一手调查资料，对于这些民营企业家在拥有境外居留权前后的经营思路、创新决策等方面的变化并未做深入的实地调查，这导致本书的理论分析与推导难以避免可能与实际情况存在一定的差异，且基于大样本的实证检验得出的结论未必适合个案。

第一章　文献回顾与述评

第一节　文献综述

自从1911年美籍奥地利裔经济学家Schumpeter在其《经济发展理论》一书中首次提出“创新”概念之后（Schumpeter，1911），大量的文献对创新进行了深入的研究。如何促进企业创新是创新领域文献的重要部分，本书主要回顾企业创新的影响因素的相关文献，参考He and Tian（2018），从微观、市场以及宏观三个层面进行了回顾。同时，本书也回顾了国际移民与实际控制人境外居留权的相关文献。

一、企业创新的影响因素——微观层面

（一）企业内部特征

1. 高管个人特征

一是个人性格。Tang等（2015）发现高管傲慢与企业创新正相关。易靖韬等（2015）发现高管过度自信不仅会促进企业加大创新活动的投入，还能提升企业创新绩效。Sunder等（2017）发现具有飞机驾驶证资格的CEO与企业创新成果正相关，飞机驾驶证代表CEO敢于冒险、具有追求新奇体验的愿望，创造力较高。Ham等（2018）使用美国证券交易委员会文件中的CEO签名的大

小来衡量个人自恋，发现 CEO 自恋会导致过度研发投资。

二是职业背景。Yang 等（2017）发现财务背景的 CEO 与企业创新显著负相关，原因是财务背景 CEO 偏好于财务活动而不是创新活动。Custodio 等（2017）发现拥有通用管理经验的 CEO 的企业产生更多的专利。虞义华等（2018）发现，发明家高管通过提供专业知识、提升管理层多元化、减轻管理层短视、向企业内部个体发明家传递激励信号等途径促进企业创新。Islam and Zein（2020）发现，发明家 CEO 领导的公司与更高质量的创新相关。发明家 CEO 在评估、选择和执行与他们亲身实践经验相关的创新投资项目中具有卓越能力。

三是教育经历。Hsieh 等（2017）发现接受过 STEM（科学、技术、工程和数学）教育的高管在企业技术进步中起着关键作用。张信东和吴静（2016）发现海归高管显著促进企业的技术创新投入和产出，创新产出更具原创性，而且海归高管有效提升了企业的技术创新效率。

四是生活阅历与意识形态。Hutton 等（2014）发现，与民主党高管相比，美国企业中共和党高管团队实施更加保守的企业政策，由共和党管理的企业有更低的研发投资。Benmelech and Frydman（2015）发现军人出身的 CEO 倾向于实施更加保守的投资政策。Schoar and Zuo（2017）研究表明，与经济繁荣时期加入劳动力市场的 CEO 相比，那些在经济萧条时期开始职业生涯的 CEO 将实施保守的研发支出政策。

五是薪酬激励。Ederer and Manso（2013）发现与固定工资或标准的业绩薪酬契约相比，包含容忍早期失败和奖励长期成功的激励计划能最有效地激励探索型创新和更好业绩。契约终止的威胁会降低创新激励，但黄金降落伞机制会缓解这种负面效应。Baranchuk 等（2014）发现企业创新友好型激励计划与创新正相关。创新友好型激励指延期薪酬比重、反并购条款的严格性等。Mao and Zhang（2018）利用2005年FAS 123R会计准则规定股票期权费用按照公允价值计量作为薪酬变化的冲击事件，发现在准则实施后管理层风险承担动机降低，导致企业核心业务和探索型发明相关的专利产量减少。胡国柳等（2019）发现为管理者认购董事高管责任保险显著推动了企业的自主创新行为。

六是任职年限。Gonzalez-Uribe and Xu（2015）发现契约剩余年限更长的CEO会追求更有影响力、广泛和差异化的创新。原因是长期契约使得管理层实施创新项目不用过多担心满足短期绩效目标的压力。田祥宇等（2018）发现董事长与CEO、董事长与CFO任期交错会显著降低企业的创新投入水平。

2. 高管团队

一是职业能力。赵子夜（2018）发现通才型领导人显著提升了公司的研发费用、专利申请和专利引用，通才领导人基于跨界情境的可复制的成功，更有利于激励创新。姚立杰和周颖（2018）发现管理层能力与企业创新水平和创新效率显著正相关。Chemmanur等（2019）发现高管质量是公司创新的重要决定因素。具有更高的高管质量的公司将采用更具风险性（“探索性”）创新策略。雇用更多和更高素质的发明者是重要的渠道。

二是团队激励。Jia（2017）使用高管薪酬绩效敏感性的离散程度（PPS）来代理管理团队激励的协同效应部分。研究发现，当PPS离散度高于最优水平，创新绩效会恶化；当PPS离散度低于最优水平时，创新绩效不再下降。该发现反映了在相互依赖的工作环境中部分管理者的不公平会阻碍创新。

三是团队其他特征。Tzabbar and Margolis（2017）发现创始团队的教育异质性和先前创业经验与突破性创新正相关，但取决于创始人——首席执行官二元性所反映的企业生命阶段和决策结构。

张兆国等（2018）发现高管团队稳定性与企业技术创新绩效正相关。

3. 董事会

Ge 等（2016）发现董事会从轮换制转变成非轮换制后研发投资下降。Patnam and Rau（2017）发现，董事会连锁对研发和专利均有显著正向影响。对研发的影响是通过连锁信息传播引起的。对专利的影响是由那些扩展专利保护的企业驱动。Lu and Wang（2018）发现董事会独立性对企业创新有正面影响。拥有更多独立董事会的公司使用更多的股权薪酬，尤其是股票期权，用来促进管理层的风险承担。

4. 非管理层员工

一是薪酬激励。Chang 等（2015）发现非管理层雇员的股票期权与企业创新产出的数量质量正相关。原因是股票期权与风险承担动机正相关。Sauermann and Cohen（2010）使用心理学方法分析了研发部门的科学家和工程师，发现当激励与智力挑战、独立性、金钱相关时，激励与创新产出正相关；当激励与责任感、工作保障相关时，激励与创新产出负相关。江轩宇等（2019）发现工薪所得税筹划程度与企业创新显著正相关。周冬华等（2019）发现相比未实施员工持股计划的上市公司，实施了员工持股计划的上市公司创新产出更高。

二是其他方面。Chen 等（2018）利用阳光暴露作为发明者情绪的代理，发现企业发明人的集体情绪与企业创新正相关。机制是好情绪能够提高创造力、工作主动性的战略重点。蒋艳辉等（2018）发现非高管型海归对企业创新绩效提升具有显著作用，相比于突破性创新，渐进性创新的促进作用更强。

5. 内部治理机制

一是独立董事。胡元木（2012）发现聘请了技术背景独立董事的上市公司能够提升研发产出效率。Balsmeier 等（2017）以 2000 年美国要求设立独立董事为事件，发现转向独立董事的企业产生更多更高引用的专利，但专利集中于原来领域和更狭窄的领域，主要为增量创新。

二是股权结构。朱冰等（2018）发现多个大股东的存在会抑制企业创新。多个大股东会导致公司风险承担能力下降，对创新失败的容忍度降低，多个大股东股权结构安排造成了过度监督。罗宏和秦际栋（2019）发现国有股权参股通过提高家族企业投入创新活动的意愿，增加了家族企业可投入创新活动的资源等机制促进家族企业的创新投入。陈林等（2019）发现对于全体混合所有制企业，国有资本的终极控制权在平均意义上对企业创新不具有显著影响；但当区分企业规模时，国有资本的终极控制权更有利于推动大型企业创新。

三是工会。Bradley 等（2017）研究发现美国工会选举的通过导致选举三年后专利数量（质量）下降。研发支出减少、发明人生产力下降及发明人离职可能是工会化阻碍企业创新的机制。Balsmeier（2017）发现美国劳动力工会化与企业研发投资存在负相关。当工会受到强有力的集体关系法律保护时，这种关系更明显。

（二）企业外部利益相关者

1. 分析师

He and Tian（2013）发现更多分析师覆盖的企业，专利及其引用更少。机制是分析师导致管理层短视，给管理层施加太多满足短期盈余目标的压力，促使管理层削减长期创新项目。Goldman and Peress（2015）使用经纪机构合并和关闭作为企业信息环境的外生冲击，发现创新激励（如研发支出）与企业信息环境正相关。经纪机构合并和关闭同时能影响企业信息环境和分析师施加给管理层的短期压力，这种外生冲击对于研发支出的效应可能反映这两种影响。Guo 等（2019）发现分析师的增加导致企业削减研发费用，收购更多创新企业，并投资于企业风险投资，机制是分析师关注引发的信息效应与压力效应。

2. 机构投资者

Aghion 等（2013）发现机构投资者与企业创新产出正相关。研究结果支持职业关注机制，机构投资者的监管可以使管理层在风险性创新导致坏产出情况下避免声誉受损。Yang（2017）研究了机构投资者同时拥有一家企业的债权和股权的情况，称为双重所有权。拥有双重所有权的企业专利数量更少但价值更高。这类机构投资者可以缓解股东与债权人冲突并遏制过度冒险。Jiang and Yuan（2018）发现机构投资者的实地考察显著提高了企业创新水平，机构实地考察效应是机构持股效应的替代。Luong 等（2017）发现外国机构投资者与企业创新正相关，机制是外国机构投资者积极监控，更容忍失败与来自高创新经济的知识溢出。

3. 客户与供应商

Chu 等（2018）发现当客户更具创新性，供应商和客户技术范围更接近及客户需求占供应商总销售额的大部分时，供应商与客户的地理邻近程度对供应商创新的正面影响更大。江伟等（2019）发现企业的客户集中度越高，其越倾向于进行突破型创新。孟庆玺等（2018）发现，较高的客户集中度会阻碍而非助力企业技术创新。当客户集中度增加时，企业的融资约束加剧、经营风险上升，两者共同阻碍了技术创新。

4. 风险资本

Tian and Wang（2014）发现更能容忍失败的风险投资支持的 IPO 企业会产生更多专利及其引用，当企业面临更大失败风险时效应更显著。Chemmanur 等（2014）发现企业风险投资（CVC）背景的企业比独立风险投资（IVC）背景的企业更具创新性。原因是母公司与创业公司之间的技术匹配导致 CVC 有更多的行业知识，CVC 对失败的容忍度更大。Bernstein 等（2016）发现风险投资家现场参与其投资企业，减少了监督成本，导致企业创新增加。温军和冯根福（2018）基于 2004—2013 年深圳中小板和创业板公司 IPO 前数据，发现风险投资整体上降低了中小企业的创新水平，风险资本的增值服务对创新的增量作用不足以抵消攫取效应的消极影响。

二、企业创新的影响因素——市场层面

（一）产品市场

Aghion 等（2005）发现产品市场竞争与创新呈倒 U 形关系。当行业有更多水平相当企业时，关系更显著。原因是行业竞争阻碍了落后企业追求创新，但激励了水平相当的企业的创新。行业领先者与追随者的平均技术差距随着产品市场竞争程度加大而增加。Bloom 等（2013）分析了来自同行业竞争对手的两类研发溢出效应：技术溢出效应和产品市场竞争效应。研究发现：两类研发溢出效应均存在，来自竞争对手的研发活动对企业自身创新努力是一种战略补充。魏浩等（2019）发现来自美国的进口竞争优化了中国企业的专利申请结构，对企业发明专利申请量具有显著促进作用。

（二）融资市场

1. 股票市场融资

Bernstein（2015）发现企业上市后内部创新质量下降，发明人外流，剩余发明人生产力下降，但上市公司吸引新的人力资本并获得外部创新。研究表明，上市公司改变了企业的创新战略。He 等（2017）发现 IPO 导致公司创新活动的数量和质量提高。创新

的增加可归因于IPO有助于缓解企业在IPO之前面临的信贷约束。Cong and Howell（2018）分析了中国监管机构多次暂停中国公司的IPO的情况，研究发现这类企业最终上市后，这种延迟大大减少其创新，影响期间从延迟期至上市后数年。郝项超（2018）发现融券促进了创新数量增加与创新质量提升，而融资却导致创新数量减少与创新质量下降。

2. 债务市场融资——银行

Chava等（2013）发现美国州层面州内银行放松管制，增强了银行的当地市场力量，对于小型私有企业的创新努力有负面影响；相反，各州之间银行放松管制，降低了银行的当地市场力量，促进了上述企业创新。Amore等（2013）发现20世纪八九十年代各州之间银行放松管制显著增加了制造业企业的创新数量并提升了创新质量，尤其是那些高度依赖外部融资和与进入银行地理距离更近的企业。机制是放松管制后银行通过地理多元化提升了管理信贷风险的能力。Saidi and Zaldokas（2017）研究了创新和关系贷款之间的关系。专利和银行关系存在替代关系。专利授权后，那些创新类企业会更换贷款方，获得较低的借款利率，这降低了由于私有信息带来的套牢问题。徐飞（2019）发现银行信贷更偏好前期低创新企业，银行信贷增加了企业持续低创新频率，抑制了企业持续高创新频率。

3. 债务市场融资——其他

Hsu等（2015）发现公司债券的违约概率与公司专利组合的数量、原创性和普遍性负相关。更具创新性公司发行的债券发行溢价较低，实现的超额收益较低。Chang等（2019）发现企业债务的信用违约掉期交易（CDS）对技术创新产出有正向影响。CDS通过提高贷方在创新过程中的风险承受能力和借款人的风险承担来提高借款公司的创新产出。

4. 其他方面

Mao（2017）发现信贷市场通过抵押担保机制影响企业创新。信贷冲击影响企业专利及引用的机制是内部研发、创新目标的收购以及企业风险投资。Atanassov（2016）发现，与依赖其他融资的企业（关系型银行融资）相比，更依赖市场融资（如公共债务和股票）的企业创新更多，创新质量更高。

（三）并购市场

Stiebale（2016）分析了跨国并购对欧洲公司创新的影响，结果表明并购后并购主体创新显著增加。这主要是由收购方国家的发明家推动，而目标国家的创新趋于下降。McCarthy and Aalbers（2016）发现地理距离和跨境均会影响收购后的创新业绩。目标公司与收购方之间每隔 1000 公里收购方损失 19 个专利申请。Chemmanur and Tian（2018）发现反收购条款对创新产生正向效应，反收购条款通过将管理人员来自股票市场的短期压力释放，从而培育创新。冼国明和明秀南（2018）发现中国海外并购显著地提高了企业的创新水平。吴先明和张雨（2019）发现中国企业海外并购有效地提升了产业技术创新绩效。国家间的制度距离对海外并购与产业技术创新绩效的关系具有负向调节作用。

三、企业创新的影响因素——宏观层面

（一）宏观经济政策

Bhattarcharya 等（2017）发现，与经济政策本身相比，经济政策不确定性更能影响企业创新。在政策不确定期间专利产出显著下降，尤其是创新密集型行业。该结果的内在机制是政策不确定性期间发明者数量减少。顾夏铭等（2018）发现经济政策不确定性正向影响上市公司研发投入和专利申请量。

（二）政府政策

1. 政府补助

Jaffe and Le（2015）发现获得研发补助能够显著提高企业专利申请，但不影响商标申请。研发补助还对新产品、服务的引入有正向影响，对过程创新和产品创新影响较小。Bayar 等（2016）从理论上分析了政府和非营利组织通过补助能够刺激基础创新的发展，产生了正向社会价值，但对于处于发展期的企业的净现值有负向影响。政府支持的风险投资，能刺激社会需要的基础创新。Howell（2017）使用美国能源局小企业创新补助项目的申请数据发现，早期阶段的政府补助与创业企业专利、收入显著正相关，尤其是面临融资约束的企业。机制是受助者靠投资于概念证明工作来展示早期技术的可行性，减弱了技术的不确定性，减少了投资者风险和缓解信息不对称。陈红等（2019）发现政府补助更有利于激励制造业与服务业成长期企业的开发性创新活动以及制造业成熟期企业的探索性创新活动；税收优惠更适用于支持制造业成熟期企业的开发性与探索性创新活动。

2. 税收优惠

Bøler 等（2015）以 2002 年挪威实施研发税收抵免为背景，研究发现税收抵免降低了研发成本，从而刺激了研发投资。Rao（2016）也发现研发税收抵免短期内降低了研发使用成本，从而提高了企业平均研发强度；长期而言企业面临成本调整并随时间推移增加研发支出。Mukherjee 等（2017）发现当企业所在城市税率增长时，企业的创新质量降低，这是因为随着税率增长，企业承担的税负增加，公司会削减研发投入大、周期长、风险大的创新，导致创新质量下降。程瑶和闫慧慧（2018）研究发现税收优惠政策对企业研发投入量及企业研发投入强度具有激励作用，但研发费用加计扣除、同时使用研发费用加计扣除与税率优惠、税率优惠三种优惠方式，激励效应依次递减。

3. 其他方面

Tan 等（2015）利用中国股权分置改革准自然实验，股权分置改革强制非流通股进行交易，并启动国有企业私有化进程。研究发现更好的私有化前景鼓励国有企业的管理者进行更多的创新。张杰和郑文平（2018）发现中国各省级政府出台的专利资助奖励政策扭曲了企业专利申请的动机，导致大量低质量专利产生。王永进和冯笑（2018）发现行政审批中心的建立降低了企业的制度性交易成本，从而促进企业进行研发和技术创新。

（三）法律制度

1. 知识产权保护

大多数学者认为，知识产权保护可以激励创新。Fang 等（2017）以中国企业为背景，研究发现，知识产权保护有利于企业创新激励，但这种正向效应更存在于私有企业而不是国有企业。龙小宁和林菡馨（2018）以中国国家知识产权局在 2012 年推行的专利保险试点作为准自然实验发现，在实施了专利执行保险的地区，专利诉讼数量显著上升，上市公司的发明专利价值显著提高。一些学者指出，知识产权保护也存在不利的地方，如 Srinivasan（2018）发现创新与较弱的专利保护正相关，知识产权通过在专利合法竞赛中使用专利作为武器来阻止创新发展。Murray 等（2016）认为增加开放性可以鼓励新研究人员进入并探索更多不同的研究路径，较强知识产权保护存在一个被忽视的成本，较低的探索水平导致研究产出多样性减少。

2. 劳动保护

Acharya 等（2014）基于美国各州交错出台的错误解雇法研究发现，错误解雇法与创新、新企业创造正相关。该法案保护雇员免受不公平辞退，缓解了研发人员面临的套牢风险，激发了他们创新积极性，从而增加了雇主的创新产出。Keum（2016）发现旨在保护雇员的就业保护法会导致落后企业的专利数量减少。机制是法律会限制落后企业重新配置人力资源的能力，导致需大量资源调整的激进创新减少。Gao and Zhang（2017）基于美国州层面就业非歧视法研究发现，相对于那些总部在未通过该法的州的企业，总部在已通过该法的州的企业的专利及其引用显著增加。

3. 其他法律制度

Cerqueiro 等（2017）发现提供更强债务人保护的破产法减少了小型企业的专利数量和质量，在高度依赖外部融资的行业中效应更强。原因是债务融资的供应减少。王兰芳等（2019）发现在法制环境好的地区，企业会减少研发“粉饰”行为。Gao and Zhang（2019）利用 2002 年出台萨班斯—奥克斯利法案（SOX）的准自然实验发现，相对于没有遵守 404 条款的公司，遵守 404 法案的公司的专利和专利引用数量显著减少。Gao 等（2020）利用美国州层面交错实施工作场所禁烟的法律研究发现，与总部设在没有实施该法案的州的公司相比，总部设在实施该法案的州的公司的专利和专利引用显著增加。禁烟法通过改善发明人的健康状况和生产率以及吸引更多有生产力的发明人来影响创新。

（四）社会与文化

Chen 等（2014）发现位于赌博易发地区的公司倾向于承担风险较高项目，创新支出更多，创新产出更大。Bénabou 等（2015）发现更强的宗教信仰与较少的创新相关。赵子乐和林建浩（2019）基于客家、广府以及福佬三个商帮的企业数据，发现客家、广府、福佬企业的创新投入依次递增，研究表明海洋文化有利于企业创新。徐细雄和李万利（2019）发现企业受到儒家文化的影响程度越强，其专利产出水平显著越高。儒家文化主要通过缓解企业代理冲突、提高人力资本投资水平和降低专利侵权风险等三种渠道影响企业创新。

四、国际移民的经济后果研究

本书从移民者本人及其家庭、移民目的国与移民来源国三个层面来回顾国际移民的经济后果研究。

一是移民者本人及其家庭。大部分学者认为移民会给移民者以及家庭带来净收益。如 Clemens 等（2008）研究发现移民美国的玻利维亚工人的工资，高出其具有相同内在生产力的在国内工作的同伴工资的 2.7 倍。Romano and Traverso（2019）分析了国际移民对孟加拉国移民家庭支出的异质性影响，研究表明，移民对家庭人均支出产生了正向影响。但也有学者提出相反的观点，Gibson 等（2011）研究发现至少在短期内，当家庭中一部分人迁移到新西兰时，可能会对家庭中未移民的人产生一些不利后果，净汇款的增加未能抵消劳动收入的大幅下降。

二是移民目的国。前人文献基本上都支持移民对于移民目的国的福利与创新有促进作用的观点。如 Di Giovanni 等（2015）使用世界经济的定量多部门模型来评估观察到的移民水平对全球福利的影响。从长远来看，由于消费中可用的产品和中间品种类更多，使得大量移民迁入国如加拿大或澳大利亚的本国人生活得更好。Aubry 等（2016）开发了一个考虑劳动力市场、财政和市场规模对移民的影响以及各国之间贸易关系之间的相互作用的多国模型，该模型证明移民流入对传统移民目的国国家收益很大，主要是由于非经合组织国家的移民入境。Sequeira 等（2020）研究了大规模移民时代（1850—1920 年）欧洲移民对美国经济的影响。发现移民较多的县的收入较高、贫困较少、失业较少、城市化率较高、更大的工业化、更高的农业生产率和更多的创新。Bosetti 等（2015）分析了 1995—2008 年间由 20 个欧洲国家组成的技术移民对创新的影响。结果表明，较大的熟练职业移民群体与较高水平知识创造相关。旨在吸引技术移民到欧洲的政策促进了欧盟在创新方面的竞争力。Fassio 等（2019）利用法国和英国的劳动力调查以及德国的微观人口普查数据，研究发现，受过良好教育的移民对创新有正向影响。

三是移民来源国。国际移民对于移民来源国的经济后果，现有研究并没有给出一致的结论。一部分学者认为，国际移民有正向作用。如 Dietmar and Adela（2017）使用 1999—2013 年间阿尔巴尼亚、保加利亚、马其顿、摩尔多瓦等六个高汇款接收国数据，研究发现，移民汇款显著促进了移民来源国的经济增长。Black and Castaldo（2009）发现移民回流会给移民来源国带来创业投资，从而拉动当地经济增长。另一部分学者认为，国际移民导致移民来源国的高技能劳动力和专业人才大量流失，从而抑制了其经济发展（Docquier 等，2007）。随着国际移民从外围国家流向中心国家，会造成移民迁出国精英与智力的流失，导致发展中国家进一步贫困，从而使得发达国家和发展中国家的工资收入差距进一步扩大（夏敏、卢春龙，2016）。投资移民损害了迁出国的经济发展，因为投资移民导致了迁出国物质资本和企业家技能的大量流失（董延芳，2009）。

五、实际控制人境外居留权的经济后果研究

Chen 等（2018）年在其工作论文中首次对实际控制人境外居留权的经济后果进行了探索，发现实际控制人取得境外居留权会导致企业出现更多欺诈行为。人们通过权衡预期的收益和成本来实施不诚实的行为。实际控制人对公司欺诈的偏好取决于欺诈的预期收益以及被捕和被处罚的概率，如果他可以选择逃往外国，被捕和被处罚的概率会大大降低。由于中国护照在没有签证情况

下几乎不能访问任何发达国家，且目前引渡条约仍然较少，因此，实际控制人拥有境外居留权后可以逃离中国并居住在国外，这会大大降低其被捕和被处罚的概率，从而促使其偏好更多的公司欺诈行为。

在该文献基础上，很多学者开展了进一步的研究，主要研究结论为：实际控制人取得境外居留权会对企业带来负面影响。如实际控制人拥有境外居留权显著增加了审计费用（梁娟，2015）。当企业实际税负较高时，实际控制人拥有境外居留权会显著加剧企业避税行为（张胜等，2016）。实际控制人拥有境外居留权会降低企业盈余质量（宋理升、任义忠，2015）。实际控制人移民海外强化了其利益侵占的动机，为其利益侵占提供了途径，并显著增加了异常高派现（谭雪，2019）。然而，也有部分学者认为实际控制人拥有境外居留权对企业产生了正面影响。如由于企业可能面临更严格的监管，实际控制人拥有境外居留权反而降低了企业避税行为（刘行等，2016）。实际控制人拥有境外居留权提升了上市公司海外研发活动（陈春华等，2018）。刘建秋和朱益祥（2019）发现，实际控制人境外居留权与企业社会责任正相关，但境外居留权降低了企业价值，社会责任在境外居留权和企业价值之间发挥遮掩效应，抑制了境外居留权对企业价值的损害。Yang 等（2019）研究认为，实际控制人拥有境外居留权的公司更可能聘请高质量的审计服务。同时，高天宏等（2019）也认为此类企业更有可能提供高质量的信息用于缓解外部利益相关者对其存在严重代理问题的怀疑。

第二节 文献述评

通过对现有文献的梳理，前人从微观、市场、宏观等三个层面对企业创新的影响因素进行了深入研究，得到了很多富有价值的结论，为后续企业创新研究奠定了坚实的基础。同时，国内外关于实际控制人境外居留权的经济后果研究已取得了较为丰硕的成果，但是现有研究仍然存在一定的不足与局限，值得进一步探讨。

一、企业创新的影响因素的文献述评

创新是企业核心竞争力的来源，前人文献对于如何促进企业创新进行了大量的研究。Hambrick and Mason（1984）提出的高层梯队理论开启了高管个人特征与企业经营活动关系的研究，很多学者将高层梯队理论进一步引入企业创新的研究领域，从高管的性格、职业背景、工作经历、薪酬激励等方面分析了高管个人特征如何影响企业创新及其作用机制。但是，前人文献可能忽略了高管能够影响企业创新活动的本质原因，即高管是企业创新活动的决策者，当某类主体能够左右企业创新活动或者有着重大影响时，这类主体的个人特征也能够影响企业创新。由于中国上市公司股权高度集中，实际控制人对于企业创新活动有较大的主导权，因此，实际控制人个人特征也可能影响企业创新活动，而现有文献对这一问题的研究存在着一定的缺失，这就成为了本书研究的切入点和出发点。

纵观企业创新的文献，特别是实证研究的文献，发现更多的研究集中于技术创新，但对于管理创新、组织创新等其他形式的关注度不够。管理创新是企业竞争力的重要来源（Stata，1989）。成功的创新不仅是技术创新的结果，而且在很大程度上取决于管理创新（Volberda 等，2013）。分析其原因，主要是因为管理创新、组织创新等非技术创新不容易衡量，较难进行实证检验。

二、境外居留权的经济后果的文献述评

国际移民领域的大量研究对于跨国移民的经济后果已经进行了深入的剖析，但是更多的是针对移民本人以及家庭、移民目的国的经济后果的研究，对移民来源国的影响的研究并不多。我国作为发展中国家，人口迁移至境外的情况更加普遍，即更多作为移民来源国。Chen 等（2018）于 2013 年在其工作论文中首次关注了中国民营企业实际控制人境外居留权可能产生的经济后果问题，从而引发了实际控制人境外居留权问题的研究。在这篇文献基础上，很多学者开展了进一步的分析，从审计费用、避税、盈余质量、异常高派现等角度研究了实际控制人境外居留权的经济后果。创新作为企业最重要的经营活动，是企业获得市场竞争力的关键来源，目前尚没有文献对实际控制人拥有境外居留权是否会显著影响企业创新进行深入的分析。

基于以上文献的总结回顾以及对于相关研究领域不足的发现和分析，本书认为还存在以下可以进一步深入探讨的研究方向，具体如下：

一是构建一种全新的衡量创新的指标。现有研究主要使用研发支出与专利数据来衡量企业创新。但是研发支出与专利数据均存在一定的局限性，并不能完全捕捉企业创新水平。

二是尝试衡量管理创新、组织创新等非技术创新，通过文本分析、问卷调查等手段构建管理创新指标，进行实证研究。

三是加强对非上市公司创新的研究。由于非上市公司数据获取较为困难，现有研究对于非上市公司创新的关注度较低。

四是探讨激励企业创新的宏观层面的制度或政策，比如如何设计良好的政府采购政策以促进企业创新。

五是加强关于企业创新的经济后果的研究，特别是企业创新

对宏观经济的影响。如企业创新总体上如何影响区域或国家的创业、就业、金融发展等。

六是研究实际控制人个人特征与企业创新的关系，比如性格、职业背景、成长经历等个人特征。

七是民营企业非实际控制人的高管人员拥有境外居留权与其实际控制人拥有境外居留权存在什么差异，对企业创新的影响是否有异质性。

八是国有企业高管人员获得境外居留权会对企业产生什么影响?

九是上市公司的独立董事获得境外居留权是否会影响其咨询和监督功能的发挥?

十是实际控制人拥有境外居留权是否会影响企业的海外投资、海外并购等行为?传导机制是什么?

基于企业创新、境外居留权等方面文献的总结回顾以及本研究的侧重点，本书选取了实际控制人拥有境外居留权这一个人特征来分析民营企业创新活动，研究实际控制人拥有境外居留权与企业创新的关系以及其中的作用机制，为实际控制人拥有境外居留权现象的经济后果提供了一个新的研究视角。同时，引入管理创新来衡量创新，较好地融合了技术创新与非技术创新。

第二章　理论分析与研究假设

第一节　理论基础

一、新古典经济学和新移民经济学——移民动因分析

（一）新古典主义经济学

新古典主义经济学的核心假定为经济人概念，每个经济主体总是倾向于在特定约束条件下的利益最大化。在进行决策时，经济主体可以利用搜集到的所有相关信息，估计不同决策的可能性结果，达到期望效用最优化。在决定是否移民时，移民者会基于自身理性，判断移民成本与收益进行取舍。人们选择移民到最有发展机会的地方，这些地方并不是指平均工资最高的地方，而是指移民者自己相信，从长远来看有可能为自己的技能提供最高回报的地方。这些技能包括教育、经验、训练和语言能力（约翰·R. 魏克斯，2016）。Massey and España（1987）基于人力资本理论构建了移民迁移模型，具体见公式（2－1）：

$$\mathrm{ER}(0) = \int_0^n [P_1(t)P_2(t)r_d(t) - P_3(t)r_0]e^{-rt}dt - C(0) \tag{2-1}$$

ER(0) 是跨国移民在迁移前预期的纯收益，t 为时间变量，迁移纯收益受到七个基本因素的影响，其中，第一组三个因素源自移民目的国，包括目的国入境居留管制 P_1，目的国工作机会 P_2，可能收益 r_d；中间组的两个因素来自移民迁出国，包括留在迁出国受雇可能性 P_3，可能收益 r_0；第三组因素为未来货币贬值的可能性 e，最后一项为移民成本 C。新古典主义经济学在分析国际移民时，主要是从经济利益出发，当迁移收益大于迁移成本时，经济主体就会选择迁移至国外。

（二）新移民经济学

20 世纪八九十年代，国际移民研究形成了新移民经济学。新移民经济学拓展了新古典经济学中对于移民的分析，主要观点有：一是移民决策并不是由个体单独决定的，而是由与个体有密切联系的家庭或家族共同决定的。二是移民决策并不简单归因于两个国家之间的收入差异，真正决定移民的因素可能是移民主体与参照群体对比后产生的相对剥夺感。移民决策除了考虑经济因素，还要考虑非经济因素，需要在成本效益模型中纳入新的变量，如社会网络、风险规避、安全感等变量。三是如果市场是完全的，不存在信息不对称，金融中介机构是完善的，则不会出现迁移现象。但是，在欠发达国家中，个体往往受到资本、商品或金融市场的制约，为了规避风险或获得稀缺资源，个体有动机进行移民（Stark，1991）。

2018 年胡润研究院发布的《2018 年中国投资移民白皮书》显示，排在前几位的移民原因是教育质量、环境污染、食品安全、医疗水平、社会福利与资产安全。但无论是基于新古典经济学还是新移民经济学，实际控制人在考虑移民时，作为理性经济人，优先考虑的是自身的经济利益与非经济利益最大化，而不是其所控制的企业的价值最大化。因此，实际控制人的移民决策有可能给企业带来负面的外部性，如损害企业价值、创新等。

二、高层梯队理论和烙印理论——实际控制人境外居留权与企业创新关系

（一）高层梯队理论

完全理性假设认为，人是理性人，能够无成本、无障碍、及时地获取决策所使用的完整信息，个体具备强大的认知能力，可以有效评估各种备选方案，从中作出正确决策以实现自身利益最大化。现实经济生活中，高管作为企业的决策者，面临纷繁复杂和动态多变的内外部环境，掌握的信息往往有限且不及时，认知也存在着偏差，并不符合完全理性假设。复杂的决策很大程度上是行为因素的结果，而不是机械性地追求经济最优化（March and Simon，1958）。Hambrick and Mason 于 1984 首次提出高层梯队理论（upper echelons theory），以有限理性假设为理论基础，强调企业高管层特质，如年龄、学历、工作经历、社会经济基础、财务状况等在决策过程中的重要作用，高管的特征和认知能够反映其个人偏好，会直接影响决策者的战略选择，进而决定企业绩效。与常规的经营活动不同，创新活动具有风险性、不可预测性、长期性、多阶段、劳动密集型和异质性等特征，需要极大的耐心、冒险精神和试验新方法的强烈意愿（Holmstrom，1989）。高管的个人特征、管理风格、激励机制等会对企业创新产生重大影响（He and Tian，2018）。高层梯队理论主要核心思想如图 2－1 所示。

我国上市公司的股权集中于控股股东或大股东（冯根福，2004），而控股股东或大股东通常由实际控制人通过金字塔、交叉持股、多重持股等方式控制（张胜等，2016）。实际控制人通常直接兼任高管或者间接控制高管（La Porta 等，1999），对企业经营

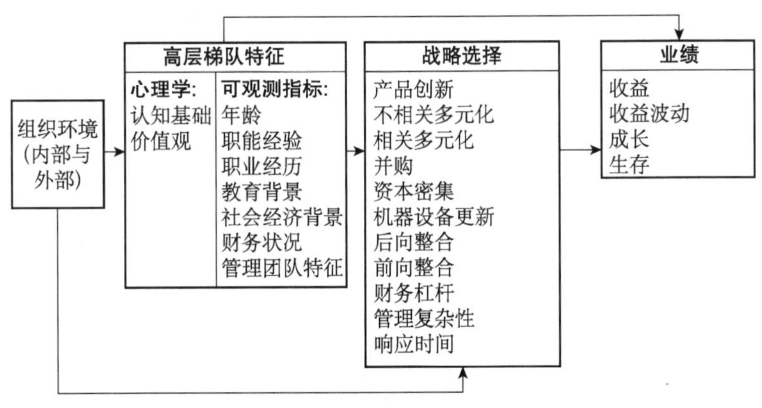

图 2-1 高层梯队理论

活动有着充分的影响力（姜付秀等，2017）。组织成果反映了组织中拥有主导权力的实施者的价值观和认知基础（Hambrick and Mason，1984）。作为主导企业资源配置的实际控制人，其个人特征势必会影响企业的经营决策。一些学者已经从实际控制人特征出发进行了相关研究，如马云飙等（2018）发现，相比男性实际控制人，女性实际控制人更少地侵占中小股东利益。因此，实际控制人拥有境外居留权的这种特质必定会影响企业创新活动。

（二）烙印理论

烙印的概念起源于19世纪的动物行为研究。1873年，英国生物学家Douglas Spalding研究发现，家禽会跟随第一次见到的运动物体。1937年，德国生物学家Konrad Lorenz对该现象进行了深入分析，即使将幼鹅放置在母鹅与洛伦茨分开的盒子里，幼鹅也会紧跟着它们的母亲或洛伦茨，这取决于它们在孵化后第一次遇到谁。尽管烙印仅发生在动物生命早期的一个关键时期，但即使后来该动物与其第一次遇见的物体已经分离，这种烙印的影响仍然存在（Lorenz，1937）。1965年Stinchcombe将烙印概念引入组织学研究，Stinchcombe认为组织被所属行业诞生时的状况打上“烙印”，强调了外部环境力量对塑造公司初始结构的重要性以及这些模式随着时间推移而持续存在（Stinchcombe，1965）。在Stinchcombe的文献基础上，许多学者从组织层面分析了烙印概念，如组织生态学（Carroll and Hannan，1989）、制度理论（Marquis and Huang，2010）、社会网络（McEvily等，2012）等。近年来，烙印概念已经应用在个体层面，如企业家敏感时期的经验会影响企业家的决策，并指引企业家的职业生涯（Mathias等，2015）。与经济繁荣时期加入劳动力市场的CEO相比，那些在经济萧条时期开始职业生涯的CEO将实施保守的研发支出政策（Schoar and Zuo，2017）。民营企业家的体制内经历使其在认知和能力方面被打上印记，促使其在企业成长过程中介入房地产等业务来“赚快钱”（戴维奇等，2016）。CEO的海外经历给CEO烙上了特殊的印记，影响其认知和能力，进而抑制企业盈余管理（杜勇等，2018）。CEO金融背景对企业金融化具有显著的正向影响（杜勇等，2019）。

烙印理论（imprinting theory）认为，组织与个体在其发展过程中存在着环境敏感期，特定阶段的环境特质将给组织与个体烙上难以磨灭的印记，这些印记存在着一定的惯性，不会轻易随着环境的变化而变化，将对组织与个体产生持续的影响。烙印具有三个基本特征：（1）存在时间限制的敏感期，其特征是对环境影响的敏感性高；（2）在敏感时期内环境的强大影响，使得焦点实体反映当时的环境要素；（3）即使随后的环境发生变化，敏感时期内形成的特征具有持久性（Marquis and Tilcsik，2013）。Marquis and Tilcsik（2013）认为焦点实体不仅仅在发展早期存在敏感期，后期也可能存在敏感期，即存在多个敏感期。如公司上市或与另一家公司合并可能会给组织留下烙印的机会，因为这种过渡的不确定性产生了新的环境需求。在组织过渡、剧变和不稳定时期，外部环境会对组织及其构成要素产生强大影响。对于个体而言，敏感时期环境的刺激同样会给个体带来重大影响，经历了状态转变的个体会采用新的认知模型、行为方式，这种关键人生阶段和职业阶段的经验会对个体决策产生持久影响。实际控制人从没有境外居留权阶段过渡到拥有境外居留权阶段，焦点主体发生了状态转换，这种拥有境外居留权的经历会给实际控制人烙上特殊的印记，影响实际控制人的决策，进而可能影响企业的创新活动。

高层梯队理论与烙印理论均能用于解释实际控制人境外居留权影响企业创新的原因，两种理论从不同视角出发，为本书观点起到了重要的支撑作用。但两种理论也存在着一定的差异。具体而言：一是高层梯队理论聚焦于企业高管或者组织的决策者，理论的适用群体更加狭窄而烙印理论同时应用在组织和个体层面，且个体层面不局限于企业高管或组织的决策者。二是当两种理论应用在企业高管或组织决策者层面时，高层梯队理论涵盖的范围更加广泛，认为高管的年龄、学历、工作经历、社会经济基础、财务状况等在决策过程中会发挥重要作用。烙印理论则着重强调了管理者经历对其认知与价值观的影响（杜勇等，2019）。三是高层梯队理论注重的是静态的结果，而烙印理论更加强调动态过程，认为印记将给组织或个体带来持久影响（杜勇等，2019）。

三、委托代理理论——掏空行为机制的主要理论

根据委托代理理论，我国上市公司存在着双重代理问题，第一类代理问题是管理层与股东之间的利益冲突（Jensen and Meckling，1976），当管理层对公司的现金流不拥有完全的所有权时，就会发生经理人为追求个人私利而损害公司价值的行为；第二类代理问题是控股股东或大股东与中小股东之间的利益冲突（La Porta 等，1999），在股权相对集中的公司中，通常存在较为复杂的

股权结构，导致控股股东的现金流权与控制权发生分离，控股股东有动机利用控制权追求私有收益，侵占中小股东利益。民营企业与国有企业的代理问题存在明显差异（王甄、胡军，2016），与国有企业相比，民营企业的控股股东监督管理层的动机更强，且存在大量控股股东兼任 CEO 的情况，导致第一类代理问题较轻，而第二类代理问题较为严重。控股股东或大股东通常由实际控制人通过金字塔、交叉持股、多重持股等方式控制（张胜等，2016）。因此，民营企业的第二类代理问题往往表现为实际控制人与中小股东之间的矛盾。实际控制人对企业的影响主要表现为"激励效应"与"堑壕效应"（Shleifer 等，1997）。"激励效应"是实际控制人对管理层实施有效监督，抑制管理层机会主义行为，提升企业价值；"堑壕效应"是实际控制人实施"隧道行为"，转移企业资源，侵占中小股东利益，损害企业发展。

境外居留权赋予实际控制人随时离境的机会，为实际控制人从事财务欺诈或者违法违规行为提供了相对便利的条件（陈春华等，2018），实际控制人能够较为方便地"跑路"从而逃避法律风险和声誉损失，进而增加了实际控制人实施掏空行为的动机，加剧了对中小股东利益的损害，最终抑制了企业创新。

四、信息不对称理论和会计契约理论——会计信息操纵机制的主要理论

（一）信息不对称理论

新古典经济学假定经济主体拥有决策需要的所有相关信息，或者经济主体获取这些信息的成本为零，即"完全信息"。但现实经济生活中，信息往往是不完全的，信息获取也存在成本，即"有限信息"。交易各方获取信息的能力存在差异，导致交易各方之间存在信息不对称——一方比另一方掌握更多的信息。根据发

生时间，信息不对称可以分为两种类型：一是事前信息不对称。不对称发生在交易主体进行交易之前，即逆向选择问题。二是事后信息不对称。不对称发生在交易主体实施交易之后，即道德风险问题。1970 年，Akerlof 发表了《次品市场：质量的不确定性和市场机制》一文，在次品市场中，产品质量是卖方掌握的私人信息，买方并不清楚产品质量情况，卖方基于自身利益会隐瞒产品质量信息，出现逆向选择问题，质量较差的产品将质量较好的产品驱逐出市场，从而导致市场失灵。1963 年，Arrow 发表了《不确定性与医疗福利经济学》一文，在医疗服务市场，医生掌握了专业的医学知识，更加了解病患的真实病情，医生可能利用信息优势采取延长治疗时间等行为来最大化收益。

管理层作为企业经营管理的决策者和实施者，天然地比外部利益相关者掌握更多企业信息，作为信息优势一方，管理层有动机实施机会主义行为谋取个人利益。与一般的投资活动相比，由于研发投资缺乏有效市场、信息披露不充分等原因，企业创新活动面临的信息不对称问题更严重（Aboody and Lev，2000）。管理层对于创新项目真实投入的财务资源、人力资本数量与质量，研发过程的风险、技术瓶颈，新产品的商业化时间、程度等均了如指掌，但是，这些信息对于外部利益相关者而言则难以知晓，况且研发投资对企业生产率和价值的影响也很难量化，这进一步加深了企业与外部利益相关者之间的信息不对称。信息不对称增加了投资者的信息搜寻成本和信息处理成本，提高了投资的不确定性和市场风险，增大了投资者的资本成本，进而导致企业面临较高的融资约束，企业可用于投资的资金减少（Barth 等，2013）。

盈余管理是对会计数字信息的操纵，可读性操纵和语调操纵是对会计文本信息的操纵，从本质上来讲，均是管理层对企业真实信息的歪曲（朱朝晖、许文瀚，2018）。会计信息的扭曲，降低了使用者对财务报告的理解，增加了投资者和债权人处理信息的成本，提高了企业与投资者、债权人之间的信息不对称，投资者和债权人可能要求更高的溢价来补偿面临的风险暴露，增加了企业的股权与债务融资成本，最终抑制了企业创新。

（二）会计契约理论

1937 年，科斯发表了《企业的性质》一文，从而开启了现代企业理论。现代企业理论认为，企业的本质是一组契约关系的联结。所有的市场交易，无论是长期还是短期，显性还是隐性，均是一种契约关系。企业的契约主体包含管理层、股东、债权人、员工、供应商、客户、政府、审计师等所有利益相关者，不同契约主体之间通过订立契约明确各自的权利与义务，以实现契约主体集合的帕累托最优。但是，契约主体之间存在着一定程度的信息不对称，信息优势一方有机会主义倾向，包括契约签订前的逆向选择和契约签订后的道德风险，导致可能出现较为严重的代理问题（Jensen and Meckling，1976）。

会计本质的“信息系统观”认为，会计是一个加工处理与传递信息的信息系统，可以为管理层、投资者、债权人等内外部利益相关者提供信息，服务于决策者。会计能够降低契约主体之间的信息不对称，缓解契约主体间的代理问题，降低代理成本。会计的作用体现在：计量契约主体对企业的资源投入；计量并向契约主体支付约定的收益；向契约主体报告契约履行程度；向潜在的契约主体提供信息，用于维护企业赖以生存的要素市场的流动性；向潜在契约主体提供类似公共知识的特定信息，从而降低契约签订成本（Sunder and Cyert，1997）。

会计契约理论认为，会计契约是企业运用会计准则、会计政策、会计数据、会计方法来界定、调整利益相关者的权利与义务的经济契约。会计契约是企业契约的主要组成部分，通过会计契约的计量与监督功能可以协调利益相关者之间的利益冲突（雷光勇，2004）。以债务契约为例，企业与债权人通过债务契约确定债权债务关系，债权人为了保护自身的权益，会在契约中约定一些限制性条款，比如企业必须维持一定的资产负债率、流动比率、利息保障倍数、营运资本等。但是，由于掌握着更多的私有信息，管理层在企业契约主体中是信息优势方，其为了自身利益有可能通过会计手段（会计政策和会计估计变更）或者安排真实经济活动（如削减研发支出和广告支出，放宽信用）来调整会计信息，从而使自己在以会计信息为基础的契约中占据有利的地位（Healy and Wahlen，1999）。债务契约假设认为，在其他条件不变的情况下，企业偏离债务契约程度越大，管理层通过会计手段调节当期盈余的概率越高（Watts and Zimmerman，1986）。

实际控制人在实施违法违规行为后可以利用境外居留权身份随时离境，逃避民事和法律责任，这给投资者、债权人等利益相关者带来了人为风险，同时这种潜在的“跑路”行为降低了利益相关者对实际控制人信任度，投资者可能会减少对企业的投资或者要求更高的投资溢价，债权人如银行也会向企业要求更严格的限制性条款来弥补风险敞口。管理层为了应对投资者和债权人的严格要求，会有更强的动机实施会计信息操纵，从而可能影响企业创新。

五、资源依赖理论——融资约束机制的主要理论

1978 年，Pfeffer and Salancik 在《组织的外部控制》一书中提出资源依赖理论（resource dependence theory），资源依赖是指焦点组织依赖资源的程度，这个资源由焦点组织环境中名义上独立实体所控制。作为一个开放的系统，组织生存的关键是组织必须拥有获取和维持资源的能力。没有一个组织能控制所有要素，组织

通过联盟、合作、客户供应商关系、竞争关系等与环境相连来获取生产经营所需的要素（Pfeffer and Salancik，1978）。资源依赖理论的主要观点如下：一是组织依赖于外部环境，不可避免地受到环境条件的约束，但外部环境并不稳定，不断变化的环境可能导致组织无法生存。二是组织受到与其他组织相互依赖的网络的约束，依赖于其他组织提供的重要资源。A 控制了 B 所需要且在其他地方无法获得的资源，则认为 A 对 B 具有权力，B 在某种程度上依赖于 A。然而，权力也不是零和博弈，因为 A 和 B 可以彼此具有权力，使它们相互依存（Emerson，1962）。三是尽管组织受到其环境的限制，但组织仍可以采取措施减少环境的不确定性和依赖性，只是这种行动并不会完全成功，并且会产生新的依赖模式（Pfeffer，1987）。四是组织可以通过建立不同形式的组织间安排来尝试管理这些资源依赖性。企业最小化环境依赖的五种安排如下：并购/垂直整合；合资企业和其他组织间关系；董事会；政治活动；继任管理层（Hillman 等，2009）。

创新是一项投入大、风险高、周期长的投资活动，与常规投资相比，其更加依赖资源。企业在实施研发投资时，其自身并不具备所有必要的资源，往往依赖于外部的支持（Choi 等，2011）。我国目前仍然处在转型经济的发展阶段，正式制度存在缺失（Peng and Luo，2000），而且我国传统的人情社会文化导致商业环境更多地受到人际关系等非正式制度的约束（Allen 等，2005）。因此，我国企业在经营活动中受到非正式制度的影响较大。相对于国有企业，民营企业无论是在债券融资还是股权融资方面都面临严重的“金融歧视”，使民营企业创新活动无法得到长期可靠的保障（余明桂等，2016）。民营企业经营高度依赖于实际控制人的声誉、社会关系、政治联系（Fan 等，2012）。因此，实际控制人能够获取的资源是民营企业实施创新活动的关键因素，实际控制人拥有境外居留权造成了实际控制人声誉的损失，降低了实际控制人获取资源的能力，从而加剧了企业面临的融资约束，最终抑制了企业创新。

第二节 假设提出

一、主回归假设

依据高层梯队理论，境外居留权作为实际控制人的个人特征，反映了其个人偏好；而根据烙印理论，实际控制人从没有境外居留权转变为拥有境外居留权，这种状态的转换会给实际控制人烙上特殊的印记，从而改变实际控制人的认知能力、行为模式和决策方式，最终影响了企业创新活动。具体如下：

（1）从主观视角来看，实际控制人取得境外居留权加剧了其短视行为，导致实际控制人更加注重眼前利益，有更强的动机掏空企业资源和实施会计信息操纵行为。

一方面，心理学研究表明，主体对于未来自我的看法以及对于未来生活的看法会影响主体当前的心理状态和行为方式（D'Argembeau 等，2012）。为了保持境外的永久居留权身份，实际控制人必须每年在境外定居较长时间，以美国为例，美国绿卡持有人每年在美国停留时间不能少于三个月，每次离开美国不能超过 183 天。同时实际控制人为了满足教育质量、环境污染等移民动机，其未来在境外长期定居的可能性也比较大，这表明实际控制人未来的生活工作与现在存在较大差异，从而影响实际控制人当前的心理状态和行为模式。Hershfield 等（2012）发现，当个体感觉到未来自我与现在自我相似度较低时，个体更容易以谎言、虚假承诺和作弊等不道德行为去谋取当前利益，而较少考虑这些行为对未来自我造成的负面影响。Bartels and Urminsky（2011）也发现，当个体在心理上与其未来自我的密切联系和相似度越低时，他们越优先考虑眼前利益，而不是未来利益。实际控制人获取境外居留权之后，降低了其未来自我与现在自我的相似度，实际控制人缺乏在境内长期经营的意愿，会更加注重当前收益，出现更多的短视行为。而创新活动往往回报周期长、收益见效慢（Holmstrom，1989），因此，实际控制人不愿意实施长期性的创新项目，而更多实施"短平快"的投资项目。

另一方面，民营企业的实际控制人获取境外居留权的行为本身表明实际控制人更多关注的是个人利益，而不是将企业利益作为主要考虑。根据胡润研究院发布的《2018年中国投资移民白皮书》，中国企业家投资移民的前七大动机为教育质量、环境污染、食品安全、医疗水平、社会福利、资产安全、政治环境。由此可见，民营企业的实际控制人获取境外居留权主要是为了个人及其家庭的利益，并不是为了所控制企业的经营发展，更不是为了提升所控制企业的创新水平。因此，取得境外居留权表明实际控制人在企业经营过程中为了个人及其家族利益最大化会实施更多的掏空、会计信息操纵等行为，侵占企业资源，损害中小股东、债权人等主体的利益。研发投资本身需要消耗很多企业内部资源以及外部利益相关者如债权人的资金支持，实际控制人的这种机会主义行为会减少企业的研发投资。

（2）从客观视角来看，实际控制人取得境外居留权降低了企业利益相关者对实际控制人的信任程度。

一方面，站在企业外部角度，实际控制人在实施违法违规行为损害他人利益之后可以利用境外居留权身份随时离境逃避境内的法律制裁，这给投资者、债权人等利益相关者带来了人为风险。祝婧媛和何贵兵（2016）发现在风险决策中，人为风险引发的坏结果会导致个体产生一种背叛的负面感受，与客观风险相比，即使两类风险发生的概率不存在差异，个体也会更加规避人为风险。因此，实际控制人拥有境外居留权引起的人为风险将加重外部利益相关者的担忧，使得外部利益相关者为了保护自身利益、缓解风险敞口，而实施或者强化应对措施，例如，投资者可能减少对企业投资或者索取更高的投资溢价，银行可能压缩企业贷款、提高贷款门槛、索取更高的贷款利率、设置更严格的限制性条款、加大抵押要求等，这样就会提高企业融资成本，加剧企业融资约束。

另一方面，站在企业内部角度，实际控制人拥有境外居留权会降低研发人员的创新效率。当企业出现风险时，实际控制人可以利用境外居留权身份随时"跑路"，将"烂摊子"留给员工，这导致员工的心理安全感下降。心理学研究发现，个体在心理安全感较低时会更加厌恶风险、选择收益更加稳定的项目（陆静怡、王越，2016）。创新项目具有高度不确定性，失败概率非常高，实际控制人拥有境外居留权之后，企业研发人员对创新失败可能带来的个人薪酬、职位、名誉等方面的损失更加敏感，从而在研发工作中不敢尝试更加激进的创新思路，会采取更加保守的创新路径，进而降低了企业创新项目质量。实际控制人拥有境外居留权表明实际控制人在主观上更加追逐短期利益，更偏好于实施舞弊欺诈行为（Chen 等，2018），这会大大削弱员工对企业的信任度。屠兴勇等（2017）发现，企业内部的信任氛围与员工绩效正相关。糟糕的内部信任环境会降低研发人员对企业的身份认同，从而影响研发人员的工作积极性和主动性，最终导致创新产出效率下降。根据 2018 年全国企业创新调查数据，2017 年，在开展创新活动的 29.8 万余家企业中，74.1%、73.1%和 71.8%的受访企业家认为员工对企业的认同感、高素质人才和企业内部激励机制是企业创新成功的重要因素[①]，可见，实际控制人拥有境外居留权引发的员工对企业信任度和认同感的下降会抑制企业创新。

从主观视角来讲，实际控制人的短视行为会降低企业的创新投入；从客观视角来讲，投资者、债权人等利益相关者对实际控制人及其企业信任度的下降会增加企业的融资约束，导致企业难以为研发投资获得资金支持，研发投资的降低在研发效率没有明显提升的情况下会带来企业创新产出的下降。况且，实际控制人拥有境外居留权会降低研发人员的创新效率，在研发投资和研发效率同时降低的情况下，显而易见，实际控制人境外居留权会抑制企业的创新产出、降低创新数量与质量。

综上所述，本书提出假设：

H1：实际控制人拥有境外居留权抑制了企业研发投资和创新数量、质量与效率。

实际控制人获得境外居留权也可能促进企业创新，原因：一是实际控制人获取境外居留权后，将拥有更多海外资源和社会资本，且实际控制人移民目的国或地区大多数为经济发达国家或地区，创新水平较高，实际控制人获得境外居留权后，能够更加方便地接触海外先进技术，并且与海外企业或组织进行协同创新或者产学研合作等；二是实际控制人与移民目的国或地区的其他华人华侨移民一道形成移民网络，移民网络可以提供移民目的国或地区的市场需求、行业竞争、创新等信息，会降低企业技术引进、新产品出口、境外技术并购等交易成本，增加了企业境外投资、并购等行为；三是境外居留权为企业提供了风险对冲的机会，实际控制人更加熟悉移民目的国的市场、法律、政治等情况，可以降低企业面临的市场风险、汇率风险、政治风险等，同时通过海

① 数据来自我国科技部发布的《2017 年我国企业创新活动特征统计分析》。

外经营也可能分散境内经营风险；四是近年来，我国与其他国家签订双边引渡协议越来越多，引渡协议一定程度上缓解了实际控制人利用境外居留权身份随时离境逃避境内法律制裁的情况。因此，拥有境外居留权的实际控制人也可能与企业创新存在正相关关系。本书提出竞争性假设：

H2：实际控制人拥有境外居留权促进了企业创新。

熊彼特认为，创新包含五种类型：产品创新、生产方式创新、市场创新、材料创新、管理创新（Schumpeter，1911）。20 世纪 80 年代，美国制造业竞争力大幅下滑，其根源不在于产品的竞争力较弱或者创新低下，而在于缺乏管理创新。日本企业通过全面质量管理、精益生产等新颖的管理实践大大增强了市场竞争力，管理创新成为企业竞争力的重要来源（Stata，1989）。除了实务界，管理创新也得到了学术界越来越多的关注。成功的创新不仅是创新的结果，而且在很大程度上取决于管理创新（Volberda 等，2013）。Volberda 等（2010）根据 2006—2010 年荷兰公司的调查结果发现，荷兰公司创新绩效差异的 50%—75% 来自管理创新。

Volberda 等（2013）认为，管理创新是以对公司和/或行业来说是新的组织形式、实践和流程，导致企业对技术知识的利用，并撬动企业创新、生产率和竞争力等方面的绩效。管理创新包括管理架构、流程和实践的改变，目的用于提高组织功能（Heyden 等，2018）。根据高层梯队理论，高管的个人特征，如教育背景、职业生涯、生活经历、社会关系等，会影响公司的经营活动（Hambrick and Mason，1984；Hambrick and Fukutomi，1991）。公司实施管理创新需要配置一定的资源，如人力与财务资源，公司高管有决策与分配资源的权力，高管的个人特征会影响管理创新（Damanpour and Schneider，2006；Hoffman and Hegarty，1993）。管理创新本质上是高层管理人员创新能力的体现，即他们在组织管理中生成的调整和实施新解决方案的能力（Kraśnicka 等，2016）。因此，实际控制人拥有境外居留权的特征也同样会影响企业的管理创新。

一方面，实际控制人获取境外居留权之后，会更加注重当前收益，出现更多的短视行为。实际控制人作为企业的操控者，推动企业进行管理创新的意愿较为薄弱。管理创新实施需要克服组织惯性，打破已有的组织方式、业务流程等，需要较长时间才能使组织形成新的惯性，且管理创新实施过程中面临着较大的失败风险，即管理创新与技术创新一样具有收益回报周期长、风险大、不确定性高等特点。同时，在组织内部开发新的内部结构或系统有关的管理创新，需要组织内部投入大量的财务、人员、生产等资源（Hoffman and Hegarty，1993），实际控制人为了自身利益，更大限度地保留企业可支配现金流，更好地攫取企业资源，也会削弱其实施管理创新的动机。

另一方面，员工是企业管理创新的主要驱动因素之一（崔淼、苏敬勤，2012）。管理变革影响面非常大，将改变员工的工作方式、惯性、积极性等各个方面。员工对于管理创新的配合和支持对于管理创新实施的成功有着至关重要的作用，一项管理变革通常是由上而下，由高管进行设计和推行，但是真正落到实处或者说产生实际效果的关键在于员工。实际控制人拥有境外居留权传递出企业出现风险时实际控制人可以随时“跑路”，将“烂摊子”留给员工的信息，降低了员工的心理安全感和对企业的信任度。员工对企业的身份认同下降，影响了其工作积极性和主动性，对创新失败也更加敏感，支持和配合管理创新的意愿不强，从而可能导致管理层推行的管理变革无法获得实际效果。综上所述，本书提出假设：

H3：实际控制人拥有境外居留权降低了管理创新。

二、机制假设

实际控制人获得境外居留权影响企业创新的作用机制可以从主观与客观两个方面进行阐述。一是实际控制人获取境外居留权的行为表明实际控制人缺乏在境内长期经营的动机和意愿，实际控制人主观上更加短视，更加聚焦于短期利益，会有更多的掏空、会计信息操纵等行为；二是客观上加剧了企业融资约束。与普通中国公民相比，拥有境外居留权的实际控制人可以随时离境，当其实施违规行为后，能够较为方便地“跑路”从而逃避法律风险和声誉损失，这增加了实际控制人机会主义行为的动机，降低了企业利益相关者对实际控制人的信任程度，信任感的下降导致企业难以融资或者融资成本上升。

（一）掏空行为机制

根据委托代理理论，我国上市公司存在着双重代理问题，第一类代理问题是管理层与股东之间的利益冲突（Jensen and Meckling，1976）；第二类代理问题是控股股东或大股东与中小股东之间的利益冲突（La Porta 等，1999）。我国民营企业第二类代理问题更加严重，主要原因是：一方面，我国上市公司股权相对集中（冯根福，2004），控股股东的现金流权与控制权分离度较高，控股股东有动机侵占中小股东利益。另一方面，与国有企业相比，民营企业的控股股东往往直接兼任 CEO，即使不兼任，控股股东也更有动机监督管理层。控股股东或大股东通常由实际控制人通过金字塔、交叉持股、多重持股等方式控制（张胜等，2016），因此，民营企业的第二类代理问题往往表现为实际控制人与中小股东之间的矛盾。实际控制人取得境外居留权加剧了第二类代理问题，增加了掏空行为的动机。

一方面，获取境外居留权和未来在移民目的国居住需要大量的稳定现金流，为了获取相应的资金，实际控制人有动机实施掏空行为。移民一般而言有三种方式：劳务移民、技术移民与投资移民。劳务移民是个体作为劳务输出，能够解决移民所在国劳动力短缺问题，增加劳动力供给。如美国 EB－3 雇主担保移民，要求获得美国雇主长期的就业担保许可。技术移民是申请人凭借其教育背景、职业技能、语言能力等方面的综合实力来获取移民资格。如美国 EB－1A 职业移民，EB1A 主要面向在科学、艺术、教育、商业或体育等领域中获得国家或国际上的认可，而且其成果、成就在该领域影响深远，受到同行广泛肯定的申请人。投资移民则需要一定的资金投入。如美国 EB－5 投资移民要求外国投资者在美国境内特定目标就业区投资 50 万美元（在一般地区投资 100 万美元）或设立企业。一般情况下，实际控制人移民时，往往携带配偶、子女一起移民，家庭移民的成本远远高于单独个人移民。同时，移民之后在移民目的国或地区的生活成本也比较高，住房、教育、医疗、社会交往等需要花费大量的资金。因此，拥有境外居留权的实际控制人为了筹措移民及移民后的所需资金，有动机实施掏空行为。

另一方面，人们通过权衡预期的成本与收益来实施不诚实的行为，实际控制人实施违法违规行为的偏好取决于行为的预期收益与被检查发现以及被惩罚概率（Chen 等，2018）。实际控制人实施“隧道行为”，转移企业资源，侵占中小股东利益，这些行为将为实际控制人取得较大的预期收益。实际控制人获得境外居留权后能够随时离境，为实际控制人从事财务欺诈或者违法违规行为提供了相对便利的条件（陈春华等，2018）。截至 2019 年 10 月底，我国已对外缔结 57 项引渡条约，其中已生效 41 项，但是引渡协议的效果并不明显。一是目前我国已生效的引渡条约中发达国家仅包括法国、意大利、西班牙、葡萄牙、韩国，本书样本企业中，实际控制人境外居留权所在国家中大多数国家未与我国签订引渡协议，如主要的移民国家美国、加拿大、澳大利亚等国；二是实际控制人即使是取得我国香港、澳门特别行政区的境外居留权，仍然存在实际控制人在违法违规后随时离境难以抓捕进行及时有效制裁的问题。如以中国香港特别行政区为例，其他司法管辖区如果想向香港特别行政区提出移送逃犯的要求，其必须与香港特别行政区订立双边移交逃犯协定或根据《逃犯条例》授权。但祖国内地与香港特别行政区并未签订逃犯移交安排，且香港特别行政区没有相关法例授权，导致目前香港特别行政区从未将逃犯移交到内地（王秀梅、尹燕红，2019）。实际控制人可以方便地逃往境外，较大程度降低了被捕和被处罚的概率，掏空行为的预期成本较低，在预期收益较大的情况下，实际控制人实施掏空行为的动机大大增强。

实际控制人的机会主义行为会掏空企业资源、损害企业价值，对企业创新产生负面影响（周瑜胜、宋光辉，2016）。实际控制人拥有境外居留权引发的掏空行为的增加，一是会使得其在企业经营方面更加短视，偏好于短期利益，而创新投资投入金额大、回报周期长、不确定性高（Holmstrom，1989）。实际控制人更不愿意实施创新投资。代理冲突的增加使得实际控制人缺乏进行持续高水平公司创新投资的激励（左晶晶等，2013）。二是掏空行为减少了上市公司可供于研发投资的资金，且管理层也得不到大股东对企业创新的支持，从而管理层也偏向于保守、短视。三是实际控制人移民海外为其利益侵占提供了途径，并显著增加了异常高派现（谭雪，2019）。异常高派现导致企业现金流短缺，降低了企业的代理效率，减少了企业投资（刘孟晖、高友才，2015）。综上所述，本书提出假设：

H4：实际控制人拥有境外居留权增加了掏空行为。

H5：掏空行为是实际控制人拥有境外居留权影响企业创新的传导机制。

（二）会计信息操纵行为机制

已有研究表明，与结构化的财务数字信息相比，文本信息内涵丰富，表现形式多样，不仅能够反映企业业务特征，还能够反映管理层行为动机，具有额外的增量信息。Li F.（2010）认为会计文本信息能够对数字信息起到补充作用，文本信息主要包含三个披露特征：水平（数量）、语调（积极或消极）和透明度（可读性）。会计信息操纵分为会计数字信息操纵和会计文本信息操纵，会计数字信息操纵即盈余管理，会计文本信息操纵主要分为可读性操纵和语调操纵。盈余管理作为一种对会计数字信息的操纵，与企业文本信息的可读性操纵和语调操纵，从本质上来讲，均是管理层对于企业真实信息的歪曲（朱朝晖、许文瀚，2018）。

会计信息操纵行为主要表现形式：一是盈余管理。盈余管理是企业管理层运用会计方法或者安排真实交易来改变财务报告，以误导利益相关者对公司业绩的理解或者影响以报告盈余为基础的合约（Healy and Wahlen，1999）。盈余管理分为应计盈余管理和真实盈余管理。应计盈余管理是在实际的交易和业务活动发生后，利用一般公认会计原则（GAAP）所给予的自由选择权调节盈余（Dechow and Skinner，2000）。真实盈余管理是管理层通过实施与正常经营活动相违背的活动，希望误导至少一部分利益相关者相信财务报告目标达到正常水平（Roychowdhury，2006）。二是可读性操纵。管理层基于薪酬、职业关注等自利动机（Kothari 等，2009），以复杂的方式进行文本叙述以保持对市场参与者的信息优势（Bonsall and Miller，2017），引导市场作出对其自身能力有利的评价（Bloomfield，2002），隐藏自身糟糕的表现。较低的年报可读性阻碍了用户对文件的理解，使用户花费更多的时间和精力来提取相关信息（Bloomfield，2002），增加了投资者处理信息的成本（Li，2008），增大了企业与投资者之间的信息不对称。三是语调操纵。管理层语调既可能是企业未来业绩的真实反映，也可能是其机会主义行为，管理层通过战略性的语调管理误导投资者对企业基本面的判断。心理学研究表明，具有积极评价意义的词语可以触发人们心中对词语所表达对象的美好印象，并进一步影响其后续判断，但这种印象可能与所表达对象的本质无关（MacGregor等，2000）。因此，管理层可能通过积极乐观的语调来诱导投资者作出对自己有利的决策。

会计数字信息操纵与会计文本信息操纵存在相互联系，王华杰和王克敏（2018）发现，应计操纵为正向时，年报文本信息可操纵语气显著为正；应计操纵为负向时，年报文本信息可操纵语气显著为负。但是，相较数字信息操纵而言，文本信息操纵更不容易被察觉，更容易迷惑投资者，使投资者无法识别企业真实业绩状况（王克敏等，2018）。Tan H. T. 等（2014）发现管理层会同时使用可读性与语调来操纵文本信息。

实际控制人拥有境外居留权后，会导致企业有更多的会计信息操纵行为。根据舞弊动因的三角形理论，该理论认为舞弊的动因来自动机、机会和借口（Albrecht 等，1995）。

一方面，境外居留权增加了会计信息操纵行为的动机。作为企业家，实际控制人获取境外居留权往往采用投资移民方式，投资移民需要不菲的资金，如澳大利亚投资移民需要花费 500 万澳元购买其联邦政府或州政府的债券。2018 年 3 月底，加拿大魁省移民局规定投资移民的家庭净资产须达到 200 万加币，全款投资额为 120 万加币。实际控制人在实施移民时，并不仅仅考虑自己在移民所在国的生活，更多地考虑整个家庭，比如子女教育问题，所以很多情况下移民是家庭整体移民，而家庭移民的成本肯定是高于单独个人移民。根据本书统计，2003—2017 年，我国民营制造业上市公司拥有境外居留权的实际控制人亲属也拥有境外居留权的比例高达 32.9%。此外，前往一个陌生的国家或地区生活，相应的住房、教育、医疗、社会交往等生活成本也是不低，因此，拥有境外居留权的实际控制人为了筹措移民及移民后的所需资金，有动机促使所控制的上市公司管理层实施更多会计信息操纵行为。

另一方面，境外居留权增加了会计信息操纵行为的机会。拥有境外居留权的实际控制人可以自由出入移民目的国或地区，实际控制人可以随时离境为实际控制人实施舞弊行为提供良好的机会，违规成本大大下降。因此，实际控制人拥有境外居留权会导致企业管理层进行更多的会计信息操纵行为。

同时，根据会计契约理论，企业运用会计契约的计量与监督功能来协调利益相关者之间的利益冲突（雷光勇，2004）。但是，投资者、债权人等外部利益相关者与企业管理层之间存在信息不对称，管理层可能利用信息优势，通过会计手段或者安排真实经济活动来调整会计信息，从而使自己在以会计信息为基础的契约中占据有利一面（Healy and Wahlen，1999）。民营企业实际控制人获得境外居留权后，实际控制人在实施违法违规行为后可以利用境外居留权身份随时离境，逃避民事和法律责任，这导致投资者可能会减少对企业的投资或者要求更高的投资溢价，债权人如银行也会向企业要求更严格的限制性条款来弥补风险敞口。为了满足投资者和债权人更加严格的契约要求，管理层有动机实施会计信息操纵。

盈余管理会抑制企业创新。一是盈余管理降低了企业财务报告质量，而企业财务报告质量与未来创新正相关（Park，2018）。二是直接削减研发投资的真实盈余管理会造成企业创新产出大幅下降。Bereskin 等（2018）发现，与其他研发削减相比，与盈余管理相关的研发削减导致专利数量减少、专利产出影响力降低、创新效率降低。朱红军等（2018）发现，上市公司出于真实盈余管理动机削减研发支出，会减少其未来的创新产出，并给公司未来经营业绩和市场价值带来负面影响。

较差的可读性和语调管理导致企业信息透明度较低（Li F.，2010；Ertugrul 等，2017），提高了企业与投资者、债权人等利益相关者之间的信息不对称。而透明度通过减少管理层的职业风险和降低融资相关的信息成本，最终促进企业创新（Rong，2018；Brown and Martinsson，2019）。因此，当企业信息质量较差时，会导致企业创新下降。此外，由于较低的年报可读性降低了企业投资效率（Biddle 等，2009），所以较差的可读性会进一步降低企业研发投资效率，最终降低企业创新水平。

相比英语文化的线性思维，汉语文化更强调圆式思维，反映在语言上是更加委婉含蓄。汉语语言特征为我国管理者操纵年报文本信息提供了更大可能（王克敏等，2018）。我国社会是一种高语境传播社会（Hall，1976），人们之间的沟通更加含蓄委婉，字面意思往往与真实含义存在较大差异，需要用心揣摩、细细品味，人们表达的信息高度依赖于语境（林乐、谢德仁，2016），语调的丰富多样传递了差异化的信息内涵。根据香农的信息论，信息熵为事件发生的所有可能性的期望平均值（Shannon，1948）。当语言的信息熵越高时，语言的不确定性、无序性越大。研究发现，与世界其他主流语言，如英语、法语、日语等相比，汉语的信息熵最大（Behr 等，2002）。因此，与英语环境相比，在汉语环境中，管理层使用年报可读性和语调操纵的空间更大，操纵效果可能更明显，从而导致会计文本信息操纵对企业创新的影响更大。

综上所述，本书提出假设：

H6：实际控制人拥有境外居留权增加了会计信息操纵行为。

H7：会计信息操纵行为是实际控制人拥有境外居留权影响企业创新的传导机制。

（三）融资约束机制

与一般的投资活动不同，创新活动具有其特殊属性：（1）风险性。创新失败概率很高。（2）不可预见性。创新过程中出现的很多突发事件是不可能预料的。（3）长期性。创新活动通常包含多个阶段，需较长时间才能获得收益（Holmstrom，1989）。创新活动需要大量的现金流投入（Jie and Tian，2013）。从全球范围来看，为抢夺国际市场，维护自身核心竞争力，各国高科技企业不断增加研发投入。根据欧盟委员会发布的《2018 年欧盟工业研发投资排名》，2017—2018 财年全球研发投入最多的 2500 家公司，平均研发投入超过 2500 万欧元，总额高达 7364 亿欧元，其中前五大企业为三星（134.37 亿欧元）、谷歌母公司 Alphabet（133.88 亿欧元）、大众（131.35 亿欧元）、微软（122.79 亿欧元）、华为（113.34 亿欧元）①。根据华为 2018 年度财务报告，华为 2018 年总收入 7212 亿元，研发费用 1015 亿元，占收入的 14.1%，近十年研发费用高达 4800 亿元。实际控制人拥有境外居留权后增加了企业融资约束，最终抑制了企业创新，融资约束是实际控制人拥有境外居留权抑制企业创新的机制之一。

从资源依赖视角来看，组织的生存和发展依赖于从外部环境中获取的资源（Pfeffer and Salancik，1978）。作为一个开放的系统，组织生存的关键是具备获取和维持资源的能力，但是没有一个组织能控制所有要素（Pfeffer and Salancik，1978）。与一般的投资活动相比，创新项目是一项投入资源大、不确定性高、回报周

---

① 欧盟委员会发布的《2018 年欧盟工业研发投资排名》：https：//www. sohu. com/a/284293904_ 549387.

期长的投资活动，其对于资源的依赖程度更高。企业自身资源并不能够完全满足研发投资的需求，往往需要借助外部支持来弥补资金缺口。我国目前仍然是一个转型经济国家，正式制度与非正式制度并存，且我国传统的人情社会文化导致企业经营更多受到非正式制度的影响，加上民营企业在我国天然地受到一定的“金融歧视”（余明桂等，2016），因此，我国民营企业经营高度依赖于实际控制人的声誉、社会关系、政治联系（Fan 等，2012）。实际控制人获得境外居留权，在实施违法违规行为后可以随时离境，在境内长期经营企业的意愿不足，造成投资者、债权人、政府等利益相关者对实际控制人信任度的下降，降低了企业获取“关系型”贷款、政府补助等资源的能力，提高了融资成本，增加了融资约束。

从信息不对称视角来看，完全竞争的资本市场中，市场中信息是充分、对称的，不存在市场摩擦，企业能够以与内部资金相同的成本获取外部融资（Modigliani and Miller，1958）。但是，现实中的资本市场并不是完全竞争市场，信息往往是不完全的，存在着税收、风险和交易成本等客观因素，企业的内外部融资并不能完全替代。信息不对称的存在导致外部融资成本高于内部融资成本，内部融资的信息不对称最小，银行贷款、债券和股票的信息不对称依次变大（Myers and Majluf，1984）。与其他投资相比，由于研发投资相对独特，缺乏有效市场，会计信息披露不充分等原因，其面临更加严重的信息不对称（Aboody and Lev，2000），因此，企业创新活动面临着更大的融资约束。大量研究发现，融资约束会抑制企业创新活动（鞠晓生等，2013；Hsu 等，2014；Bernstein，2015；孟庆玺等，2018）。实际控制人拥有境外居留权，给企业内外部利益相关者传递了负面信号（张胜等，2016），增大了企业与利益相关者之间的信息不对称，提高了投资的不确定性和市场风险，信息搜寻成本的增加引起投资者投资意愿的下降和投资风险溢价要求的提升，进而导致企业面临较高的融资约束（Barth 等，2013）。

从利益相关者视角来看，实际控制人在实施违法违规行为损害他人利益之后可以利用境外居留权身份随时离境逃避境内的法律制裁，造成投资者、债权人等利益相关者的人为风险。祝婧媛和何贵兵（2016）发现在风险决策中，人为风险会传递给个体一种背叛的信号，因此即使人为风险与客观风险的发生概率不存在显著差异，个体也会对人为风险更加敏感，更加去防范与规避。同时，在现实生活中，人是理性的，为了最大化自身利益，存在实施机会主义行为的动机，这种复杂的人性会加重人为风险的不确定性。实际控制人拥有境外居留权引起的人为风险，加深了外部利益相关者对企业经营的担忧，外部利益相关者为了保护自身利益，减少可能的风险暴露，而会采取一定的应对措施，如投资者降低投资规模或索取更高的投资溢价，银行等债权人可能压缩对企业的信贷规模、提高信贷准入门槛、设置更严格的限制性条款、降低企业资产的抵押价值，从而加剧了企业融资约束。

综上所述，本书提出假设：

H8：实际控制人拥有境外居留权增加了企业融资约束。

H9：融资约束是实际控制人拥有境外居留权影响企业创新的传导机制。

三、异质性分析假设

本书分别从宏观、市场、企业以及实际控制人四个层面进行实际控制人境外居留权与企业创新的异质性分析。

（一）宏观层面

经济政策不确定性会对企业创新产生激励效应和选择效应。

当经济政策不确定性上升时，一方面增加了企业未来收益的机会，从而激励了企业增加研发投资；另一方面使生产率和创新能力较低的企业退出市场，高生产率和高创新能力的企业则获得更多市场资源，这些企业会提高研发投资以增加长期收益（顾夏铭等，2018）。研发投资具有高度的未来收益不确定性和技术不确定性、回报周期长，研发项目是否最终能够成功不可预料，经济政策不确定性会导致企业加快进行研发投资，提高研发投资成功的概率（梁权熙、谢宏基，2019）。当经济政策不确定性较高时，企业进行研发投资的动力较强，实际控制人境外居留权对企业创新的负面作用可能有所减弱。因此，本书提出假设：

H10：经济政策不确定性缓解了实际控制人境外居留权对企业创新的负面作用。

中国各省份地区要素市场的改革进度比产品市场改革进度落后，扭曲了要素市场，从而抑制了企业研发动力（张杰等，2011）。中国较发达的地区，可能会提供更安全的知识产权保护和更好的合同约束，拥有更高效的中介机构，更为发达的资本市场能更好地获得可靠的市场信息，这些地区是企业投资、承担市场风险的安全地区（Cull and Xu，2005）。制度环境较好地区的企业研发活动与业绩之间的正向关系更显著（Qian 等，2017），这些企业更加倾向于实施研发活动。因此，本书认为好的制度环境能够抑制实际控制人境外居留权对企业创新的负面作用。因此，本书提出假设：

H11：当企业处于制度环境较好的地区，实际控制人境外居留权与企业创新的负相关关系的显著性较弱。

创新具有准公共性、外部性和不确定性，弱化了企业创新的积极性。政府需通过各种财税政策手段进行适当干预，克服市场失灵问题（Douglas and Radicic，2016；Howell，2017；Choi and

Lee，2017）。财政补贴与税收优惠等财政政策均能激励企业创新（邓子基、杨志宏，2011）。财政补贴对企业研发投资的影响存在着两种效应：挤入效应和挤出效应，即财政补贴可能促进企业研发投资（钟凯等，2017），也可能抑制研发投资（柳光强，2016）。当企业所在城市税率降低时，随着企业承担的税负减少，公司会增加研发投入大、周期长、风险大的创新，导致创新质量提升（Mukherjee 等，2017）。税收优惠政策对高新技术产业的研发效率有显著正向影响（李彦龙，2018）。不同的财政政策对企业创新的影响存在差异，本书进而提出假设：

H12：财政补贴缓解了实际控制人境外居留权对企业创新的负面影响。

H13：财政补贴加剧了实际控制人境外居留权对企业创新的负面影响。

H14：税收优惠缓解了实际控制人境外居留权对企业创新的负面影响。

（二）市场层面

良好的信息环境，一方面表明企业信息透明度更高，透明度通过减少管理职业问题推动了企业创新，通过促进研发资本有效分配的治理功能提高了创新效率（Rong，2018）。透明度减少了企业与资本市场之间的信息不对称，降低了融资成本，从而促进了创新（Brown and Martinsson，2019）。另一方面表明企业内部的信息传递成本和沟通成本较低，降低了“内耗”行为，提高了员工的工作效率，特别是研发人员的创新效率。当企业信息环境较好时，可以缓解境外居留权对创新的负面作用。因此，本书提出假设：

H15：较好的信息环境将削弱实际控制人境外居留权与企业创新的负相关关系。

拥有境外居留权的实际控制人能够随时离境，可以更加方便“跑路”以逃避法律风险和声誉风险，导致实际控制人有动机实施机会主义行为，侵占中小股东利益。企业存在的代理冲突越严重，管理层为了向市场传递提高公司治理的信号，更可能聘请高质量的审计服务（Fan and Wong，2005）。审计师为了应对实际控制人境外居留权给企业带来的风险，避免预期的诉讼损失，会投入更多的审计工时，采取更加复杂和严谨的审计程序，降低企业进行财务舞弊的概率。因此，本书认为更高的审计投入能够缓解实际控制人拥有境外居留权的负面影响。本书提出假设：

H16：当外部审计投入较高时，实际控制人境外居留权与企业创新的负相关关系的显著性较弱。

更大的机构投资者所有权与更多的创新有关（Aghion 等，2013），机构投资者的监督是促进企业创新的重要机制（Rong 等，2017），机构投资者的实地考察显著提高了企业创新水平（Jiang and Yuan，2018）。与个人投资者相比，机构投资者更有能力和动机监督实际控制人的违规行为。当实际控制人拥有境外居留权时，机构投资者能够积极发挥公司治理作用，减少第二类代理冲突。一方面，机构投资者具备一定的规模效应和专业优势，有更多的渠道获取信息，有更强的解析信息的能力（甄红线、王谨乐，2016），缓解实际控制人与利益相关者的信息不对称。另一方面，机构投资者身份相对独立，追求长期投资价值（潘越等，2011），为了自身利益，有较强的动机去监督实际控制人。当拥有境外居留权的实际控制人出现拖欠债务等违法行为时，如果离境逃避债务偿还义务，机构投资者作为企业的股东，要承担连带责任，遭受到相应的诉讼风险和声誉损失。当机构投资者的持股比例较高时，机构投资者能够较好地发挥监督作用，减少实际控制人拥有境外居留权对企业创新的影响。因此，本书提出假设：

H17：机构投资者缓解了实际控制人境外居留权对企业创新的负面影响。

（三）企业层面

前人文献发现，独立董事发挥咨询作用。如聘请了技术背景独立董事的上市公司能够提升研发产出效率（胡元木，2012）。具有科学、技术、工程和数学教育背景的独立董事在企业技术进步中起着关键作用（Hsieh 等，2017）。同时，独立董事还能够发挥治理作用。如法律背景独立董事能较好地抑制上市公司高管职务犯罪（全怡、陈冬华，2017）。因此，本书认为独立董事能够积极发挥咨询和治理作用，缓解实际控制人拥有境外居留权的负面影响。本书提出假设：

H18：独立董事缓解了实际控制人境外居留权对企业创新的负面作用。

企业生命周期理论认为，企业发展类似于生物学中的成长曲线，发展经历了从盛转衰的过程。企业生命周期划分为初创期、成长期、成熟期、动荡期和衰退期五个阶段（Dickinson，2011）。不同生命阶段，企业面临差异化的融资约束（黄宏斌等，2016）。成长型企业处于开拓市场的初期，存在较大的投资需求，但没有稳定的现金流，盈利能力较差，而成长型企业的经营风险较高导致资金供给方不愿意提供资金，企业存在较严重的融资约束。成熟型企业的市场占有率高，产品竞争力强，有源源不断的现金流，企业融资更加便利，而投资需求逐渐减少，成熟型企业的融资约束问题较轻。当实际控制人拥有境外居留权时，增加了企业短视行为，企业研发投资的动力不足，投资者与债权人对企业的信任度下降，导致企业难以融资或融资成本提高，实际控制人境外居留权对企业创新的负面作用在成长型企业中更为明显，成熟型企业面临的融资约束较轻，相应的负面作用较低。本书提出假设：

H19：实际控制人境外居留权对企业创新的负面作用在成长型企业中更为明显，在成熟型企业中则较弱。

行业性质是影响企业创新的重要因素（鲁桐、党印，2014），不同行业的企业的创新意愿、创新方式均存在差异。资本密集型行业的企业对创新的依赖程度相对较低，劳动、资本、技术三大生产要素中，其更加依赖资本，企业的核心竞争力可能来源于独特的资源、市场渠道等，研发投资并不是企业优先考虑的投资。技术密集型行业的企业的核心竞争力来源于创新，立足于市场的关键要素是技术，企业的制度、管理、生产、运营等各方面均以促进创新为导向。资本密集型企业的实际控制人获取境外居留权后，实际控制人更加短视，更有可能将资本转移至境外，引起企业核心生产要素资本的大量流失，造成企业可用于研发投资的资源减少。技术密集型企业更加注重创新，创新的关键在于研发人员，实际控制人获得境外居留权后，难以转移研发人员，对企业创新的影响可能较弱。本书提出假设：

H20：与技术密集型行业企业相比，实际控制人境外居留权对企业创新的负面作用在资本密集型行业企业中更加显著。

（四）实际控制人层面

与实际控制人个人单独移民相比，家庭整体移民的实际控制人更加没有后顾之忧，实际控制人家庭成员均能利用境外居留权获得庇护。当企业出现经营不善、资不抵债等风险时，家庭移民的实际控制人更可能利用境外居留权身份“跑路”，逃避法律制裁和声誉损失，这使投资者、债权人等利益相关者对家庭移民的实际控制人及其所控制企业的不信任程度更高，企业由此面临的融资约束更加严重。同时，家庭移民所需要的资金更高，移民成本远远高于单独个人移民，实际控制人为了获取更多的稳定现金流，有更强的动机实施掏空、会计信息操纵行为来攫取企业资源，侵占中小股东利益。因此，本书认为，当实际控制人亲属也同时拥有境外居留权时，会使实际控制人境外居留权与企业创新的负相关关系更加显著。因此，本书提出假设：

H21：当实际控制人与亲属同时拥有境外居留权时，增强了实际控制人境外居留权与企业创新的负相关关系。

根据终极控制权理论，终极控股股东通过金字塔结构、交叉持股和发行复式表决权的股票等方式，造成控制权和现金流权的偏离，使其以较小的现金流权获得较大的控制权控制上市公司（La Porta 等，1999）。当控制权与现金流权分离程度更高时，实际控制人能够更好地掌控企业，更有能力套取企业资源，实施“隧道行为”，侵占中小股东利益，实现自身利益最大化。因此，本书提出假设：

H22：当企业控制权与现金流权分离程度更高时，实际控制人境外居留权与企业创新的负相关关系更加显著。

实际控制人控制企业的方式有很多种，比如直接控股、金字塔持股、复式投票权、交叉持股、多重持股等控制方式。当实际控制人直接控制企业时，从“听政”到“亲政”，减少了信息传递的成本，降低了内部沟通的损耗，企业的经营管理活动更加能够完整、准确、及时地反映实际控制人拥有境外居留权形成的个人偏好，因此，本书提出假设：

H23：与其他控制方式相比，实际控制人以直接控制方式控制企业时，实际控制人境外居留权与企业创新的负相关关系更加显著。

人力资本是企业创新的关键要素。与企业类似，人力资本也存在生命周期，表现为倒 U 形。随着年龄的增长，人力资本存量逐渐增加，在某一年龄达到最高值，然后逐渐降低。不同个体的人力资本由于自身条件及所处环境不同，最高值以及达到最高值的年龄存在一定差异（姚东旻等，2015）。Frosch and Tivig（2007）研究发现老年人的人力资本与创新并无显著关系，包括教育水平、工作经验等。年轻人的人力资本与创新显著正相关。实际控制人作为企业的决策者和控制者，当其较为年轻时，一般而言思想较为开放，容易接受新鲜事物，积累的人力资本对创新会有更大的正面影响，在拥有境外居留权后，能够利用这种移民身份获取更多海外资源，本身素质较高也更容易与海外高校、研究机构、企业等创新型组织建立社会网络以支持企业创新，从而缓解境外居留权给企业创新带来的不利影响。较为年长的实际控制人，可能更加保守，积累的人力资本可能无法促进创新。当其拥有境外居留权后，难以利用境外居留权身份通过获取海外资源等方式支持企业创新，且年长的实际控制人获取境外居留权更多是出于享受海外优质的退休生活等动机。因此，本书提出假设：

H24：与较为年轻的实际控制人相比，年长的实际控制人取得境外居留权与企业创新的负相关关系更加显著。

高层梯队理论认为高管的受教育程度与其思维能力、信息处理能力、对风险的识别、评估和承受能力息息相关，受教育水平在决策中发挥着重要作用（Hambrick and Mason，1984）。受教育程度较高的实际控制人更有可能具有海外求学、工作经历，外语水平较高，更能够利用境外居留权身份获取海外资源，实施海外并购、设立海外研发中心、合作创新、招聘海外技术人才等以支持企业创新，从而缓解实际控制人获得境外居留权给企业创新带来的负面效应。受教育程度较低的实际控制人较少具有海外留学、工作等海外背景，外语水平较低，即使取得境外居留权，也无法发挥支持创新的作用，难以消除其拥有境外居留权对企业创新引发的消极作用。因此，本书提出假设：

H25：与受教育程度较高的实际控制人相比，受教育程度较低的实际控制人取得境外居留权与企业创新的负相关关系更加显著。

具有研发背景的高管，一是作为企业所在行业的技术专家，能够协助管理层将企业资源聚焦于形成核心竞争力的关键技术领域，提高资源配置效率；二是由于具备技术专长，也更能够与其他企业、研究机构等创新组织与创新个体形成良好的关系网络，通过网络可以有效获取创新知识和资源，增强企业间协作创新和产学研合作；三是降低管理层的短视行为，更多投资于风险高、期限长的高质量创新项目（王小平、王雪平，2019）。具有研发背景的实际控制人取得境外居留权后同样可能发挥专家、网络与监督效应。因此，本书提出假设：

H26：与具备研发背景的实际控制人相比，不具备研发背景的实际控制人取得境外居留权与企业创新的负相关关系更加显著。

第三章　研究设计

第一节　样本选取与数据来源

本书选取非 ST、制造业的民营上市公司作为研究样本。原因：一是根据调查数据，2016 年我国规模以上企业中实现创新的企业占比仅为 22%，其中制造业企业实现创新占比为 33.1%[①]。制造业企业的创新动力和产出更高。二是制造业企业由于行业特性，新产品新技术是制造业企业的核心竞争力，与其他行业企业相比，制造业更加重视创新。三是境外居留权仅适用于自然人，而国有企业的实际控制人为各级政府，民营企业实际控制人为自然人。

中国证监会 2007 年发布的《〈首次公开发行股票并上市管理办法〉第十二条“实际控制人没有发生变更”的理解和适用——证券期货法律适用意见第 1 号》，公司控制权为“是能够对股东大会的决议产生重大影响或者能够实际支配公司行为的权力，其渊源是对公司的直接或者间接的股权投资关系”，所以，本书将实际控制人界定为直接持有公司股份 50% 及以上比例；虽不直接持有公司股份或者其直接持有的股份达不到 50% 比例，但通过投资关系、协议或者其他安排，能够实际支配公司行为的自然人。

① 数据来自《全国企业创新调查年鉴 2017》。

2003年，中国证监会发布《公开发行证券的企业信息披露内容与格式准则第2号——年度报告的内容与格式》，要求上市公司必须披露实际控制人的境外居留权情况。实际控制人境外居留权原始数据来自国泰安数据库，在此基础上根据企业网站、财务报告等进行手工整理。本书认为境外居留权包含永久居留权和外国国籍，但不包含临时居留权。当实际控制人拥有中国香港、澳门特别行政区及台湾地区永久居留权时，也认为其具有境外居留权。

由于专利从申请到授权需要较长时间，实用新型专利和外观设计专利从申请到授权时间最多长达18个月，而发明专利则最多长达3—4年（张杰、郑文平，2018），因此，企业2018年申请的专利截至目前尚有较多专利未得到授权，2018年的专利授权数据并不能完全代表企业创新活动，且可能低估企业创新活动。同时，2003年上市公司才开始披露实际控制人境外居留权情况，因此，本书将研究样本期选择从2003—2017年。专利数据来自中国研究数据服务平台（CNRDS），财务数据来自国泰安数据库。借鉴前人研究，为了消除样本中变量异常值的影响，本书对所有连续变量进行Winsorize（1%）处理。

为了保证实际控制人拥有境外居留权的公司（处理组）和实际控制人没有境外居留权的公司（控制组）具有充分的可比性，本书运用倾向得分匹配法（Propensity Score Matching，简称PSM）解决样本选择偏差问题。PSM方法第一步选择协变量集合X。将可能影响到处理变量和结果变量的变量全部包括进来，以满足可忽略性假设。基于数据的可得性，本书选择实际控制人性别、年龄、教育程度、控制权比例、控制方式等可能影响实际控制人获得境外居留权的变量以及影响企业创新的变量纳入协变量集合；第二步使用Logit回归模型估计倾向得分进行配对。最终获得实际控制人拥有境外居留权的公司和实际控制人没有境外居留权的公司年度样本均为 836 个，合计 1672 个公司年度观察值。

第二节　变量定义与模型构建

一、变量衡量

1. 被解释变量——创新数量

根据前人文献，专利数据一直以来是丰富的新技术信息的唯一来源，这些信息由政府长期运用大量资源以系统的方式筛选得来，是分析创新和创新过程的重要工具，专利信息是创新最有价值的信息来源（Hall and Rosenberg，2010）。因此，本书主要使用专利数量来衡量创新。《中华人民共和国专利法》（以下简称《专利法》）规定，专利分为三种类型：发明、实用新型专利和外观设计专利。借鉴以往文献，本书分别采用企业年度最终获得授权的专利申请数量，即总专利授权、发明专利授权和非发明专利授权来代表企业创新，其中非发明专利为实用新型专利与外观设计专利之和。使用申请年份（而不是授予年份）能够更好地掌握专利申请的确定时间、专利隐含的潜在创新活动，因为申请年份更接近实际创新的时间（Gao and Zhang，2019）。由于原始数据存在一些为 0 的情况，因此对专利授权加 1 后取自然对数，考虑到企业从研发投资到创新产出存在一定时滞，因此对专利授权进行 $t+1$ 期处理。

2. 被解释变量——创新质量

目前，国外文献一般用专利引用来反映创新质量，认为有更多未来发明者引用的专利影响力更大。专利较高的引用水平意味着其更显著的重要性或适用性，可获得的市场价值也更高（Mukherjee 等，2017）。但由于目前国内专利引用的数据较难获取，因此，本书一方面参照（张杰、郑文平，2018），采用发明专利国际 IPC 分类前四位来衡量创新质量，并取自然对数和 $t+1$ 期处理。IPC 分类前四位格式为“部—大类—小类”，如“G01B”含义为“G 仪器—01 测量—B 长度、厚度或类似线性尺寸的计量”，“H01F”含义为“H 电学—01 基本电气元件—F 磁体；电感；变压器”①。专利分类代表着专利的知识宽度，反映了专利所含知识的复杂性和广泛性，能较好地衡量企业创新质量。专利分类数量越多，创新质量越高。另一方面参考黎文靖和郑曼妮（2016），采用发明专利授权量占总专利授权量比重来衡量创新质量。

3. 解释变量

实际控制人拥有境外居留权，取值为 1，不拥有境外居留权取值为 0。当企业中存在多名实际控制人时，只要其中一名实际控制人拥有境外居留权，则认为该企业实际控制人拥有境外居留权。

4. 协变量

影响实际控制人获得境外居留权的变量具体包括实际控制人性别（*gender*）、年龄（ln*age*）、教育程度（*education*）、控制权比例（*cscale*）、控制方式（*method*）。当企业中存在多名实际控制人时，以排名第一位的实际控制人特征为准。

5. 控制变量

参照（Sunder 等，2017；Mukherjee 等，2017；虞义华等，2018）等前人文献，本书选取总资产自然对数（ln*asset*）、年龄自然对数（ln*firmage*）、有形资产占比（*PPE*）、营业收入同比增速（*Salegrow*）、研发强度（*RDI*）、资产回报率（*ROA*）、账面市值比（*MB*）、现金资产比率（*CF*）、资产负债率（*LEV*）、流动性（*liquidity*）、赫芬达尔指数（*hhi*）及其平方项（hhi^2）作为控制变量。选取以上控制变量的理由具体如下：

① 《国际专利 IPC 分类 2016 年标准》。

总资产自然对数（ln*asset*）衡量企业规模，企业规模是创新的一个重要因素，纵观前人文献，对于企业规模与创新的关系并未取得一致的结论。大企业研发实力、抗风险能力、融资能力更强，更加有利于实施创新活动，但是大企业往往可能形成垄断地位，企业的创新动力不强，且规模过大容易造成官僚主义，管理更加僵化，而小企业经营更加灵活，创新动力与意愿更强，且竞争市场比垄断市场能够产生更多的创新激励，因此，小企业可能更适合创新。

年龄自然对数（ln*firmage*）衡量企业投入创新的经验。企业生命周期理论认为，企业发展类似于生物学中的成长曲线，发展经历了从盛转衰的过程。企业生命周期划分为初创期、成长期、成熟期、动荡期和衰退期五个阶段（Dickinson，2011）。不同阶段，企业所面临的经济、市场和科技环境以及所采取的策略均存在一定差异。前人文献对企业年龄与创新的关系也未取得一致的结论。企业的创新投入和产出会随着年龄增长而递减，新生企业比成熟企业更有可能创新。但有些文献认为成熟企业的创新经验更加丰富，会在创新中学习，形成学习曲线。

有形资产占比（*PPE*）衡量企业的借贷能力。Mao（2017）发现信贷市场通过抵押担保机制影响企业创新。与无形资本相比，有形资本更多作为抵押品用于债务融资，因为站在债权人角度，有形资本市场较为透明，价值容易评估。因此，有形资产占比可以衡量企业的借贷能力，企业的融资能力关系到研发投入的资金来源，影响了企业的创新产出。

营业收入同比增速（*Salegrow*）和账面市值比（*MB*）反映企业未来成长机会，资产回报率（*ROA*）反映企业创造价值的能力，同样反映企业未来成长机会。企业未来成长机会越多，发展前景更加乐观，企业研发投资的机会更多，投资者和债权人对于企业的预期可能更加乐观，提升了企业的融资能力。因此，企业未来成长机会也是企业创新的重要影响因素。

研发强度（*RDI*）衡量企业创新投入，计算公式为研发支出/销售额。创新是一项投入大、风险高、周期长的投资活动，与常规投资相比，其需要更多的财务资源支持。

现金资产比率（*CF*）反映现金持有对创新的影响。创新活动的各个阶段，都需要大量资金的推动，创新活动能否持续高度依赖于企业的现金流状况。持有大量现金可以降低研发风险，支持企业研发新产品，尽快占领市场份额。

资产负债率（*LEV*）反映企业承担的债务水平高低与进一步借债的可能性大小。银行在发放贷款时，需要考察借款人的资产负债率水平，以评估企业未来偿债能力和当前贷款规模。流动性（*liquidity*）同样反映了企业当前的偿债能力。企业融资能力与创新密切相关。

赫芬达尔指数（*hhi*）及其平方项（hhi^2）衡量企业所在行业竞争程度。前人文献对于行业竞争是影响企业创新的重要因素早就进行了阐述，如 Aghion 等（2005）发现行业竞争阻碍了落后企业追求创新，但激励了水平相当的企业的创新。行业领先者与追随者的平均技术差距随着产品市场竞争程度加大而增加。

6. 中介变量——掏空行为机制

本书参考姜付秀等（2017），使用关联交易来衡量实际控制人的掏空行为，即使用剔除噪音交易后的关联交易合计占总资产比重指标。剔除项目包括“17 = 合作项目”“18 = 许可协议”“19 = 研究与开发成果”“20 = 关键管理人员报酬”以及“21 = 其他事项”等可能并非谋取个人利益的关联交易。

7. 中介变量——会计信息操纵机制

(1) 盈余管理。

一是应计盈余管理使用修正 Jones 模型（Dechow and Sloan,

1995）在年份和中国证监会2012年行业分类的3位行业代码层面进行回归，取其残差记为操纵性应计利润。具体模型见（3－1）式：

$$NDA_i = \alpha_1(1/A_i) + \alpha_2[(\Delta REV_i - \Delta REC_i)/A_i] + \alpha_3(PPE_i/A_i) \tag{3-1}$$

其中 NDA_i 为企业 i 当期总应计利润；A_i 为企业 i 的上期期末总资产；ΔREV_i 为企业 i 当期主营业务收入和上期主营业务收入的差额；ΔREC_i 为企业 i 当期期末应收账款和上期期末应收账款的差额；PPE_i 为企业 i 当期期末厂房、设备等固定资产价值。

二是真实盈余管理参考（Roychowdhury，2006）在年份和中国证监会2012年行业分类的3位行业代码层面进行回归。具体模型见（3－2）式、（3－3）式、（3－4）式：

$$ProdCost_{it}/A_i = \alpha_1(1/A_i) + \alpha_2 S_{it}/A_i + \alpha_3 \Delta S_{it}/A_i + \alpha_4 \Delta S_{it-1}/A_i + \varepsilon_{it} \tag{3-2}$$

$$CFO_{it}/A_i = \alpha_1(1/A_i) + \alpha_2 S_{it}/A_i + \alpha_3 \Delta S_{it}/A_i + \varepsilon_{it} \tag{3-3}$$

$$DiscExp_{it}/A_i = \alpha_1(1/A_i) + \alpha_2 S_{it}/A_i + \varepsilon_{it} \tag{3-4}$$

模型（3－2）式的残差为异常生产成本，模型（3－3）式的残差为异常经营活动现金流，模型（3－4）式的残差为异常操控性支出。真实盈余管理水平＝异常生产成本－异常经营活动现金流－异常操控性支出。其中 $ProdCost_{it}$ 为企业 i 当期生产成本，等于销售成本与存货变化之和；A_i 为企业 i 的上期期末总资产；S_{it} 为企业 i 当期销售收入；ΔS_{it} 为企业 i 当期销售收入变化额；CFO_{it} 为企业 i 当期经营活动现金流量净额；$DiscExp_{it}$ 为企业 i 当期酌量性费用，包括研发、广告、销售、一般和管理费用。

（2）文本信息操纵。

一是可读性。使用完整的企业年度财务报告作为文本。借鉴孟庆斌等（2017），将可读性定义为常见汉字词语所占的比重，即年度财务报告中属于《通用规范汉字表》（2013年版）的词语占全部词语的比重，比重越高表明可读性越高。

二是语调操纵。使用企业年度财务报告中的管理层讨论与分析部分作为文本。参考（Huang，2014），管理层语调的计算公式如公式（3－5）所示：

$$TONE=(\text{积极词汇数量}-\text{消极词汇数量})/\text{总的词汇数量} \tag{3-5}$$

积极与消极词汇参考王华杰和王克敏（2018），使用台湾大学制作的《中文情感极性词典》，将诸如积极、进步、高效等积极属性词语集作为积极情绪词语列表；将诸如低迷、暗淡、不利等消极属性词语集作为消极情绪词语列表。*TONE* 值越大，表示文本信息语调越积极。

参考（Huang，2014）和（朱朝晖、许文瀚，2018）衡量文本信息语调的操纵程度，若管理层讨论与分析中的管理层语调是对公司实际经营情况和未来发展前景的客观反映，则应满足模型（3－6）：

$$\begin{aligned}TONE_{it} = {} & \alpha_0+\alpha_1 EPS_{it}+\alpha_2\Delta EPS_{it}+\alpha_3 ROE_{it}+\alpha_4 LEV_{it}\\ & +\alpha_5 Size_{it}+\alpha_6 Age_{it}+\alpha_7 Growth_{it}+\alpha_8 LOSS_{it}+\varepsilon_{it}\end{aligned} \tag{3-6}$$

该方程残差项即为语调操纵（*ABTONE*）。*ABTONE* 越大，代表语调操纵越大。其中，*TONE* 是管理层语调，*EPS* 是每股收益，ΔEPS 是每股收益变化额，*ROE* 是净资产收益率，*LEV* 是资产负债率，*Size* 是公司规模，*Age* 是上市年限，*Growth* 是主营业务收入增长率，*LOSS* 为是否亏损的哑变量。

8. 中介变量——融资约束机制

度量企业融资约束的相关模型主要有投资—现金流模型（Fazzari 等，1988）、*KZ* 指数（Kaplan and Zingales，1997）、现金—现金流模型（Almeida 等，2004）、*WW* 指数（Whited and Wu，2006）、*SA* 指数（Hadlock and Pierce，2010）等。近年来，一些学

者开始使用文本分析方法构建融资约束指标（Hoberg and Maksimovic，2015；Buehlmaier and Whited，2016；姜付秀等，2017）。使用企业规模和年龄构建的 *SA* 指数更多依赖于外生因素，较好地避免了内生性问题，而基于企业融资调查数据又存在较大主观性（吴秋生、黄贤环，2017），文本衡量融资约束准确性有待进一步验证。因此，本书采用（Hadlock and Pierce，2010）构建的 *SA* 指数来反映融资约束，并进行对数化处理，*SA* 指数绝对值越大，表明企业面临的融资约束更严重（鞠晓生等，2013）。计算公式如公式（3－7）所示：

$$SA = -0.737 \times Size + 0.043 \times Size^2 - 0.04 \times Age \quad (3-7)$$

其中 *Age* 为企业成立至今的时间。

9. 调节变量

经济政策不确定性（*EPU*）、市场化指数（*Market*）、政府补助（*Sub*）、税收优惠（*Etr*）、信息环境（*Analyst*）、审计师（*Audit*）、机构投资者（*Institution*）、独立董事（*Indiratio*）。

具体如表 3－1 所示。

表 3－1　变量界定及具体衡量方法

变量类型	变量	变量名称	变量定义
因变量	*Patent*1 *Patent*2 *Paten*3	专利授权量 发明专利授权量 非发明专利授权量	加 1 后取自然对数并 *t*＋期处理
自变量	*residency*	实际控制人拥有境外居留权	有境外居留权，取值 1，否则为 0
协变量	*gender* lnage *education* *cscale* *method*	实际控制人性别 实际控制人年龄 实际控制人教育程度 控制权比例 控制方式	实际控制人的性别、年龄、教育程度，其中年龄取对数 受教育程度具体为（1＝中专及中专以下，2＝大专，3＝本科，4＝硕士研究生，5＝博士研究生） 实际控制人拥有上市公司控制权比例 实际控制人控制上市公司方式：1＝直接控制；2＝金字塔式；3＝复式投票权；4＝交叉持股式；5＝多重持股；6＝其他

续表

变量类型	变量	变量名称	变量定义
控制变量	lnasset	企业规模	总资产的自然对数
	lnfirmage	企业年龄	企业年龄的自然对数
	Salegrow	营业收入增长率	（本期营业收入 - 上期营业收入）/上期
	PPE	有形资产占比	固定资产/总资产
	RDI	研发强度	研发支出/销售收入
	ROA	资产回报率	净利润/总资产
	MB	账面市值比	期末总市值/总资产
	CF	现金资产比率	现金/总资产
	LEV	资产负债率	总负债/总资产
	Liquidity	流动性	（流动资产 - 流动负债）/总资产
	hhi	赫芬达尔指数	
	hhi^2	赫芬达尔指数的平方	
中介变量	Tunnel	掏空行为	
	DA	应计盈余管理	
	REM	真实盈余管理	
	Readability	可读性	
	ABTONE	语调操纵	
	SA	融资约束指数	
调节变量	EPU	经济政策不确定性	直接采用相应的数据
	Market	市场化指数	直接采用相应的数据
	Sub	政府补助	政府补助/总资产
	Etr	税收优惠	（名义税率 - 实际税率）×利润总额/总资产
	Analyst	信息环境	分析师关注
	Audit	审计师	审计完成日期与资产负债表日间隔的天数，反映审计师的审计投入
	Institution	机构投资者	机构投资者持股比例
	Indiratio	独立董事	独立董事数量/董事会规模

二、模型设定

针对本书需要检验的假设，设定模型（3 - 8）：

$$Innovation_{it} = a_0 + a_1 residency_{it} + Control_{it} + firm_i + Year_t + \varepsilon_{it} \tag{3-8}$$

模型（3 - 8）中，$Innovation_{it}$表示企业创新；$residency_{it}$表示企业年度实际控制人境外居留权；$Control_{it}$代表影响企业创新的控制变量；$firm_i$ 表示企业固定效应，$Year_t$ 表示年份固定效应，ε_{it} 为随机干扰项。i 和 t 分别表示企业和年份。为了解决创新过程的长期性，本书对于创新指标均实施 $t+1$ 期处理。当 a_1 为负向显著时，表明支持本书假设 1、假设 3，该模型进行分组检验可以用来验证异质性分析假设。

如果自变量 X 通过影响变量 M 来影响因变量 Y，则 M 是 X 影响 Y 过程中的中介变量（温忠麟等，2004）。为了验证掏空行为作用路径，本书参考温忠麟和叶宝娟（2014），以掏空行为为中介变量，进行中介效应检验。设定模型（3－9）和模型（3－10）：

$$Tunnel_{it} = a_0 + a_1 residency_{it} + Control_{it} + firm_i + Year_t + \varepsilon_{it} \tag{3-9}$$

$$Innovation_{it} = \beta_0 + \beta_1 residency_{it} + \beta_2 tunnel_{it} + Control_{it} + firm_i + Year_t + \varepsilon_{it} \tag{3-10}$$

模型（3－9）与（3－10）中，$Tunnel_{it}$表示掏空行为。当 a_1 正向显著，且 β_2 为负向显著时，说明中介效应显著（温忠麟、叶宝娟，2014），实证结果验证本章假设 4 与假设 5。

为了验证会计信息操纵作用路径，本书参考温忠麟和叶宝娟（2014），以应计盈余管理、真实盈余管理、年报可读性、管理层语调操纵为中介变量，进行中介效应检验。设定模型(3－11）和模型(3－12)：

$$Manupulate_{it} = a_0 + a_1 residency_{it} + Control_{it} + Industry_i + Year_t + \varepsilon_{it} \tag{3-11}$$

$$Innovation_{it} = \beta_0 + \beta_1 residency_{it} + \beta_2 Manupulate_{it} + Control_{it} + firm_i + Year_t + \varepsilon_{it} \tag{3-12}$$

模型(3－11）与(3－12）中，$Manupulate_{it}$表示会计信息操纵。当 a_1 正向显著，且 β_2 为负向显著时，说明中介效应显著（温忠麟和叶宝娟，2014），实证结果验证本书假设 6 与假设 7。

为了验证融资约束作用路径，本书参考温忠麟和叶宝娟（2014），以融资约束为中介变量，进行中介效应检验。设定模型（3－13）和模型(3－14)：

$$SA_{it} = a_0 + a_1 residency_{it} + Control_{it} + firm_i + Year_t + \varepsilon_{it} \tag{3-13}$$

$$Innovation_{it} = \beta_0 + \beta_1 residency_{it} + \beta_2 SA_{it} + Control_{it} + firm_i + Year_t + \varepsilon_{it} \tag{3-14}$$

模型(3－13）与模型(3－14）中，SA_{it}表示融资约束指数。当 a_1 正向显著，且 β_2 为负向显著时，说明中介效应显著（温忠麟、叶宝娟，2014)，实证结果验证本书假设8与假设9。

为了验证其他异质性分析假设，本书设定模型（3－15)、模型（3－16)、模型（3－17）和模型（3－18)：

$$Innovation_{it} = a_0 + a_1 residency_{it} + a_2 Sub_{it} + a_3 Subre_{it} + Control_{it} + firm_i + Year_t + \varepsilon_{it} \tag{3-15}$$

$$Innovation_{it} = a_0 + a_1 residency_{it} + a_2 Etr_{it} + a_3 Etrre_{it} + Control_{it} + firm_i + Year_t + \varepsilon_{it} \tag{3-16}$$

$$Innovation_{it} = a_0 + a_1 residency_{it} + a_2 Institution_{it} + a_3 Instire_{it} + Control_{it} + firm_i + Year_t + \varepsilon_{it} \tag{3-17}$$

$$Innovation_{it} = a_0 + a_1 residency_{it} + a_2 Indiratio_{it} + a_3 Indirre_{it} + Control_{it} + firm_i + Year_t + \varepsilon_{it} \tag{3-18}$$

模型（3－15)、模型（3－16)、模型（3－17）与模型（3－18）中，$Subre_{it}$代表财政补贴与境外居留权的交乘项；$Etrre_{it}$代表税收优惠与境外居留权的交乘项；$Instire_{it}$代表机构投资者持股与境外居留权的交乘项；$Indirre_{it}$代表独立董事占比与境外居留权的交乘项。模型（3－15)、模型（3－16）用于验证本书假设13，模型（3－17）用于验证本书假设17，模型（3－18）用于验证本书假设18。

第三节　统计分析

一、描述性统计

表 3－2 报告了模型主要变量的基本描述性统计量，包括样本观测值、平均值、中位数、标准差、最小值及最大值。由表 3－2 可知，在所有样本企业中，实际控制人拥有境外居留权的企业样本占全部样本比例约为 52.7%[①]。总专利授权量（*Patent*1）约为 26.24 件，发明专利授权量（*Patent*2）5.35 件，非发明专利授权量（*Patent*3）20.35 件，发明专利授权占总专利授权比例仅为 20.39%。由此可知，样本企业的创新主要以实用新型和外观设计专利为主，价值较高的发明专利占比较低，表明样本企业整体上创新质量不高。

表 3－2　　主要变量的描述性统计

变量	观测值	平均值	中位数	标准差	最小值	最大值
*Patent*1	1672	26.240	10	56.120	0	451
*Patent*2	1672	5.347	2	12.540	0	97
*Patent*3	1672	20.350	7	44.610	0	343
residency	1672	0.527	1	0.499	0	1
ln*asset*	1672	21.420	21.340	0.943	19.290	25.130
ln*firmage*	1672	2.609	2.708	0.424	1.099	3.332
Salegrow	1672	0.247	0.129	0.577	－0.680	3.537
PPE	1672	0.217	0.198	0.124	0.018	0.669
RDI	1672	0.039	0.035	0.032	0	0.182
ROA	1672	0.053	0.049	0.055	－0.219	0.207

① 需要注意的是，这部分描述性统计按照 PSM 匹配后的样本进行分析。

续表

变量	观测值	平均值	中位数	标准差	最小值	最大值
MB	1672	0.500	0.416	0.363	0	3.763
CF	1672	0.062	0.061	0.087	-0.205	0.334
LEV	1672	0.338	0.317	0.190	0.050	1.047
Liquidity	1672	0.294	0.289	0.241	-0.588	0.804
hhi	1672	0.079	0.057	0.065	0.015	0.383
hhi^2	1672	0.010	0.003	0.018	0.000	0.147

表 3-3 报告了样本期内实际控制人拥有境外居留权的年度分布①。由表 3-3 可知，从 2003—2017 年，我国民营制造业上市公司实际控制人拥有境外居留权的比例在不断增加，从 0.16% 增长至 10.1%，样本期均值为 5.77%。这表明，我国民营上市公司实际控制人拥有境外居留权的现象越来越普遍。

表 3-3　　实际控制人拥有境外居留权的年度分布

年份	观测值	占比
2003	637	0.0016
2004	705	0.0057
2005	711	0.0070
2006	764	0.0105
2007	838	0.0191
2008	875	0.0206
2009	977	0.0317
2010	1241	0.0443
2011	1426	0.0540
2012	1515	0.0653
2013	1549	0.0665
2014	1627	0.0738
2015	1739	0.0822

① 年度分布的描述性统计按照未经 PSM 匹配的原始样本进行分析。

续表

年份	观测值	占比
2016	1888	0.0932
2017	2172	0.1010
Total	18664	0.0577

表3－4报告了样本期内实际控制人拥有境外居留权的行业分布①。行业按照中国证监会公告〔2012〕31号《上市公司行业分类指引》（2012年修订）进行分类。由表3－4可知，样本企业中，文教、工美、体育和娱乐用品制造业的上市公司实际控制人拥有境外居留权的比例最高，达到24.7%，其次是印刷和记录媒介复制业的上市公司占比16.3%，排名第三的是纺织服装、服饰业的上市公司占比为14.6%。上市公司实际控制人拥有境外居留权的比例最低的四个行业分别是家具制造业，石油加工、炼焦和核燃料加工业，黑色金属冶炼和压延加工业，废弃资源综合利用业，占比均为0。

表3－4　　实际控制人拥有境外居留权的行业分布

行业	观测值	占比
C13 农副食品加工业	392	0.0536
C14 食品制造业	313	0.0575
C15 酒、饮料和精制茶制造业	485	0.0392
C17 纺织业	526	0.0494
C18 纺织服装、服饰业	309	0.1460
C19 皮革、毛皮、羽毛及其制品和制鞋业	67	0.0896
C20 木材加工和木、竹、藤、棕、草制品业	77	0.0649
C21 家具制造业	90	0
C22 造纸和纸制品业	360	0.0306
C23 印刷和记录媒介复制业	86	0.1630

① 行业分布的描述性统计按照未经PSM匹配的原始样本进行分析。

续表

行业	观测值	占比
C24 文教、工美、体育和娱乐用品制造业	89	0.2470
C25 石油加工、炼焦和核燃料加工业	244	0
C26 化学原料和化学制品制造业	1997	0.0366
C27 医药制造业	1829	0.0798
C28 化学纤维制造业	281	0.0107
C29 橡胶和塑料制品业	532	0.0789
C30 非金属矿物制品业	866	0.0162
C31 黑色金属冶炼和压延加工业	435	0
C32 有色金属冶炼和压延加工业	673	0.0550
C33 金属制品业	455	0.1050
C34 通用设备制造业	1057	0.0454
C35 专用设备制造业	1441	0.0555
C36 汽车制造业	1009	0.0505
C37 铁路、船舶、航空航天和其他运输设备制造业	431	0.0093
C38 电气机械和器材制造业	1771	0.0717
C39 计算机、通信和其他电子设备制造业	2393	0.0740
C40 仪器仪表制造业	269	0.0855
C41 其他制造业	170	0.0941
C42 废弃资源综合利用业	17	0
Total	18664	0.0577

表3-5报告了样本期内实际控制人境外居留权所在国家或地区的分布情况①，其中海外表示该上市公司未披露实际控制人境外居留权的具体所在国家或地区。由表3-5可知，样本企业中，实际控制人拥有的境外居留权所在国家或地区前三位是中国香港特别行政区、加拿大与美国，与我们的常识相符，这些都是经济发达国家或地区，是企业家移民的理想目的地。

① 国家或地区分布的描述性统计按照未经PSM匹配的原始样本进行分析。

表 3－5　实际控制人拥有境外居留权的国家或地区分布

年份	观测值	占比
中国香港	210	0.202
加拿大	156	0.150
美国	106	0.102
澳大利亚	71	0.069
中国台湾	65	0.067
新西兰	41	0.040
新加坡	40	0.039
澳门	15	0.014
几内亚比绍	14	0.014
菲律宾	14	0.014
德国	6	0.006
冈比亚	5	0.005
法国	4	0.004
日本	3	0.003
英国	3	0.003
尼日尔	2	0.002
韩国	2	0.002
未披露	282	0.271
Total	1039	1.000

二、相关性分析

表 3－6 报告了主回归中变量之间的 Pearson 相关系数（Pearson Correlation Coefficient）。与前文预期相同，三个创新的衡量指标：总专利授权、发明专利授权和非发明专利授权相互之间高度相关。更为重要的是，自变量实际控制人境外居留权与企业创新显著负相关，这表明实际控制人拥有境外居留权可能抑制了企业创新。尽管单变量相关性分析未能考虑其他变量的效应，但是相关性分析结果初步证实了本书的推断，本书将在后面对此结论进行更加详细的实证检验。

表 3－6 Pearson 相关系数表

Variable	*Patent*1	*Patent*2	*Patent*3	*residency*	lnasset	ln*firmage*	*Salegrow*	*PPE*
*Patent*1	1							
*Patent*2	0. 686 ***	1						
*Patent*3	0. 941 ***	0. 476 ***	1					
residency	－0. 041 *	－0. 002	－0. 044 *	1				
lnasset	0. 388 ***	0. 371 ***	0. 347 ***	－0. 047 *	1			
ln*firmage*	0. 004	0. 042 *	0. 001	0. 029	0. 044 *	1		
Salegrow	－0. 058 **	－0. 039	－0. 054 **	－0. 017	－0. 040	0. 032	1	
PPE	－0. 040	－0. 052 **	－0. 036	0. 002	0. 013	－0. 053 **	－0. 127 ***	1
RDI	0. 256 ***	0. 337 ***	0. 158 ***	0. 011	－0. 038	－0. 070 ***	0. 025	－0. 134 ***
ROA	0. 045 *	0. 077 ***	0. 009	0. 007	0. 090 ***	－0. 086 ***	－0. 046 *	－0. 184 ***
MB	0. 052 **	0. 008	0. 086 ***	－0. 030	0. 374 ***	－0. 045 *	－0. 070 ***	0. 144 ***
CF	0. 023	0. 039	0. 007	0. 015	0. 073 ***	－0. 038	－0. 063 **	0. 083 ***
LEV	0. 027	－0. 012	0. 074 ***	－0. 037	0. 219 ***	0. 075 ***	0. 103 ***	0. 169 ***
Liquidity	－0. 012	0. 002	－0. 037	0. 033	－0. 186 ***	－0. 074 ***	－0. 022	－0. 479 ***
hhi	－0. 046 *	－0. 192 ***	0. 030	－0. 005	－0. 026	－0. 112 ***	－0. 034	0. 051 **
hhi^2	－0. 077 ***	－0. 162 ***	－0. 023	－0. 013	－0. 048 **	－0. 115 ***	－0. 025	0. 037

续表

Variable	*Patent1*	*Patent2*	*Patent3*	*residency*	ln*asset*	ln*firmage*	*Salegrow*	*PPE*
Correlation matrix (continued)								
Variable	*RDI*	*ROA*	*MB*	*CF*	*LEV*	*Liquidity*	*hhi*	hhi^2
RDI	1							
ROA	0.091 ***	1						
MB	-0.264 ***	-0.274 ***	1					
CF	0.034	0.451 ***	-0.133 ***	1				
LEV	-0.330 ***	-0.360 ***	0.403 ***	-0.177 ***	1			
Liquidity	0.293 ***	0.375 ***	-0.293 ***	0.077 ***	-0.788 ***	1		
hhi	-0.231 ***	-0.044 *	0.095 ***	-0.023	0.038	-0.023	1	
hhi^2	-0.181 ***	-0.019	0.041 *	-0.026	0.033	-0.014	0.936 ***	1

三、均值差异检验

表 3－7 报告了样本期内实际控制人拥有境外居留权的样本组与实际控制人未拥有境外居留权的样本组企业专利情况的均值差异检验结果，其中专利数据仅做对数化处理，但未进行 $t+1$ 期处理。检验结果显示，实际控制人拥有境外居留权的样本企业的专利授权数量显著低于实际控制人未拥有境外居留权的样本企业。初步分析表明，实际控制人拥有境外居留权可能对企业创新存在抑制作用。

表 3－7　均值差异检验

变量	无境外居留权组观测值	无境外居留权组均值	有境外居留权组观测值	有境外居留权组均值	差异
*Patent*1	791	2.085	881	1.917	0.168**
*Patent*2	791	0.912	881	0.902	0.009
*Patent*3	791	1.734	881	1.620	0.114*

第四章　实际控制人境外居留权与企业创新关系的实证检验

本章以 2003—2017 年我国民营制造业上市公司为样本，从创新投入、创新产出数量、创新产出质量、创新效率、管理创新等不同角度实证检验实际控制人拥有境外居留权对企业创新的影响。研究发现：实际控制人拥有境外居留权抑制了企业创新。本章各节的安排如下：第一节是主回归检验；第二节是内生性处理；第三节是稳健性检验；第四节是竞争性假设检验。

第一节　主回归检验

本章分别从创新投入、创新产出、创新效率、管理创新等四个方面进行实证检验，其中创新投入使用研发强度衡量；创新产出又分为创新数量与创新质量，创新数量分别使用专利授权、文本衡量的创新指标衡量，创新质量使用发明专利国际 IPC 分类前四位的数量与发明专利授权量占总专利授权量比重来衡量；创新效率使用总专利授权、发明专利授权、非发明专利授权除以研发投资额衡量；管理创新采用文本信息衡量。

为了保证实际控制人拥有境外居留权的公司（处理组）和实际控制人没有境外居留权的公司（控制组）具有充分的可比性，本书运用倾向得分匹配法（PSM）解决样本选择偏差问题。在进行倾向得分匹配估计前，先进行平衡性检验。表 4 - 1 给出了一对一匹配的平衡性检验结果，结果表明，匹配后所有协变量的标准化偏差均小于10%，且所有t检验的结果不拒绝处理组与控制组无系统差异的原假设，与匹配前结果相比，大多数协变量的标准化偏差大幅下降，说明协变量均通过平衡性检验，倾向得分匹配较大程度地降低了实际控制人拥有境外居留权的企业与实际控制人没有境外居留权的企业之间的特征差异。根据PSM匹配后的样本进行OLS回归能较好地解决样本选择偏差问题。

表4－1　　一对一匹配后的平衡性检验

变量	U未匹配/M匹配	平均值		标准化偏差		T检验	
		处理组	控制组	标准化偏差（%）	偏差减少额（%）	t值	P值
gender	U	0.904	0.498	99.200		24.030	0.000
	M	0.904	0.918	－3.600	96.400	－1.090	0.277
ln*age*	U	3.917	2.057	133.900		28.300	0.000
	M	3.917	3.944	－1.900	98.500	－3.630	0.000
education	U	3.056	1.586	112.200		26.720	0.000
	M	3.042	3.000	3.200	97.100	1.010	0.312
cscale	U	0.425	0.197	114.000		30.470	0.000
	M	0.423	0.414	4.100	96.400	1.020	0.308
method	U	4.332	1.771	115.500		32.530	0.000
	M	4.317	4.2452	3.200	97.200	0.700	0.482
ln*asset*	U	21.429	21.754	－30.600		－8.190	0.000
	M	21.425	21.409	1.500	94.900	0.370	0.714
ln*firmage*	U	2.622	2.559	14.800		4.260	0.000
	M	2.617	2.608	2.300	84.700	0.480	0.633
Salegrow	U	0.243	0.221	3.900		1.140	0.256
	M	0.244	0.254	－1.700	54.700	－0.370	0.715
PPE	U	0.215	0.262	－33.400		－8.970	0.000
	M	0.216	0.218	－1.800	94.700	－0.420	0.677

续表

变量	U 未匹配/M 匹配	平均值		标准化偏差		T 检验	
		处理组	控制组	标准化偏差（%）	偏差减少额（%）	t 值	P 值
RDI	U	0.039	0.027	40.300		11.480	0.000
	M	0.039	0.039	0.600	98.400	0.130	0.899
ROA	U	0.054	0.035	30.800		8.830	0.000
	M	0.053	0.054	-2.100	93.100	-0.490	0.628
MB	U	0.498	0.869	-60.700		-14.080	0.000
	M	0.502	0.489	2.100	96.600	0.740	0.462
CF	U	0.063	0.052	12.700		3.780	0.000
	M	0.062	0.063	-1.500	88.300	-0.310	0.756
LEV	U	0.335	0.442	-53.000		-14.770	0.000
	M	0.337	0.335	1.200	97.700	0.270	0.789
Liquidity	U	0.297	0.184	44.800		12.520	0.000
	M	0.296	0.295	0.400	99.100	0.090	0.928
hhi	U	0.078	0.085	-9.500		-2.630	0.009
	M	0.079	0.080	-1.600	83.300	-0.350	0.725
hhi^2	U	0.010	0.012	-10.200		-2.630	0.008
	M	0.010	0.011	-1.200	87.800	-0.300	0.763

注：本表只展示了总专利授权的一对一匹配后的平衡性检验结果，其他平衡性检验结果作者备索。

一、创新投入

创新具有投入高、风险大、回报周期长等特点，需要大量的资源投入。本书首先检验实际控制人境外居留权对企业创新投入的影响，以研发强度来衡量企业创新投入，计算公式为研发支出/销售额。表4-2报告了PSM匹配样本下的OLS回归结果，其中列（1）为单变量回归，但控制了企业固定和年度固定效应；列（2）为加入了控制变量的回归，但只控制了年度固定效应；列（3）为加入了控制变量的回归，且同时控制了企业固定和年度固定效应。

从列（1）至列（3）回归结果可知，研发支出的回归系数均显著为负，且均在5%水平上显著。这表明，实际控制人拥有境外居留权与企业创新投入之间存在显著的负相关关系，实证检验结果验证了研究假设1.1a，这说明实际控制人拥有境外居留权之后，缺乏在境内长期经营的动机和意愿，实际控制人更加短视，聚焦于短期利益，不愿意进行这种风险高、回报周期长的研发投资。控制变量回归结果方面，如企业规模与企业研发支出显著正相关，说明规模越大的企业，有更多的资金进行研发投资；企业资产负债率与企业研发支出显著负相关，说明负债过多的企业缺乏足够的资金进行研发投资。控制变量的回归结果基本符合理论预期，与以往研究结果大部分一致。

表4-2　　实际控制人境外居留权与企业创新投入

模型	(1)	(2)	(3)
被解释变量	研发强度	研发强度	研发强度
residency	-0.002** (0.001)	-0.002** (0.001)	-0.002** (0.001)
ln*asset*		0.002*** (0.001)	0.002*** (0.001)
ln*firmage*		-0.010*** (0.001)	-0.008*** (0.001)
Salegrow		0.001 (0.001)	0.000 (0.001)
PPE		-0.014*** (0.005)	-0.006 (0.005)
ROA		-0.016 (0.011)	-0.015 (0.010)
MB		-0.008*** (0.002)	-0.008*** (0.002)
CF		-0.001 (0.006)	-0.002 (0.006)

续表

模型	(1)	(2)	(3)
被解释变量	研发强度	研发强度	研发强度
LEV		-0.022*** (0.005)	-0.029*** (0.005)
Liquidity		0.009** (0.004)	0.001 (0.004)
hhi		-0.226*** (0.022)	-0.096 (0.061)
hhi^2		0.549*** (0.082)	0.248* (0.142)
constant	-0.016** (0.007)	0.014 (0.015)	0.003 (0.015)
企业固定	YES	NO	YES
年份固定	YES	YES	YES
N	1672	1672	1672
Adj R^2	0.358	0.340	0.450

注：***、** 和 * 分别表示在 1%、5% 和 10% 的显著性水平上拒绝原假设。本书其他回归结果表相同。

二、创新产出

（一）创新数量（专利授权）

创新产出数量是创新活动结果的体现，本书进一步对创新数量进行实证检验，创新数量以专利授权进行衡量。表 4-3 报告了 PSM 匹配样本下的实际控制人境外居留权对企业创新数量的 OLS 回归结果，其中列（1）、列（2）、列（3）为单变量回归，企业固定效应和年度固定效应；列（4）、列（5）、列（6）在此基础上加入控制变量。从表 4-3 列（1）至列（6）回归结果可知，总专利授权、发明专利授权以及非发明专利授权的回归系数均显著为负，且分别在 10%、5% 和 1% 水平上显著。这表明，实际控制人拥有境外居留权与企业创新之间存在显著的负相关关系。实证检验结果验证了研究假设 1.1a。境外居留权为实际控制人打上深深的烙印，改变了其决策行为，影响了企业的战略选择和资源配置，最终削弱了企业创新。控制变量回归结果方面，如企业规模与企业创新显著正相关，说明资产规模越大，企业越有实力从事创新活动，创新产出更多；企业年龄与企业创新显著正相关，说明成熟企业由于长期学习曲线带来的经验，更具有创新性；研发强度与企业创新显著正相关，说明研发投资能够显著促进企业创新产出，控制变量的回归结果基本符合理论预期，与以往研究结果大部分一致。

表 4-3　实际控制人境外居留权与企业创新数量（专利授权）

模型	(1)	(2)	(3)	(4)	(5)	(6)
被解释变量	总专利授权	发明专利授权	非发明专利授权	总专利授权	发明专利授权	非发明专利授权
residency	-0.448*** (0.171)	-0.345** (0.141)	-0.319* (0.178)	-0.500*** (0.159)	-0.395** (0.154)	-0.369** (0.171)
ln*asset*				0.166* (0.091)	0.295*** (0.087)	0.159* (0.092)
ln*firmage*				0.776* (0.438)	0.643* (0.379)	0.551 (0.447)
Salegrow				-0.088* (0.051)	-0.047 (0.043)	-0.106* (0.059)
PPE				0.067 (0.483)	0.313 (0.375)	-0.169 (0.474)
RDI				3.608* (2.012)	3.407* (1.996)	1.358 (2.100)
ROA				-0.328 (0.779)	-0.343 (0.502)	-0.209 (0.804)
MB				-0.046 (0.141)	0.041 (0.100)	-0.050 (0.147)

续表

模型	(1)	(2)	(3)	(4)	(5)	(6)
被解释变量	总专利授权	发明专利授权	非发明专利授权	总专利授权	发明专利授权	非发明专利授权
CF				-0.579 (0.409)	-0.684** (0.269)	-0.405 (0.429)
LEV				0.713* (0.419)	0.325 (0.361)	0.639 (0.434)
Liquidity				-0.520* (0.305)	-0.033 (0.282)	-0.497 (0.328)
hhi				-2.380 (3.473)	-6.451** (2.814)	-2.875 (3.325)
hhi^2				0.893 (8.570)	9.332 (6.711)	2.908 (8.350)
constant	0.466 (0.383)	-0.527 (0.351)	0.473 (0.378)	-4.061** (1.787)	-7.254*** (1.792)	-3.424* (1.813)
企业固定	YES	YES	YES	YES	YES	YES
年份固定	YES	YES	YES	YES	YES	YES
N	1672	1672	1672	1672	1672	1672
Adj R^2	0.231	0.247	0.158	0.280	0.305	0.192

（二）创新数量（文本衡量）

企业会计数字信息更多反映的是企业过去的经营业绩，难以反映企业未来发展状况，文本信息能够对数字信息起到补充作用（Li F.，2010），文本信息提供了额外的增量信息。会计文本具有结构化财务数据难以体现的丰富内涵，竞争、风险、前瞻性等文本信息能够揭示公司各方面状况（肖浩等，2016）。会计文本包括了公司披露的年报、内部控制审计报告、社会责任报告、招股说明书、管理层盈余预告，还包括分析师研究报告、媒体报道以及投资者在社交媒体中发布的观点等。文本分析方法以计算机为基础，主要分为字典法和机器学习算法（Bao and Datta，2014）。字典法使用“映射”算法，即使用计算机程序读取文本，并根据一些预定义的规则或词典将文本中的单词（或短语）分类为不同的类别（Li F.，2010）。字典可分为通用、专用和自编三种类型。通用型字典适用于经济学、管理学、社会学等多个研究领域。如哈佛字典、Diction 和 LIWC 软件内置的字典。专用型字典由会计专业人士编制，会计词汇的分类更加准确。如 LM 字典（Loughran and Mcdonald，2011）。自编型字典是研究人员依据自身特定研究需求而创建的字典（Campbell 等，2014）。机器学习法具有类似于人工智能的自动学习能力，利用培训样本重复训练，得到具有文本处理功能的数学模型，研究者将标的文本输入模型就能获取文本的量化特征（肖浩等，2016）。

本书基于公司披露的年报文本，参考（Merkley，2014）使用字典法衡量创新。创新关键词基于国发〔2015〕28 号国务院关于印发《中国制造 2025》的通知及其配套文件为基础整理，共 117 个关键词，具体关键词详见本书附录 A。描述性创新具体衡量方法为以下两种方法：一是统计年报文本中创新关键词数量占年报词汇总量比重，在此基础上再乘以 100；二是参考（Merkley，2014），统计年报中含有创新关键词的句子的数量，占年报文本句子总量比重，在此基础上再乘以 100。由于年报中管理层讨论与分析部分的未来展望段为企业对于未来的预期，因此为了更加准确地衡量当前年度创新，本书进一步将剔除管理层讨论与分析部分的未来展望段后的年报文本衡量描述性创新，参考（王克敏等，2018）采用 python 软件提取创新关键词和句子。

表 4－4 报告了创新数量（文本）与专利授权量、研发强度的相关系数表，从表中可知，四种创新数量（文本）与总专利授权、发明专利授权、非发明专利授权以及研发强度均显著正相关，且在 1% 水平上显著。这说明本书使用文本衡量的创新指标比较稳健

可靠。

表 4－4　　创新数量（文本）与专利授权、研发强度

	Textin1	Textin2	Textin3	Textin4	Patent1	Patent2	Patent3	RDI
Textin1	1							
Textin2	0.619 ***	1						
Textin3	0.936 ***	0.630 ***	1					
Textin4	0.708 ***	0.829 ***	0.728 ***	1				
Patent1	0.227 ***	0.170 ***	0.245 ***	0.233 ***	1			
Patent2	0.267 ***	0.203 ***	0.278 ***	0.256 ***	0.692 ***	1		
Patent3	0.164 ***	0.116 ***	0.180 ***	0.175 ***	0.939 ***	0.481 ***	1	
RDI	0.406 ***	0.292 ***	0.430 ***	0.384 ***	0.261 ***	0.323 ***	0.163 ***	1

注：Textin1 为年报（剔除管理层分析与讨论的未来展望段）创新关键词占比；Textin2 为年报（剔除管理层分析与讨论的未来展望段）含创新关键词句子占比；Textin3 为年报创新关键词占比；Textin4 为年报含创新关键词句子占比；Patent1 总专利授权；Patent2 为发明专利授权；Patent3 为非发明专利授权；RDI 为研发强度。

表 4－5 报告了实际控制人境外居留权对企业创新数量（文本）的 OLS 回归结果，创新数量使用年报文本信息进行衡量。从回归结果可知，回归系数基本上都显著为负，且分别在 10% 和 5% 水平上显著。这表明，使用年报文本信息衡量创新，仍然能够得到实际控制人拥有境外居留权与企业创新之间存在显著的负相关关系的结论，实证检验结果验证了研究假设 1。

表 4－5　实际控制人境外居留权与企业创新数量（文本）

模型	(1)	(2)	(3)	(4)
被解释变量	创新关键词占比（年报剔除未来展望段）	含创新关键词句子占比（年报剔除未来展望段）	创新关键词占比（年报）	含创新关键词句子占比（年报）
residency	－0.061 ** (0.031)	－0.589 * (0.309)	－0.067 ** (0.034)	－0.523 (0.331)
ln*asset*	－0.010 (0.018)	0.239 ** (0.121)	－0.004 (0.018)	0.257 ** (0.129)

续表

模型	(1)	(2)	(3)	(4)
被解释变量	创新关键词占比（年报剔除未来展望段）	含创新关键词句子占比（年报剔除未来展望段）	创新关键词占比（年报）	含创新关键词句子占比（年报）
ln*firmage*	0.008 (0.083)	-0.841 (0.592)	0.029 (0.082)	-0.691 (0.567)
Salegrow	-0.021* (0.011)	-0.042 (0.079)	-0.019 (0.012)	-0.118 (0.087)
PPE	-0.006 (0.063)	-0.279 (0.493)	0.005 (0.065)	0.051 (0.628)
RDI	0.879* (0.510)	-1.022 (4.097)	0.907* (0.521)	5.813 (3.608)
ROA	0.106 (0.098)	0.224 (0.891)	0.082 (0.099)	0.868 (0.810)
MB	0.003 (0.022)	-0.109 (0.171)	-0.009 (0.023)	-0.053 (0.172)
CF	-0.008 (0.050)	-0.759 (0.470)	0.006 (0.054)	-0.883* (0.481)
LEV	0.112 (0.077)	0.259 (0.582)	0.153** (0.076)	0.397 (0.566)
Liquidity	-0.011 (0.058)	-0.087 (0.423)	0.016 (0.059)	0.103 (0.412)
hhi	-0.415 (0.766)	-1.608 (5.605)	-0.784 (0.770)	-3.065 (5.845)
hhi^2	0.093 (1.678)	-0.451 (12.485)	0.986 (1.720)	2.165 (12.951)
constant	0.478 (0.363)	0.494 (2.553)	0.394 (0.373)	0.900 (2.645)
企业固定	YES	YES	YES	YES
年份固定	YES	YES	YES	YES
N	1672	1672	1672	1672
Adj R^2	0.113	0.123	0.138	0.167

（三）创新质量

近年来我国创新数量持续攀升，世界知识产权组织发布的报告显示，2018 年我国申请的国际专利数量全球排名第二，仅次于美国。但是，美国制裁中兴、华为事件表明我国创新质量水平依然不高，而高质量的创新才能给企业带来核心竞争力。因此，本书在检验创新数量的基础上进一步检验创新质量，创新质量使用发明专利国际 IPC 分类前四位的数量，发明专利授权量占总专利授权量比重衡量。表 4 - 6 报告了 PSM 匹配样本下的实际控制人境外居留权对企业创新质量的 OLS 回归结果，从列（1）、列（2）可知，实际控制人境外居留权的回归系数为 -0.098、-0.125，且分别在 5%、10% 水平上显著。这表明，实际控制人拥有境外居留权不仅对企业创新数量产生了抑制作用，还对创新质量产生了负向影响，实证检验结果验证了研究假设 1.1a。可能的原因是：高质量创新项目往往投资额更高，回报周期更长、不确定性更大，实际控制人拥有境外居留权后，更加注重短期利益，导致企业投资于高质量创新项目的意愿更弱，从而降低了企业创新质量。

表 4 - 6　　实际控制人境外居留权与企业创新质量

模型	(1)	(2)
被解释变量	Iq1	Iq2
residency	-0.098* (0.053)	-0.125** (0.063)
ln*asset*	0.056** (0.025)	0.034 (0.030)
ln*firmage*	0.213** (0.095)	0.085 (0.113)
Salegrow	-0.034* (0.019)	-0.020 (0.022)
PPE	-0.084 (0.129)	0.168 (0.152)

续表

模型	（1）	（2）
被解释变量	Iq1	Iq2
RDI	0.817 (0.565)	1.059 (0.668)
ROA	0.127 (0.223)	-0.073 (0.264)
MB	0.060 (0.042)	0.006 (0.050)
CF	-0.275** (0.120)	-0.291** (0.142)
LEV	0.040 (0.123)	0.028 (0.146)
Liquidity	-0.129 (0.099)	-0.095 (0.117)
hhi	-2.368** (0.977)	-0.641 (1.155)
hhi^2	4.276* (2.306)	-0.244 (2.725)
constant	-1.391*** (0.537)	-0.813 (0.635)
企业固定	YES	YES
年份固定	YES	YES
N	1672	1672
Adj R^2	0.210	0.134

三、创新效率

创新效率体现了企业对于研发投入的利用效率。本书参考虞义华等（2018），分别使用总专利授权、发明专利授权、非发明专利授权除以研发投资额衡量创新效率。表4-7报告了PSM匹配样本下的实际控制人境外居留权对企业创新效率的OLS回归结果。从列（1）、列（2）、列（3）可知，实际控制人境外居留权的回

归系数为 -0.610、-0.532、-0.855，且分别在 1%、5% 以及 10% 水平上显著。这表明，实际控制人拥有境外居留权不仅对企业创新数量和质量产生了抑制作用，还对创新效率产生了负向影响，实证检验结果进一步验证了研究假设 1。

同时，本书进一步采用总专利授权、发明专利授权、非发明专利授权除以研发人员数量衡量研发人员创新效率，回归结果见表4-8。从列（1）、列（2）、列（3）可知，实际控制人境外居留权的回归系数为 -0.028、-0.007、-0.019，且分别在 1%、5% 与 10% 水平上显著。这表明，实际控制人拥有境外居留权降低了研发人员创新效率，再次验证了研究假设 1。

可能的原因是，当企业出现经营、财务等风险后，实际控制人可以利用境外居留权身份随时离境，逃避债务和法律制裁，这降低了员工的心理安全感，削弱了员工对企业的信任度，研发人员对于创新失败更加敏感，创新失败带来的薪酬福利损失或者甚至被辞退等后果使研发人员的创新主动性与积极性下降，从而削弱了企业创新效率。

表 4-7　　实际控制人境外居留权与企业创新效率

模型	(1)	(2)	(2)
被解释变量	单位总专利授权	单位发明专利授权	单位非发明专利授权
residency	-0.610** (0.239)	-0.532* (0.278)	-0.855*** (0.299)
ln*asset*	0.225* (0.136)	0.560*** (0.160)	-0.007 (0.161)
ln*firmage*	1.665*** (0.613)	1.797*** (0.619)	1.537** (0.691)
Salegrow	-0.098 (0.075)	-0.013 (0.093)	-0.060 (0.089)
PPE	0.313 (0.751)	0.546 (0.596)	-0.013 (0.894)

续表

模型	(1)	(2)	(2)
被解释变量	单位总专利授权	单位发明专利授权	单位非发明专利授权
RDI	-16.143*** (3.345)	-17.380*** (2.936)	-15.967*** (3.423)
ROA	-0.658 (1.091)	-1.796 (1.174)	-0.218 (1.418)
MB	-0.175 (0.242)	-0.054 (0.247)	-0.175 (0.266)
CF	-0.496 (0.631)	-0.457 (0.538)	-0.425 (0.710)
LEV	0.453 (0.729)	-0.732 (0.788)	0.984 (0.839)
Liquidity	-0.195 (0.484)	0.038 (0.501)	0.074 (0.545)
hhi	-3.112 (7.107)	-19.100*** (6.762)	-5.902 (7.535)
hhi^2	3.517 (17.026)	36.450** (14.994)	9.210 (17.716)
constant	-1.560 (3.096)	-4.960 (3.283)	3.753 (3.592)
企业固定	YES	YES	YES
年份固定	YES	YES	YES
N	1288	955	1132
Adj R^2	0.216	0.313	0.158

表4-8　实际控制人境外居留权与研发人员创新效率

模型	(1)	(2)	(2)
被解释变量	人均总专利授权	人均发明专利授权	人均非发明专利授权
residency	-0.028** (0.012)	-0.007** (0.003)	-0.019* (0.011)
ln*asset*	-0.018*** (0.007)	-0.001 (0.002)	-0.013*** (0.005)

续表

模型	(1)	(2)	(2)
被解释变量	人均总专利授权	人均发明专利授权	人均非发明专利授权
ln*firmage*	0. 034 (0. 028)	0. 006 (0. 006)	0. 032 (0. 026)
Salegrow	-0. 009* (0. 005)	-0. 001 (0. 002)	-0. 006 (0. 004)
PPE	0. 046 (0. 041)	0. 012 (0. 008)	0. 050* (0. 030)
RDI	0. 071 (0. 280)	-0. 022 (0. 077)	0. 246 (0. 162)
ROA	0. 016 (0. 042)	-0. 001 (0. 012)	0. 024 (0. 034)
MB	0. 006 (0. 010)	0. 001 (0. 003)	0. 004 (0. 008)
CF	-0. 051 (0. 044)	-0. 002 (0. 006)	-0. 041 (0. 042)
LEV	-0. 054 (0. 044)	-0. 006 (0. 008)	-0. 008 (0. 021)
Liquidity	-0. 058 (0. 048)	-0. 003 (0. 007)	-0. 010 (0. 019)
hhi	-0. 543* (0. 306)	-0. 140* (0. 078)	-0. 203 (0. 208)
hhi^2	1. 185* (0. 697)	0. 317* (0. 173)	0. 383 (0. 471)
constant	0. 376** (0. 161)	0. 028 (0. 038)	0. 228** (0. 091)
企业固定	YES	YES	YES
年份固定	YES	YES	YES
N	1672	1672	1672
Adj R^2	0. 245	0. 277	0. 173

四、管理创新

高层梯队理论认为，高管的个人特征，如教育背景、职业生涯、生活经历、社会关系等会影响公司的经营活动（Hambrick and Mason，1984；Hambrick and Fukutomi，1991）。管理创新涉及企业管理架构、流程和实践的改变，需要投入大量的资源，同时，管理创新本质上体现了高管人员在组织管理中生成、调整和实施新解决方案的能力（Kraśnicka 等，2016）。因此，实际控制人拥有境外居留权会影响企业的管理创新。本书基于公司披露的年报文本，参考（Heyden 等，2018）使用字典法衡量管理创新，管理创新关键词基于（Heyden 等，2018）和财会〔2016〕10 号财政部关于印发《管理会计基本指引》的通知，同时参考（Vaccaro 等，2012）从架构、流程、实践三个维度构建关键词，其中架构为组织如何安排成员之间的沟通以及协调和利用成员的努力；流程为管理工作的“例行程序”；实践为经理日常工作，共 123 个关键词，具体关键词详见本书附录 B。

管理创新具体衡量方法为以下两种方法：一是统计年报文本中管理创新关键词数量占年报词汇总量比重，由于管理创新关键词数量较少，所以将比重乘以 1000；二是参考（Merkley，2014），统计年报中含有管理创新关键词的句子的数量，占年报文本句子总量比重，同样在此基础上乘以 1000。由于年报中管理层讨论与分析部分的未来展望段为企业对于未来的预期，因此为了更加准确地衡量当前年度创新，本书进一步将剔除管理层讨论与分析部分的未来展望段后的年报文本来衡量管理创新。与创新数量相似，本书同样参考（王克敏等，2018）采用 python 软件提取管理创新关键词和句子。

（一）管理创新指标的有效性

为了保证管理创新指标的有效性，本书将管理创新指标与若干客观指标进行以下相关性分析。

一是参考（Heyden 等，2018），使用管理费用比率（即管理费用/营业收入）。由于管理创新所带来的架构优化、流程简化等内部管理水平的提升，预期管理创新指标与该比率负相关。表 4-9 报告了管理创新与管理费用比率的相关系数表，从表中可知，管理创新指标与管理费用比率显著负相关，且在 1% 水平上显著。这说明企业实施管理创新显著降低了管理费用。

表 4-9　管理创新与管理费用率

	Mtextin1	Mtextin 2	MER
Mtextin1	1		
Mtextin2	0.849***	1	
MER	-0.066***	-0.052***	1

注：MER 为管理费用率。

二是参考（Bloom 等，2013），管理实践的改进使运营质量和效率提高，库存减少，从而提高了生产率，说明管理创新与管理生产率的提高相关。本书使用公司销售收入除以样本企业的董事会规模来捕获管理生产率，预期管理创新指标与该比率正相关。表 4-10 报告了管理创新与管理生产率的相关系数表，从表中可知，管理创新指标与管理生产率显著正相关，且在 1% 水平上显著。这说明企业实施管理创新显著提高了生产率。

表 4-10　管理创新与管理生产率

	Mtextin1	Mtextin 2	MP
Mtextin1	1		
Mtextin2	0.849***	1	
MP	0.041***	0.038***	1

注：MP 为管理生产率。

三是企业完善的管理体系和有效的管理方法是影响创新的基础性因素，管理实践改进有助于提高创新水平。本书预期管理创新指标与专利授权、研发强度指标正相关。表4－11报告了管理创新与创新的相关系数表，从表中可知，管理创新指标与总专利授权、发明专利授权、非发明专利授权以及研发强度均显著正相关，且在1%水平上显著。

表4－11　　管理创新与创新

	Mtextin1	Mtextin2	Patent1	Patent2	Patent3	RDI
Mtextin1	1					
Mtextin2	0.849***	1				
Patent1	0.325***	0.263***	1			
Patent2	0.295***	0.258***	0.745***	1		
Patent3	0.291***	0.222***	0.954***	0.582***	1	
RDI	0.324***	0.277***	0.338***	0.348***	0.276***	1

综上所述，上文从管理费用率、管理生产率以及创新指标等纬度分析管理创新指标，一定程度上保证了管理创新指标的可靠性。

（二）实际控制人境外居留权与企业管理创新

表4－12报告了实际控制人境外居留权对管理创新的OLS回归结果。其中列（1）、列（2）为单变量回归；列（3）、列（4）加入了控制变量；列（5）、列（6）在此基础上加入企业固定效应和年度固定效应。从列（1）至列（6）回归结果可知，衡量管理创新的两个指标的回归系数均显著为负，且分别在10%、5%和1%水平上显著。这表明，实际控制人拥有境外居留权与企业管理创新之间存在显著的负相关关系。实证检验结果验证了研究假设1.2，这说明实际控制人拥有境外居留权后，减少了企业改进管理实践的动机，降低了管理创新水平。可能的原因是，实际控制人

获取境外居留权之后，变得更加短视，管理创新需要投入大量的财务、人员、生产等资源，需要克服组织惯性，打破已有的组织方式、业务流程等，具有失败概率高、不确定性大、回报周期长等特点。实际控制人更加注重当前利益，为了更大限度地保留企业可支配现金流，推动企业进行管理创新的意愿较为薄弱。同时，管理变革影响面非常大，将改变员工的工作方式、惯性、积极性等各个方面。实际控制人拥有境外居留权降低了员工的心理安全感和对企业的信任度，从而降低了员工支持和配合管理创新的意愿。

表 4-12　　实际控制人境外居留权与管理创新

模型	(1)	(2)	(3)	(4)	(5)	(6)
被解释变量	Mtextin1	Mtextin2	Mtextin1	Mtextin2	Mtextin1	Mtextin2
residency	-0.018** (0.009)	-0.111* (0.065)	-0.020** (0.008)	-0.121* (0.063)	-0.021*** (0.008)	-0.114* (0.062)
ln*asset*			0.035*** (0.005)	0.225*** (0.038)	0.018*** (0.006)	0.150*** (0.043)
ln*firmage*			0.005 (0.010)	0.016 (0.076)	-0.026** (0.011)	-0.116 (0.084)
Salegrow			0.005 (0.007)	-0.023 (0.057)	0.000 (0.007)	-0.052 (0.056)
PPE			0.013 (0.042)	0.170 (0.325)	0.059 (0.042)	0.347 (0.328)
RDI			1.189*** (0.146)	6.357*** (1.136)	0.865*** (0.155)	5.694*** (1.214)
ROA			-0.268*** (0.091)	-1.402** (0.709)	-0.158* (0.091)	-0.979 (0.712)
MB			-0.033** (0.014)	-0.298*** (0.106)	-0.019 (0.016)	-0.235* (0.125)
CF			-0.059 (0.053)	-0.349 (0.413)	-0.055 (0.053)	-0.472 (0.413)

续表

模型	(1)	(2)	(3)	(4)	(5)	(6)
被解释变量	Mtextin1	Mtextin2	Mtextin1	Mtextin2	Mtextin1	Mtextin2
LEV			-0.032 (0.040)	-0.381 (0.312)	-0.014 (0.040)	-0.195 (0.314)
Liquidity			0.071** (0.034)	0.428 (0.267)	0.058* (0.034)	0.422 (0.267)
hhi			0.511*** (0.190)	0.332 (1.480)	-0.317 (0.537)	2.125 (4.210)
hhi^2			-2.358*** (0.682)	-7.876 (5.312)	0.190 (1.230)	-8.216 (9.633)
constant	0.223*** (0.006)	1.952*** (0.047)	-0.575*** (0.106)	-2.883*** (0.825)	-0.163 (0.138)	-1.258 (1.079)
企业固定	NO	NO	NO	NO	YES	YES
年份固定	NO	NO	NO	NO	YES	YES
N	1672	1672	1672	1672	1672	1672
Adj R^2	0.002	0.001	0.112	0.079	0.187	0.148

第二节　内生性处理

本书采用了 PSM 匹配样本进行回归，但实际控制人境外居留权与企业创新之间还是可能存在内生性问题，原因一方面是反向因果关系。创新水平较低的企业市场竞争力低，企业未来发展前景不佳，实际控制人可能更会选择获取境外居留权，未来离境的可能性更大。另一方面是模型遗漏变量偏误。尽管本书在参考前人文献基础上控制了一系列影响企业创新的重要因素，然而仍可能存在一些遗漏变量，这些变量与解释变量相关，导致模型结果产生偏误。针对模型存在的内生性问题，本书采取两种识别策略：工具变量法（2SLS）和双重差分法（DID）。

一、工具变量法

根据 Hausman 内生性检验结果，拒绝所有解释变量均外生的原假设，表明模型存在内生性问题，因此需采用工具变量法进行估计。本书采取三种工具变量，一是上市公司所在城市 2013—2017 年的 PM2.5 值（PM2.5）作为工具变量。根据胡润研究院发布的《2018 年中国投资移民白皮书》，中国企业家投资移民的前四大原因就是：教育质量、环境污染、食品安全以及医疗水平。因此，本书认为，当上市公司所在城市空气质量较差时，实际控制人移民动机更强，有更高概率获取境外居留权。预计该工具变量与内生解释变量正相关。二是上市公司所在行业的实际控制人拥有境外居留权的均值（*dresidency*）作为工具变量。预计实际控制人境外居留权的行业均值与内生解释变量正相关。三是上市公司所在城市的实际控制人拥有境外居留权的均值（*cresidency*）作为工具变量。预计实际控制人境外居留权的城市均值与内生解释变量正相关。上述三种工具变量并不会直接影响企业创新，工具变量只能通过内生解释变量影响被解释变量，均满足外生性条件。

根据表 4－13 可知，Kleibergen-Paap rk LM 检验显著拒绝原假设，说明模型不存在识别不足问题；Cragg-Donald Wald F 统计量明显大于 Stock-Yogo 弱工具变量检验临界值，显著拒绝原假设，说明不存在弱工具变量问题，表明本书选取的工具变量是合适的。Sargan 统计量结果接受所有工具变量均是外生的原假设，表明本书所选工具变量是合适的，通过了过度识别检验。从表 4－13 第一阶段模型（1）得知，工具变量与内生解释变量显著正相关；从第二阶段模型（2）、模型（3）、模型（4）可知，实际控制人境外居留权的回归系数为－0.285、－0.037、－0.374，且其中两个回归系数分别在 1% 和 5% 水平上显著。这表明工具变量法估计进一步验证了研究假设1，实际控制人拥有境外居留权与企业创新之间存在显著的负相关关系。

表4-13　　工具变量法

模型	第一阶段	第二阶段		
	(1)	(2)	(3)	(4)
被解释变量	境外居留权	总专利授权	发明专利授权	非发明专利授权
residency		-0.285** (0.139)	-0.037 (0.082)	-0.374*** (0.143)
PM2.5	0.001* (0.000)			
dresidency	1.326*** (0.220)			
cresidency	1.368*** (0.081)			
ln*asset*	-0.018 (0.013)	0.653*** (0.038)	0.464*** (0.026)	0.588*** (0.041)
ln*firmage*	-0.004 (0.027)	0.017 (0.075)	0.017 (0.048)	0.028 (0.079)
Salegrow	0.004 (0.019)	-0.134*** (0.049)	-0.071** (0.034)	-0.141** (0.055)
PPE	-0.060 (0.111)	-0.552* (0.327)	-0.388* (0.213)	-0.701** (0.348)
RDI	-0.112 (0.397)	13.194*** (1.279)	9.446*** (0.962)	10.221*** (1.282)
ROA	0.023 (0.253)	0.306 (0.609)	0.614 (0.390)	-0.026 (0.650)
MB	0.102*** (0.034)	-0.264*** (0.096)	-0.179*** (0.062)	-0.234** (0.102)
CF	0.035 (0.140)	-0.130 (0.407)	-0.186 (0.242)	-0.084 (0.435)
LEV	0.030 (0.107)	0.688** (0.312)	0.098 (0.202)	1.095*** (0.331)

续表

模型	第一阶段	第二阶段		
	(1)	(2)	(3)	(4)
被解释变量	境外居留权	总专利授权	发明专利授权	非发明专利授权
Liquidity	0.057 (0.092)	0.050 (0.269)	-0.260 (0.172)	0.220 (0.285)
hhi	-0.529 (0.503)	5.577*** (1.397)	-4.202*** (0.911)	9.745*** (1.473)
hhi^2	1.837 (1.785)	-17.948*** (5.026)	10.514*** (3.082)	-29.206*** (5.233)
constant	0.529 (0.290)	-12.559*** (0.858)	-8.947*** (0.585)	-11.692*** (0.919)
企业固定	YES	YES	YES	YES
年份固定	YES	YES	YES	YES
N	1672	1672	1672	1672
Adj R^2		0.252	0.295	0.189
Kleibergen-Paap rk LM		389.041	389.041	389.041
Cragg-Donald Wald F		160.245	160.245	160.245
Stock-Yogo：10%		9.08	9.08	9.08
Sargan (*p*)		0.0861	0.5700	0.1725

二、双重差分法

本书进一步采用双重差分法解决内生性问题。借鉴（姜付秀等，2017），采用样本期内实际控制人境外居留权发生变更的企业样本和样本期内实际控制人境外居留权未发生变更的企业样本进行双重差分模型检验。具体为，处理组为样本期内从实际控制人无境外居留权转化为有境外居留权的样本，控制组为样本期内实际控制人均无境外居留权的样本。从实际控制人无境外居留权的转变为有境外居留权的样本，这种转变是多时点的，本书参考Bertrand and Mullainathan（2003），构建多时点双重差分（DID）

模型。基本模型如模型（4－1）所示：

$$Innovation_{it} = \alpha + \beta revolution_{it} + \gamma control_{it} + \chi_i + \delta_t + \varepsilon_{it} \quad (4-1)$$

上述模型中，$revolution_{it}$表示实际控制人无境外居留权的转变为有境外居留权的虚拟变量。如果企业 i 在第 t 年从实际控制人无境外居留权转变为有境外居留权，则企业 i 的第 t 年取 1，否则取 0。当 β 为负时，说明实际控制人拥有境外居留权与企业创新之间存在显著的负相关关系。

表 4－14 报告了回归结果，从列（1）、列（2）可知，从实际控制人没有境外居留权到实际控制人拥有境外居留权，企业创新产出显著下降。这表明，实际控制人拥有境外居留权抑制了企业创新，实证检验结果再次验证了研究假设 1。

表 4－14　　双重差分法

模型	(1)	(2)	(3)
被解释变量	总专利授权	发明专利授权	非发明专利授权
residency	－0.408* (0.213)	－0.613*** (0.190)	－0.267 (0.237)
ln*asset*	0.213** (0.097)	0.253*** (0.090)	0.189** (0.095)
ln*firmage*	0.133 (0.524)	0.634 (0.522)	－0.424 (0.539)
Salegrow	－0.055 (0.075)	－0.083 (0.055)	－0.012 (0.073)
PPE	0.502 (0.567)	0.228 (0.395)	0.495 (0.606)
RDI	1.520 (2.547)	3.839 (2.703)	0.704 (2.725)
ROA	0.119 (0.862)	0.028 (0.560)	0.052 (0.868)

续表

模型	(1)	(2)	(3)
被解释变量	总专利授权	发明专利授权	非发明专利授权
MB	-0.067 (0.165)	0.029 (0.103)	-0.110 (0.179)
CF	-0.794* (0.463)	-0.698** (0.338)	-0.698 (0.490)
LEV	1.388*** (0.505)	0.892** (0.377)	1.126** (0.489)
Liquidity	0.120 (0.427)	-0.035 (0.324)	0.085 (0.430)
hhi	-6.557* (3.810)	-7.837*** (2.940)	-5.485 (3.616)
hhi^2	19.974** (9.889)	16.536** (7.884)	17.124* (9.662)
constant	-4.481** (1.865)	-6.918*** (1.839)	-2.786 (1.863)
企业固定	YES	YES	YES
年份固定	YES	YES	YES
N	1065	1065	1065
Adj R^2	0.267	0.364	0.168

第三节 稳健性检验

一、安慰剂检验

在这部分，本书实施安慰剂检验来测试回归结果纯粹由偶然因素驱动的可能性。具体而言，本书从样本池中随机选取了一组企业样本（样本数量与实际控制人拥有境外居留权的企业样本数量一致）作为伪处理组，将剩下的样本作为伪控制组。在这些伪处理组和伪控制组样本的基础上，本书按照模型（3－6）进行OLS回归，并重复这个过程10000次。根据图4－1得知，安慰剂检验的估计系数分布均显著集中于0附近；根据表4－15得知，系数显著为正和显著为负的比重较低，说明本书构建的虚拟处理效应并不存在。因此，企业创新的降低确实是由于实际控制人拥有境外居留权所导致的，而不是由其他偶然因素或噪音导致。

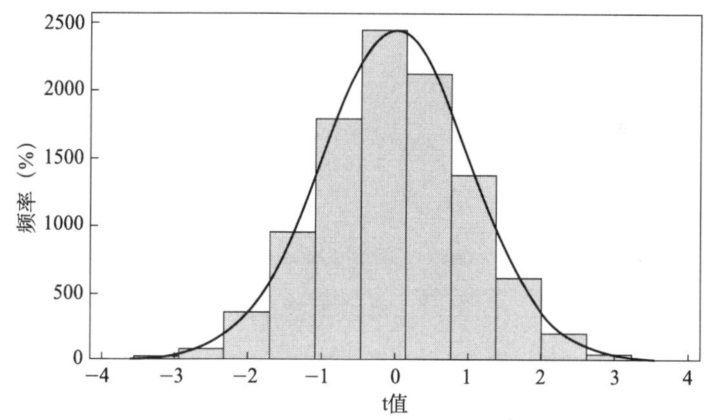

图4－1　10000次安慰剂检验

表4－15　虚拟处理效应的回归结果的统计分析

变量	均值	5%分位	1/4分位	中位数	3/4分位	95%分位	标准差	N
系数	－0.000	－0.138	－0.055	－0.001	0.057	0.139	0.084	10000
t值	0.000	－1.665	－0.663	－0.016	0.684	1.684	1.013	10000

二、其他稳健性检验

为了确保本书结论的稳健性和可靠性，本书进一步采取改变因变量衡量指标、自变量衡量指标、回归模型、PSM匹配方法，调整样本等方式进行稳健性测试。

(一) 改变因变量衡量指标

在安慰剂检验基础上，本书改变因变量衡量指标来实施稳健性检验。具体而言：一是使用专利申请来衡量企业创新，包括总专利申请，发明专利申请以及非发明专利申请；二是使用专利授权 t+2 期来反映企业创新；三是使用创新关键词数量取对数，含创新关键词的句子数量取对数来反映创新，且分别采用完整年报和删除 MD & A 未来展望段部分的年报来衡量。

表 4-16、表 4-17 分别报告了三类不同创新衡量指标下实际控制人境外居留权对企业创新的 OLS 回归结果。从回归结果可知，实际控制人拥有境外居留权与企业创新之间存在显著的负相关关系，实证检验结果验证了研究假设 1。

表 4-16　实际控制人境外居留权与企业创新（专利申请和专利授权 *t*+2 期）

模型	(1)	(2)	(3)	(4)	(5)	(6)
被解释变量	总专利申请	发明专利申请	非发明专利申请	总专利授权 t+2 期	发明专利授权 t+2 期	非发明专利授权 t+2 期
residency	-0.166* (0.085)	-0.229 (0.142)	-0.305* (0.180)	-0.321* (0.165)	-0.327** (0.135)	-0.204 (0.190)
ln*asset*	0.071 (0.045)	0.373*** (0.084)	0.221** (0.093)	0.112 (0.108)	0.182** (0.092)	0.150 (0.102)
ln*firmage*	0.330 (0.219)	0.382 (0.435)	0.555 (0.490)	0.495 (0.533)	0.921** (0.455)	0.122 (0.528)
Salegrow	-0.056 (0.035)	-0.102* (0.054)	-0.077 (0.066)	0.073 (0.053)	-0.066 (0.049)	0.106* (0.056)
PPE	0.163 (0.270)	1.009*** (0.360)	0.317 (0.524)	0.194 (0.548)	0.260 (0.400)	0.540 (0.545)
RDI	1.417 (0.905)	6.303*** (1.856)	2.313 (2.110)	1.099 (2.732)	4.385* (2.608)	-1.814 (2.230)
ROA	0.094 (0.411)	0.047 (0.716)	-0.087 (0.812)	-1.047 (0.735)	-0.621 (0.513)	-1.379* (0.736)

续表

模型	(1)	(2)	(3)	(4)	(5)	(6)
被解释变量	总专利申请	发明专利申请	非发明专利申请	总专利授权 t+2 期	发明专利授权 t+2 期	非发明专利授权 t+2 期
MB	-0.007 (0.076)	0.014 (0.117)	0.101 (0.142)	0.039 (0.150)	0.139 (0.119)	-0.031 (0.149)
CF	-0.020 (0.214)	0.202 (0.398)	-0.296 (0.406)	0.007 (0.395)	-0.172 (0.323)	0.192 (0.406)
LEV	0.087 (0.205)	0.254 (0.387)	0.908 ** (0.436)	1.022 ** (0.440)	0.486 (0.370)	0.989 ** (0.449)
Liquidity	-0.295 * (0.165)	-0.173 (0.286)	-0.099 (0.328)	-0.111 (0.372)	0.260 (0.290)	0.046 (0.384)
hhi	1.153 (2.093)	-6.018 * (3.261)	-1.202 (3.665)	-2.294 (4.014)	-10.696 *** (3.194)	-1.513 (3.819)
hhi^2	-3.046 (5.250)	12.406 (8.405)	2.710 (10.057)	-4.326 (11.392)	17.652 * (9.511)	-4.322 (10.659)
constant	-0.432 (1.019)	-8.533 *** (1.776)	-5.389 *** (1.940)	-3.317 (2.265)	-5.782 *** (1.844)	-3.236 (2.149)
企业固定	YES	YES	YES	YES	YES	YES
年份固定	YES	YES	YES	YES	YES	YES
N	1672	1672	1672	1391	1391	1391
Adj R^2	0.148	0273	0.197	0.286	0.283	0.226

表 4-17　实际控制人境外居留权与企业创新（文本）

模型	(1)	(2)	(3)	(4)
被解释变量	创新关键词对数（年报剔除未来展望段）	含创新关键词句子对数（年报剔除未来展望段）	创新关键词对数（年报）	含创新关键词句子对数（年报）
residency	-0.118 * (0.070)	-0.069 (0.057)	-0.134 * (0.077)	-0.071 (0.058)
ln*asset*	0.095 * (0.049)	0.098 *** (0.033)	0.083 (0.055)	0.109 *** (0.030)
ln*firmage*	-0.083 (0.204)	-0.145 (0.130)	-0.059 (0.216)	-0.138 (0.130)

续表

模型	(1)	(2)	(3)	(4)
被解释变量	创新关键词对数（年报剔除未来展望段）	含创新关键词句子对数（年报剔除未来展望段）	创新关键词对数（年报）	含创新关键词句子对数（年报）
Salegrow	-0.081*** (0.027)	-0.050*** (0.019)	-0.069** (0.027)	-0.047** (0.021)
PPE	0.072 (0.195)	-0.015 (0.129)	0.033 (0.189)	0.015 (0.123)
RDI	1.726* (0.932)	1.252* (0.647)	1.284 (0.851)	1.378** (0.631)
ROA	0.503 (0.319)	0.253 (0.255)	0.545 (0.390)	0.260 (0.225)
MB	0.022 (0.054)	-0.001 (0.039)	0.020 (0.059)	-0.025 (0.034)
CF	-0.287* (0.163)	-0.269** (0.115)	-0.422** (0.167)	-0.277** (0.113)
LEV	0.376** (0.188)	0.179 (0.129)	0.260 (0.196)	0.235* (0.122)
Liquidity	-0.058 (0.145)	-0.010 (0.097)	0.040 (0.162)	0.000 (0.091)
hhi	1.417 (2.016)	0.238 (1.592)	0.486 (2.001)	0.463 (1.444)
hhi^2	-7.742* (4.226)	-4.054 (3.423)	-6.544 (5.139)	-4.741 (3.272)
constant	2.514** (1.075)	3.295*** (0.752)	2.631** (1.227)	3.142*** (0.699)
企业固定	YES	YES	YES	YES
年份固定	YES	YES	YES	YES
N	1672	1672	1672	1672
Adj R^2	0.340	0.354	0.385	0.380

（二）改变自变量衡量指标

本书进一步改变自变量衡量指标来实施稳健性检验。具体而言：一是实际控制人拥有中国香港、澳门特别行政区、台湾地区境外居留权，取值1，未披露具体国家或地区取值2，拥有其他国家或地区的境外居留权取值3。二是实际控制人与其亲属均无境外居留权取值0；实际控制人无境外居留权但其亲属（不含配偶子女）有境外居留权取值1；实际控制人无境外居留权但其配偶子女有境外居留权取值2；实际控制人仅个人拥有境外居留权取值3；实际控制人拥有境外居留权且其亲属（不含配偶子女）有境外居留权取值4；实际控制人以及其子女均拥有境外居留权取值5；实际控制人以及其配偶拥有境外居留权取值6；实际控制人、其配偶以及亲属（不含子女）均拥有境外居留权取值7：实际控制人、其配偶以及子女均拥有境外居留权取值8。三是实际控制人拥有发达国家地区境外居留权取值1，其他国家地区或未披露具体国家地区的取值2。其中发达国家或地区包括中国香港特别行政区、澳门特别行政区、台湾地区和美国、英国、法国、德国、韩国、日本、加拿大、澳大利亚、新西兰、新加坡。四是当存在多名实际控制人时，计算拥有境外居留权的实际控制人的占比。

表4－18、表4－19分别报告了四类不同境外居留权衡量指标下实际控制人境外居留权对企业创新的OLS回归结果。从回归结果可知，实际控制人拥有境外居留权与企业创新之间存在显著的负相关关系，实证检验结果验证了研究假设1。

表4－18　实际控制人境外居留权与企业创新（第一种和第二种境外居留权）

模型	(1)	(2)	(3)	(4)	(5)	(6)
类别	第一种境外居留权			第二种境外居留权		
被解释变量	总专利授权	发明专利授权	非发明专利授权	总专利授权	发明专利授权	非发明专利授权
residency1	−0.174** (0.086)	−0.127* (0.070)	−0.140* (0.083)			
residency2				−0.123*** (0.040)	−0.117*** (0.043)	−0.074 (0.054)

续表

模型	(1)	(2)	(3)	(4)	(5)	(6)
类别	第一种境外居留权			第二种境外居留权		
被解释变量	总专利授权	发明专利授权	非发明专利授权	总专利授权	发明专利授权	非发明专利授权
ln*asset*	0.163* (0.091)	0.293*** (0.087)	0.157* (0.092)	0.160* (0.090)	0.290*** (0.086)	0.156* (0.092)
ln*firmage*	0.773* (0.443)	0.643* (0.383)	0.546 (0.450)	0.760* (0.439)	0.622 (0.379)	0.546 (0.449)
Salegrow	-0.089* (0.051)	-0.048 (0.043)	-0.107* (0.059)	-0.086* (0.051)	-0.045 (0.043)	-0.105* (0.059)
PPE	0.020 (0.487)	0.277 (0.376)	-0.204 (0.475)	0.048 (0.484)	0.301 (0.374)	-0.185 (0.474)
RDI	3.581* (2.035)	3.393* (1.999)	1.330 (2.120)	3.522* (2.019)	3.309* (1.993)	1.320 (2.119)
ROA	-0.372 (0.789)	-0.380 (0.512)	-0.240 (0.809)	-0.359 (0.790)	-0.361 (0.511)	-0.236 (0.811)
MB	-0.037 (0.142)	0.048 (0.101)	-0.044 (0.148)	-0.047 (0.142)	0.037 (0.100)	-0.049 (0.148)
CF	-0.561 (0.409)	-0.668** (0.271)	-0.391 (0.428)	-0.560 (0.407)	-0.670** (0.269)	-0.390 (0.427)
LEV	0.697* (0.420)	0.311 (0.365)	0.629 (0.434)	0.711* (0.419)	0.329 (0.362)	0.633 (0.434)
Liquidity	-0.536* (0.307)	-0.045 (0.286)	-0.510 (0.329)	-0.536* (0.307)	-0.048 (0.283)	-0.507 (0.329)
hhi	-1.869 (3.535)	-6.030** (2.862)	-2.517 (3.363)	-2.340 (3.489)	-6.546** (2.808)	-2.742 (3.336)
hhi^2	-0.098 (8.720)	8.551 (6.834)	2.174 (8.439)	1.173 (8.637)	9.760 (6.698)	2.947 (8.413)
constant	-4.045** (1.802)	-7.258*** (1.807)	-3.394* (1.815)	-3.949** (1.790)	-7.105*** (1.785)	-3.391* (1.820)
企业固定	YES	YES	YES	YES	YES	YES
年份固定	YES	YES	YES	YES	YES	YES
N	1672	1672	1672	1672	1672	1672
Adj R^2	0.277	0.301	0.190	0.279	0.306	0.190

表 4-19　　实际控制人境外居留权与企业创新（第三种和第四种境外居留权）

模型	(1)	(2)	(3)	(4)	(5)	(6)
类别	第三种境外居留权			第四种境外居留权		
被解释变量	总专利授权	发明专利授权	非发明专利授权	总专利授权	发明专利授权	非发明专利授权
*residency*3	-0.324*** (0.114)	-0.210* (0.108)	-0.286*** (0.109)			
*residency*4				-0.444** (0.177)	-0.494*** (0.157)	-0.249 (0.210)
ln*asset*	0.155* (0.090)	0.288*** (0.087)	0.149 (0.091)	0.160* (0.091)	0.289*** (0.086)	0.156* (0.092)
ln*firmage*	0.745* (0.433)	0.628* (0.379)	0.519 (0.441)	0.795* (0.440)	0.654* (0.373)	0.568 (0.451)
Salegrow	-0.091* (0.051)	-0.049 (0.044)	-0.108* (0.059)	-0.094* (0.051)	-0.053 (0.044)	-0.110* (0.059)
PPE	0.040 (0.483)	0.290 (0.375)	-0.187 (0.472)	0.067 (0.487)	0.325 (0.373)	-0.175 (0.476)
RDI	3.454* (2.022)	3.321* (1.998)	1.209 (2.103)	3.624* (2.016)	3.394* (1.987)	1.385 (2.115)
ROA	-0.333 (0.771)	-0.355 (0.500)	-0.203 (0.795)	-0.361 (0.785)	-0.359 (0.502)	-0.239 (0.809)
MB	-0.050 (0.142)	0.040 (0.100)	-0.056 (0.148)	-0.041 (0.142)	0.041 (0.099)	-0.045 (0.148)
CF	-0.600 (0.412)	-0.693** (0.271)	-0.426 (0.432)	-0.572 (0.409)	-0.684** (0.269)	-0.396 (0.429)
LEV	0.750* (0.414)	0.343 (0.359)	0.677 (0.431)	0.723* (0.421)	0.348 (0.359)	0.638 (0.435)
Liquidity	-0.513* (0.305)	-0.029 (0.283)	-0.491 (0.328)	-0.513* (0.306)	-0.024 (0.281)	-0.494 (0.330)
hhi	-2.064 (3.475)	-6.131** (2.844)	-2.712 (3.312)	-2.458 (3.523)	-6.798** (2.839)	-2.777 (3.348)

续表

模型	(1)	(2)	(3)	(4)	(5)	(6)
类别	第三种境外居留权			第四种境外居留权		
被解释变量	总专利授权	发明专利授权	非发明专利授权	总专利授权	发明专利授权	非发明专利授权
hhi^2	0.227 (8.537)	8.763 (6.753)	2.458 (8.296)	1.289 (8.661)	10.085 (6.734)	2.960 (8.405)
constant	-3.890** (1.786)	-7.181*** (1.804)	-3.236* (1.807)	-4.057** (1.795)	-7.167*** (1.775)	-3.468* (1.822)
企业固定	YES	YES	YES	YES	YES	YES
年份固定	YES	YES	YES	YES	YES	YES
N	1672	1672	1672	1672	1672	1672
Adj R^2	0.280	0.303	0.193	0.279	0.308	0.189

（三）改变回归模型

专利数量是一种计数数据，与经典的 OLS 回归假定数据服从正态分布不一样，其更可能服从一种泊松或负二项式分布。当计数数据中存在较多 0 值情况下，零膨胀泊松模型和负二项式模型比标准的泊松和负二项式模型更有效率。本书在 OLS 回归的基础上，为了保证结论的稳健性和可靠性，借鉴（Howell，2017），分别采用零膨胀泊松模型和零膨胀负二项式模型来检验实际控制人拥有境外居留权对企业创新的影响，其中创新采用未经对数化处理的 $t+1$ 期的总专利授权量、发明专利授权量以及非发明专利授权量。

表 4-20 报告了回归结果。根据 vuong 检验值为正数，说明应选择零膨胀模型而不是标准模型。从回归结果可知，实际控制人拥有境外居留权与企业创新之间存在显著的负相关关系，实证检验结果验证了研究假设 1。

表 4－20　　　实际控制人境外居留权与企业创新（零膨胀泊松和负二项式模型）

模型	(1)	(2)	(3)	(4)	(5)	(6)
模型	零膨胀泊松模型			零膨胀负二项式模型		
被解释变量	总专利授权	发明专利授权	非发明专利授权	总专利授权	发明专利授权	非发明专利授权
residency	－0.089*** (0.010)	0.016 (0.027)	－0.133*** (0.012)	－0.097* (0.057)	0.017 (0.058)	－0.171*** (0.061)
ln*asset*	0.827*** (0.006)	0.461*** (0.017)	0.690*** (0.007)	0.645*** (0.037)	0.454*** (0.041)	0.567*** (0.039)
ln*firmage*	0.110*** (0.014)	0.088** (0.035)	0.012 (0.016)	0.012 (0.071)	0.036 (0.074)	0.027 (0.075)
Salegrow	－0.222*** (0.011)	－0.078*** (0.025)	－0.197*** (0.013)	－0.170*** (0.057)	－0.106* (0.058)	－0.170*** (0.061)
PPE	－0.202*** (0.053)	－0.598*** (0.139)	－0.242*** (0.062)	－0.930*** (0.300)	－0.616** (0.314)	－0.661** (0.322)
RDI	8.563*** (0.181)	6.653*** (0.450)	6.172*** (0.229)	7.514*** (1.214)	7.839*** (1.171)	5.112*** (1.339)
ROA	1.326*** (0.144)	0.780** (0.361)	1.973*** (0.167)	0.875 (0.786)	0.499 (0.817)	1.583* (0.828)
MB	－0.216*** (0.018)	－0.060 (0.054)	－0.309*** (0.021)	－0.298*** (0.115)	－0.112 (0.127)	－0.340*** (0.121)
CF	0.811*** (0.074)	－0.117 (0.195)	0.841*** (0.088)	1.319*** (0.447)	－0.138 (0.463)	1.441*** (0.465)
LEV	1.422*** (0.053)	1.087*** (0.138)	1.504*** (0.061)	1.396*** (0.314)	0.848*** (0.323)	1.486*** (0.332)
Liquidity	0.530*** (0.044)	0.493*** (0.115)	0.380*** (0.052)	0.296 (0.259)	0.496 * (0.273)	0.324 (0.276)
hhi	3.302*** (0.286)	－5.610*** (0.835)	3.133*** (0.327)	3.643** (1.548)	－4.995*** (1.718)	3.608** (1.676)
hhi^2	－4.212*** (1.109)	13.587*** (3.520)	－5.450*** (1.250)	－7.336 (5.684)	12.248 * (7.082)	－7.395 (6.079)
constant	－16.219*** (0.122)	－8.969*** (0.376)	－12.921*** (0.142)	－11.665*** (0.778)	－8.647*** (0.871)	－10.119*** (0.841)

续表

模型	(1)	(2)	(3)	(4)	(5)	(6)
模型	零膨胀泊松模型			零膨胀负二项式模型		
被解释变量	总专利授权	发明专利授权	非发明专利授权	总专利授权	发明专利授权	非发明专利授权
企业固定	YES	YES	YES	YES	YES	YES
年份固定	YES	YES	YES	YES	YES	YES
N	1672	1672	1672	1672	1672	1672
Vuong	8.95	18.51	10.67	19.91	46.01	29.44

（四）改变匹配方法

本书运用了倾向得分匹配法（PSM）解决样本选择偏差问题，保证了实际控制人拥有境外居留权的公司（处理组）和实际控制人没有境外居留权的公司（控制组）具有充分的可比性，主回归运用了一对一匹配方法，这部分将运用一对二匹配、局部线性回归匹配以及马氏匹配进行稳健性检验。

同时，本书进一步借鉴（Blackwell 等，2009）的 CEM（coarsened exact matching）匹配法，该方法能较好地缓解处理组与控制组之间的不平衡状况。与传统的 PSM 匹配法相比，CEM 匹配法优势在于：一是对某一个特征变量的不平衡调整不影响其他特征变量；二是不用基于处理组与控制组的共同区域进行匹配，满足同余原则（the congruence principle）；三是对模型的依赖程度较低，PSM 则需依赖于 Logistic 等回归模型。本书将实际控制人拥有境外居留权的样本企业作为处理组，实际控制人不拥有境外居留权的样本企业作为控制组，选取企业规模、年龄、研发强度作为特征变量进行 CEM 匹配。在没有匹配之前，样本的不平衡程度为 0.85，匹配后样本的不平衡程度下降到 0.52。

表 4－21、表 4－22 分别报告了不同匹配方法下实际控制人境外居留权对企业创新的 OLS 回归结果。从回归结果可知，实际控制

人拥有境外居留权与企业创新之间存在显著的负相关关系，实证检验结果验证了研究假设1。

表4-21　　实际控制人境外居留权与企业创新（一对二匹配与局部线性回归匹配）

模型	(1)	(2)	(3)	(4)	(5)	(6)
类别	一对二匹配			局部线性回归匹配		
被解释变量	总专利授权	发明专利授权	非发明专利授权	总专利授权	发明专利授权	非发明专利授权
residency	-0.299*** (0.111)	-0.151 (0.115)	-0.251** (0.109)	-0.500*** (0.159)	-0.395** (0.154)	-0.369** (0.171)
ln*asset*	0.303*** (0.089)	0.309*** (0.074)	0.284*** (0.086)	0.166* (0.091)	0.295*** (0.087)	0.159* (0.092)
ln*firmage*	0.424 (0.315)	0.546* (0.282)	0.174 (0.326)	0.776* (0.438)	0.643* (0.379)	0.551 (0.447)
Salegrow	-0.049 (0.040)	-0.038 (0.032)	-0.058 (0.047)	-0.088* (0.051)	-0.047 (0.043)	-0.106* (0.059)
PPE	0.425 (0.408)	0.411 (0.297)	0.186 (0.403)	0.067 (0.483)	0.313 (0.375)	-0.169 (0.474)
RDI	3.137* (1.838)	3.274** (1.496)	2.054 (1.918)	3.608* (2.012)	3.407* (1.996)	1.358 (2.100)
ROA	-0.203 (0.563)	-0.175 (0.417)	-0.128 (0.590)	-0.328 (0.779)	-0.343 (0.502)	-0.209 (0.804)
MB	-0.030 (0.120)	0.008 (0.089)	-0.011 (0.124)	-0.046 (0.141)	0.041 (0.100)	-0.050 (0.147)
CF	-0.289 (0.359)	-0.209 (0.230)	-0.388 (0.384)	-0.579 (0.409)	-0.684** (0.269)	-0.405 (0.429)
LEV	0.316 (0.357)	0.084 (0.284)	0.228 (0.364)	0.713* (0.419)	0.325 (0.361)	0.639 (0.434)
Liquidity	-0.541** (0.259)	-0.110 (0.223)	-0.561** (0.275)	-0.520* (0.305)	-0.033 (0.282)	-0.497 (0.328)
hhi	-0.508 (3.101)	-4.942** (2.446)	-1.384 (2.922)	-2.380 (3.473)	-6.451** (2.814)	-2.875 (3.325)

续表

模型	(1)	(2)	(3)	(4)	(5)	(6)
类别	一对二匹配			局部线性回归匹配		
被解释变量	总专利授权	发明专利授权	非发明专利授权	总专利授权	发明专利授权	非发明专利授权
hhi^2	-2.977 (7.265)	7.695 (5.994)	-1.856 (7.028)	0.893 (8.570)	9.332 (6.711)	2.908 (8.350)
constant	-6.237 *** (1.838)	-7.316 *** (1.567)	-5.121 *** (1.781)	-4.061 ** (1.787)	-7.254 *** (1.792)	-3.424 * (1.813)
企业固定	YES	YES	YES	YES	YES	YES
年份固定	YES	YES	YES	YES	YES	YES
N	2370	2370	2370	1672	1672	1672
Adj R^2	0.305	0.337	0.203	0.280	0.305	0.192

表 4-22 实际控制人境外居留权与企业创新（马氏匹配与 CEM 匹配）

模型	(1)	(2)	(3)	(4)	(5)	(6)
类别	马氏匹配			CEM 匹配		
被解释变量	总专利授权	发明专利授权	非发明专利授权	总专利授权	发明专利授权	非发明专利授权
residency	-0.136 *** (0.048)	-0.019 (0.035)	-0.122 ** (0.050)	-0.120 ** (0.059)	-0.039 (0.042)	-0.102 * (0.061)
ln*asset*	0.661 *** (0.034)	0.457 *** (0.025)	0.587 *** (0.036)	0.613 *** (0.040)	0.399 *** (0.029)	0.566 *** (0.042)
ln*firmage*	0.045 (0.064)	0.038 (0.047)	0.085 (0.066)	0.011 (0.079)	0.033 (0.056)	0.023 (0.082)
Salegrow	-0.164 *** (0.039)	-0.080 *** (0.028)	-0.167 *** (0.040)	-0.122 ** (0.052)	-0.084 ** (0.037)	-0.125 ** (0.054)
PPE	-0.083 (0.254)	-0.153 (0.185)	-0.152 (0.263)	-0.052 (0.303)	-0.090 (0.215)	-0.172 (0.313)
RDI	6.309 *** (0.961)	7.578 *** (0.700)	3.234 *** (0.998)	10.007 *** (1.345)	10.091 *** (0.955)	5.701 *** (1.388)
ROA	0.805 (0.531)	0.434 (0.387)	0.609 (0.552)	0.998 (0.622)	0.599 (0.442)	0.894 (0.642)

续表

模型	(1)	(2)	(3)	(4)	(5)	(6)
类别	马氏匹配			CEM 匹配		
被解释变量	总专利授权	发明专利授权	非发明专利授权	总专利授权	发明专利授权	非发明专利授权
MB	-0.199** (0.086)	-0.156** (0.063)	-0.155* (0.090)	-0.241*** (0.081)	-0.122** (0.058)	-0.248*** (0.084)
CF	0.129 (0.320)	0.057 (0.233)	0.277 (0.333)	-0.071 (0.383)	0.070 (0.272)	0.129 (0.395)
LEV	0.020 (0.245)	0.184 (0.178)	0.144 (0.254)	0.188 (0.293)	0.034 (0.208)	0.322 (0.302)
Liquidity	-0.066 (0.206)	-0.146 (0.150)	0.005 (0.214)	-0.168 (0.251)	-0.208 (0.178)	-0.132 (0.259)
hhi	1.311 (2.808)	-3.992* (2.045)	1.150 (2.918)	2.602 (3.672)	-2.298 (2.608)	2.869 (3.790)
hhi^2	-2.167 (6.525)	9.091* (4.752)	-2.210 (6.780)	-4.573 (8.163)	4.830 (5.797)	-5.126 (8.424)
constant	-13.481*** (0.801)	-9.034*** (0.583)	-12.157*** (0.832)	-12.497*** (0.974)	-7.735*** (0.692)	-11.770*** (1.006)
企业固定	YES	YES	YES	YES	YES	YES
年份固定	YES	YES	YES	YES	YES	YES
N	2818	2818	2818	1719	1719	1719
Adj R^2	0.369	0.319	0.347	0.375	0.334	0.343

(五) 调整样本

本书进一步调整样本来实施稳健性检验。具体而言：一是删除实际控制人兼任总经理或董事长的样本；二是删除上市公司注册地位于广东省、福建省的样本。广东、福建两省自古以来移民较多，这可能会对实际控制人拥有境外居留权产生影响；三是使用全部样本进行回归，即不进行 PSM 匹配。

表 4-23、表 4-24 分别报告了不同样本下实际控制人境外居留权对企业创新的 OLS 回归结果。从回归结果可知，实际控制人拥

有境外居留权与企业创新之间存在显著的负相关关系，实证检验结果再次验证了研究假设1。

表4－23　实际控制人境外居留权与企业创新（调整样本1）

模型	(1)	(2)	(3)	(4)	(5)	(6)
类别	删除实际控制人兼任总经理或董事长的样本			删除上市公司注册地位于广东省、福建省的样本		
被解释变量	总专利授权	发明专利授权	非发明专利授权	总专利授权	发明专利授权	非发明专利授权
residency	-1.678*** (0.309)	-0.845*** (0.301)	-1.413*** (0.276)	-0.192*** (0.073)	-0.064 (0.050)	-0.130* (0.077)
ln*asset*	0.134 (0.121)	0.226* (0.135)	0.134 (0.111)	0.475*** (0.050)	0.332*** (0.035)	0.418*** (0.053)
ln*firmage*	0.490 (0.897)	-0.784 (0.923)	0.666 (0.791)	-0.183* (0.100)	0.043 (0.069)	-0.147 (0.105)
Salegrow	-0.000 (0.077)	0.054 (0.074)	-0.056 (0.098)	-0.131** (0.055)	-0.087** (0.038)	-0.116** (0.058)
PPE	-1.147 (0.972)	1.551** (0.676)	-1.445 (0.997)	0.095 (0.374)	0.096 (0.259)	-0.036 (0.394)
RDI	9.619** (4.413)	1.382 (3.912)	9.891** (4.592)	8.989*** (1.421)	7.111*** (0.983)	5.885*** (1.496)
ROA	-0.217 (0.833)	1.250* (0.731)	-0.275 (0.965)	1.439* (0.765)	1.004* (0.529)	1.185 (0.806)
MB	-0.138 (0.189)	0.021 (0.135)	-0.106 (0.182)	-0.090 (0.163)	-0.138 (0.113)	0.028 (0.172)
CF	-0.559 (0.548)	-0.728 (0.514)	-0.160 (0.618)	-0.025 (0.455)	0.193 (0.315)	0.006 (0.479)
LEV	1.033 (0.761)	1.878*** (0.664)	-0.015 (0.810)	0.871** (0.354)	0.350 (0.245)	0.868** (0.372)
Liquidity	-1.148* (0.652)	0.121 (0.535)	-1.495** (0.667)	0.103 (0.307)	-0.127 (0.212)	0.066 (0.323)
hhi	1.131 (7.751)	-9.848* (5.669)	-2.981 (6.936)	11.260** (5.154)	-5.065 (3.564)	12.433** (5.425)

续表

模型	(1)	(2)	(3)	(4)	(5)	(6)
类别	删除实际控制人兼任总经理或董事长的样本			删除上市公司注册地位于广东省、福建省的样本		
被解释变量	总专利授权	发明专利授权	非发明专利授权	总专利授权	发明专利授权	非发明专利授权
hhi^2	-7.402 (25.161)	-21.608 (20.056)	6.382 (22.109)	-21.037 (13.124)	17.072* (9.075)	-25.281* (13.814)
constant	-2.781 (3.009)	-3.964 (3.212)	-2.518 (2.741)	-10.049*** (1.173)	-6.568*** (0.811)	-9.178*** (1.234)
企业固定	YES	YES	YES	YES	YES	YES
年份固定	YES	YES	YES	YES	YES	YES
N	383	383	383	1052	1052	1052
Adj R^2	0.412	0.458	0.324	0.396	0.298	0.368

表 4-24　实际控制人境外居留权与企业创新（调整样本 2）

模型	(1)	(2)	(3)
类别	全样本		
被解释变量	总专利授权	发明专利授权	非发明专利授权
residency	-0.148** (0.071)	-0.102* (0.054)	-0.115 (0.073)
ln*asset*	0.457*** (0.018)	0.285*** (0.014)	0.414*** (0.018)
ln*firmage*	0.421*** (0.077)	0.296*** (0.058)	0.345*** (0.079)
Salegrow	-0.058*** (0.014)	-0.054*** (0.011)	-0.045*** (0.015)
PPE	0.213** (0.101)	0.286*** (0.076)	0.133 (0.104)
RDI	5.660*** (0.470)	4.009*** (0.355)	5.263*** (0.484)
ROA	-0.399** (0.165)	-0.206* (0.124)	-0.270 (0.170)

续表

模型	(1)	(2)	(3)
类别	全样本		
被解释变量	总专利授权	发明专利授权	非发明专利授权
MB	-0.001 (0.019)	0.029** (0.014)	0.029 (0.019)
CF	-0.242** (0.103)	-0.042 (0.078)	-0.263** (0.106)
LEV	0.063 (0.099)	0.089 (0.074)	0.101 (0.101)
Liquidity	-0.112 (0.079)	-0.046 (0.060)	-0.054 (0.081)
hhi	0.929 (0.665)	-3.396*** (0.502)	1.734** (0.685)
hhi^2	0.230 (1.590)	7.368*** (1.202)	-0.985 (1.638)
constant	-9.860*** (0.387)	-6.426*** (0.292)	-8.971*** (0.398)
企业固定	YES	YES	YES
年份固定	YES	YES	YES
N	16350	16350	16350
Adj R^2	0.316	0.301	0.219

第四节　竞争性假设

由于实际控制人获得境外居留权可能获得更多的海外资源和社会资本，形成移民网络等，其与企业创新也可能存在正相关关系。本书为了应对这种竞争性假设，从海外资源、境外投资、风险对冲以及引渡协议等四个方面进行了分析，发现竞争性假设并不成立，具体分析如下：

一、海外资源

拥有境外居留权的实际控制人具有相关海外生活、工作、投资经历，在移民目的国拥有较多的社会资本及经济资源，有利于企业进行更多海外研发（陈春华等，2018）。在拥有境外居留权后，实际控制人可能能够获取更多海外资源和社会资本，进行研发投资。如果上述观点成立的话，本书预期当样本企业的境外居留权所在国家或地区为发达国家或地区时，实际控制人境外居留权与企业创新的负相关关系将不太显著；当样本企业的境外居留权所在国家或地区为不发达国家或地区时，实际控制人境外居留权与企业创新的负相关关系将较为显著。

本书将我国香港、澳门特别行政区、台湾地区以及美国、英国、法国、德国、韩国、日本、加拿大、澳大利亚、新西兰、新加坡等作为发达国家或地区样本组，将菲律宾、几内亚比绍、尼日尔等国家作为不发达国家或地区样本组，由于不发达国家或地区的样本较少，因此将未披露具体国家或地区的样本作为不发达国家或地区的样本组。尽管这样处理可能存在误差，但是包含了不发达国家或地区的样本组，预期的显著性应该是高于发达国家或地区样本组。由于无论是单独对发达国家或地区样本，还是不发达国家或地区样本进行回归，均存在样本太少的问题，因此，本书按照以下方法进行处理：剔除不发达国家或地区样本，剩下发达国家或地区境外居留权的样本与没有境外居留权的样本，作为发达国家或地区样本组进行 OLS 回归。对于不发达国家或地区样本同样按照这种方式处理。

从表 4－25 可知，当实际控制人境外居留权所在国家或地区为发达国家或地区时，其拥有境外居留权与企业创新显著负相关，且显著性远远大于实际控制人境外居留权所在国家或地区为不发达国家或地区的样本。如果实际控制人在拥有境外居留权后，能够获取更多海外资源和社会资本进行研发投资，进而提升企业创新，那么发达国家或地区样本的实际控制人境外居留权与企业创新的相关关系应该是负向不显著或者正向显著，或者最起码也是相对于不发达国家或地区样本的负相关关系的显著性较弱。但回归结果正好相反，说明竞争性假设并不成立，这表明，本书的结论是较为可靠和稳健的。

表 4－25　不发达国家或地区样本和发达国家或地区样本

模型	(1)	(2)	(3)	(4)	(5)	(6)
被解释变量	总专利授权		发明专利授权		非发明专利授权	
生命周期	不发达	发达	不发达	发达	不发达	发达
residency	-0.369 (0.264)	-0.479** (0.187)	-0.079 (0.261)	-0.560*** (0.174)	-0.537** (0.238)	-0.204 (0.216)
ln*asset*	0.188 (0.123)	0.156 (0.100)	0.287** (0.123)	0.262*** (0.096)	0.132 (0.127)	0.156 (0.102)
ln*firmage*	1.171* (0.624)	0.543 (0.422)	1.353*** (0.468)	0.644 (0.406)	0.467 (0.641)	0.293 (0.434)
Salegrow	-0.113 (0.090)	-0.059 (0.062)	-0.122 (0.091)	-0.033 (0.042)	-0.095 (0.096)	-0.082 (0.075)
PPE	0.337 (0.743)	0.152 (0.517)	0.533 (0.565)	0.273 (0.411)	0.181 (0.790)	-0.124 (0.515)
RDI	-0.879 (2.683)	4.887** (2.171)	0.047 (2.334)	4.385* (2.262)	-1.952 (3.222)	2.701 (2.167)
ROA	1.084 (1.843)	-0.062 (0.703)	0.294 (1.405)	-0.277 (0.405)	0.678 (1.851)	0.141 (0.770)
MB	-0.048 (0.297)	0.020 (0.146)	0.039 (0.222)	0.067 (0.094)	-0.041 (0.312)	-0.023 (0.156)
CF	-1.311* (0.708)	-0.361 (0.451)	-1.160*** (0.410)	-0.363 (0.289)	-1.293* (0.771)	-0.229 (0.479)
LEV	1.165* (0.691)	1.046** (0.445)	0.602 (0.573)	0.430 (0.381)	0.971 (0.685)	1.013** (0.477)

续表

模型	(1)	(2)	(3)	(4)	(5)	(6)
被解释变量	总专利授权		发明专利授权		非发明专利授权	
生命周期	不发达	发达	不发达	发达	不发达	发达
Liquidity	0.295 (0.503)	-0.508 (0.334)	0.158 (0.471)	-0.011 (0.292)	0.092 (0.516)	-0.438 (0.368)
hhi	-4.537 (5.180)	-2.134 (3.629)	-4.759 (3.954)	-5.859* (3.004)	-2.425 (5.148)	-3.358 (3.517)
hhi^2	12.866 (12.366)	-1.562 (8.963)	8.222 (9.498)	6.693 (7.303)	7.963 (12.412)	1.861 (8.865)
constant	-5.722** (2.501)	-3.974** (1.996)	-8.808*** (2.536)	-6.753*** (1.971)	-3.259 (2.641)	-3.441* (2.023)
企业固定	YES	YES	YES	YES	YES	YES
年份固定	YES	YES	YES	YES	YES	YES
N	1043	1420	1043	1420	1043	1420
Adj R^2	0.238	0.314	0.323	0.316	0.141	0.219

二、境外投资

实际控制人获得境外居留权后，能够与移民目的国或地区的其他华人华侨移民一道形成移民网络，移民网络可以提供移民目的国或地区的市场需求、行业竞争、创新等信息，会降低企业出口、境外投资等活动的交易成本，从而增加了企业出口以及境外投资等行为。本书将海外并购作为企业境外投资的代理变量，表4-26报告了样本期内实际控制人拥有境外居留权的样本组与实际控制人不拥有境外居留权的样本组的海外并购数量的均值差异检验结果，其中*MA*为虚拟变量，企业年度实施一项海外并购行为，且并购行为有效，则赋值为1，否则为0。检验结果显示，实际控制人拥有境外居留权的样本企业与实际控制人不拥有境外居留权的样本企业的海外并购量并无显著差异。

表 4 - 26　　均值差异检验（海外并购）

变量	无境外居留权组观测值	无境外居留权组均值	有境外居留权组观测值	有境外居留权组均值	差异
MA	791	0.018	881	0.019	-0.002

表 4 - 27 报告了加入海外并购之后，实际控制人境外居留权对企业创新的 OLS 回归结果，其中 *MAresidency* 为海外并购与境外居留权的交乘项。从表 4 - 27 回归结果可知，总专利授权、发明专利授权以及非发明专利授权的回归系数均显著为负，且分别在 5% 和 1% 水平上显著。*MAresidency* 的回归系数不显著。这表明，实际控制人拥有境外居留权与企业创新之间存在显著的负相关关系，境外居留权可能为企业带来的海外并购并未扭转境外居留权对企业创新的负面作用，说明竞争性假设并不成立。

表 4 - 27　　实际控制人境外居留权与企业创新（海外并购）

模型	(1)	(2)	(3)
被解释变量	总专利授权	发明专利授权	非发明专利授权
MA	0.204 (0.338)	-0.342 (0.381)	0.711 (0.481)
residency	-0.501*** (0.160)	-0.396** (0.155)	-0.367** (0.171)
MAresidency	-0.149 (0.388)	0.342 (0.410)	-0.706 (0.535)
ln*asset*	0.164* (0.091)	0.297*** (0.087)	0.156* (0.091)
ln*firmage*	0.775* (0.437)	0.645* (0.380)	0.546 (0.447)
Salegrow	-0.088* (0.051)	-0.047 (0.043)	-0.108* (0.059)
PPE	0.062 (0.485)	0.327 (0.378)	-0.198 (0.476)

续表

模型	(1)	(2)	(3)
被解释变量	总专利授权	发明专利授权	非发明专利授权
RDI	3.587* (2.013)	3.454* (2.002)	1.260 (2.108)
ROA	-0.323 (0.779)	-0.340 (0.504)	-0.215 (0.803)
MB	-0.042 (0.142)	0.033 (0.100)	-0.035 (0.147)
CF	-0.587 (0.409)	-0.673** (0.269)	-0.428 (0.429)
LEV	0.721* (0.418)	0.312 (0.362)	0.667 (0.433)
Liquidity	-0.515* (0.304)	-0.043 (0.284)	-0.477 (0.326)
hhi	-2.393 (3.467)	-6.411** (2.824)	-2.957 (3.317)
hhi^2	0.861 (8.556)	9.325 (6.730)	2.918 (8.323)
constant	-4.037** (1.786)	-7.283*** (1.799)	-3.363* (1.809)
企业固定	YES	YES	YES
年份固定	YES	YES	YES
N	1672	1672	1672
Adj R^2	0.280	0.305	0.193

三、风险对冲

实际控制人获得境外居留权后，其更加熟悉移民目的国的市场、法律、政治等情况，可以降低企业面临的市场、汇率、政治等风险，即境外居留权为企业提供了风险对冲的机会。本书将贝塔系数作为企业风险的代理变量，表4-28报告了样本期内实际控制人拥有境外居留权的样本组与实际控制人不拥有境外居留权的样本组的贝塔系数的均值差异检验结果。检验结果显示，实际控制人拥有境外居留权的样本企业与实际控制人不拥有境外居留权的样本企业的风险并无显著差异。这表明，境外居留权作为企业的风险对冲机制并不一定成立。

表 4－28　　均值差异检验（风险）

变量	无境外居留权组观测值	无境外居留权组均值	有境外居留权组观测值	有境外居留权组均值	差异
beta	791	0.809	881	0.776	0.034

表 4－29 报告了不同企业风险下，实际控制人境外居留权对企业创新的 OLS 回归结果，根据企业风险是否超过样本企业风险的中位数，划分为低风险样本组和高风险样本组。从表 4－29 回归结果可知，当企业风险较低时，实际控制人拥有境外居留权与企业创新关系不显著；当企业风险较高时，实际控制人拥有境外居留权与企业创新关系显著负相关。这表明，企业风险较高时，境外居留权并未能发挥很好的风险对冲作用，并未降低企业经营、研发等风险，说明竞争性假设并不成立。

表 4－29　　实际控制人境外居留权与企业创新（风险）

模型	(1)	(2)	(3)	(4)	(5)	(6)
被解释变量	总专利授权		发明专利授权		非发明专利授权	
企业风险	低	高	低	高	低	高
residency	－0.127 (0.179)	－1.064*** (0.308)	0.075 (0.168)	－0.634** (0.262)	－0.176 (0.223)	－0.792** (0.370)
ln*asset*	0.200 (0.123)	0.402** (0.180)	0.307*** (0.109)	0.578*** (0.149)	0.206 (0.130)	0.284 (0.186)
ln*firmage*	0.284 (0.570)	1.302* (0.735)	0.776 (0.510)	0.256 (0.553)	－0.054 (0.545)	1.262* (0.720)
Salegrow	－0.022 (0.069)	－0.175* (0.092)	－0.028 (0.053)	－0.107 (0.100)	－0.071 (0.086)	－0.157* (0.082)

续表

模型	(1)	(2)	(3)	(4)	(5)	(6)
被解释变量	总专利授权		发明专利授权		非发明专利授权	
企业风险	低	高	低	高	低	高
PPE	0.366 (0.651)	-0.490 (0.922)	0.956* (0.564)	-0.436 (0.622)	-0.100 (0.661)	-0.431 (0.907)
RDI	3.513 (2.659)	1.852 (3.267)	4.449 (2.790)	-1.097 (2.682)	-0.881 (2.765)	3.318 (3.497)
ROA	0.659 (0.885)	-1.859 (1.525)	-0.068 (0.543)	-0.154 (1.008)	0.860 (1.025)	-2.077 (1.503)
MB	-0.136 (0.146)	0.054 (0.305)	-0.010 (0.096)	0.186 (0.233)	-0.114 (0.173)	0.043 (0.291)
CF	-0.743 (0.562)	0.637 (0.878)	-0.510 (0.386)	-0.608 (0.495)	-0.695 (0.596)	0.765 (0.908)
LEV	0.709 (0.542)	-0.821 (0.791)	0.211 (0.448)	-1.266* (0.710)	0.720 (0.588)	-0.363 (0.786)
Liquidity	-0.268 (0.481)	-1.225** (0.567)	0.263 (0.421)	-0.838* (0.506)	-0.287 (0.515)	-0.876 (0.554)
hhi	-2.369 (5.061)	0.858 (5.654)	-8.647** (4.242)	-3.597 (4.259)	-3.605 (5.133)	1.190 (5.955)
hhi^2	2.740 (13.144)	-4.563 (14.884)	14.904 (11.161)	8.472 (8.188)	6.472 (13.869)	-5.800 (15.835)
constant	-3.937 (2.622)	-9.142** (3.928)	-7.776*** (2.259)	-11.424*** (3.139)	-2.784 (2.705)	-7.093* (3.979)
企业固定	YES	YES	YES	YES	YES	YES
年份固定	YES	YES	YES	YES	YES	YES
N	974	698	974	698	974	698
Adj R^2	0.277	0.298	0.305	0.287	0.181	0.239

四、引渡协议

与普通中国公民相比，拥有境外居留权的实际控制人可以随时离境，当其实施违规行为后，能够较为方便地“跑路”从而规避法律风险和声誉损失（Chen 等，2018）。这种情况并没有因为我国与不少国家已签订双边引渡条约而发生较大改变。截至 2019 年 10 月底，我国已对外缔结 57 项引渡条约，其中已生效 41 项[①]。引渡条约规定缔约双方有义务应对方请求，相互引渡在一方境内的被另一方通缉的人员，以便就可引渡的犯罪对其进行刑事诉讼或者执行刑罚。但是，目前我国已生效的引渡条约中发达国家仅包括法国、意大利、西班牙、葡萄牙、韩国。根据本书样本企业的数据，剔除境外居留权所在地区为我国香港、澳门特别行政区、台湾地区以及非发达国家样本，实际控制人境外居留权所在国家或地区为发达国家的样本合计 432 例，其中未与我国签订引渡协议的有 426 例，未签约占比高达 98.6%。尽管在没有签订引渡协议的情况下，也存在成功引渡的个案，比如 2011 年出逃加拿大 12 年之久的厦门远华集团董事长赖昌星被引渡回国，但是由于中国与加拿大截至目前仍然未签订引渡条约，导致引渡依旧困难重重。即使实际控制人取得我国香港、澳门特别行政区居留权，仍然存在这种违规违法后随时离境难以抓捕进行及时有效制裁的问题，以香港特别行政区为例，其他司法管辖区如果想向香港特别行政区提出移送逃犯的要求，其必须与香港特别行政区订立双边移交逃犯协定或根据《逃犯条例》授权。但祖国内地与香港特别行政区并未签订逃犯移交安排，且香港特别行政区没有相关法例授权，导致目前香港特别行政区从未将逃犯移交到内地（王秀梅、尹燕红，2019）。根据《环球时报》的报道，近年来，祖国内地警方共向香港特别行政区移交了约 170 名嫌犯，而香港特别行政区向内地移交嫌犯为 0[②]。因此，实际控制人利用境外居留权身份离境逃避

① 原始数据来自我国外交部网站（https：//www.fmprc.gov.cn/web/），在此基础上手工整理。

② 《近年内地向港移交 170 嫌犯 香港向内地 0 移交》，环球时报，2016－06－28.

中国法律制裁的可能性依然很高。这进一步表明竞争性假设并不成立。

本章小结

本章以我国2003—2017年间的沪深A股民营制造业上市公司为研究样本，实证检验了实际控制人境外居留权对企业创新的影响。研究结果表明：实际控制人拥有境外居留权抑制了企业创新，包括创新投入、创新数量、创新质量、创新效率与管理创新。本书一是采用上市公司所在城市2013—2017年的PM2.5值、实际控制人拥有境外居留权的行业均值、城市均值作为工具变量，运用两阶段最小二乘法较好地解决了实际控制人境外居留权与企业创新之间的内生性问题；二是采用安慰剂检验、改变因变量衡量指标、自变量衡量指标、回归模型等实施稳健性检验，回归结果均验证了本书主要结论；三是针对实际控制人获得境外居留权也可能促进企业创新的竞争性假设，本书还从海外资源、境外投资、风险对冲以及引渡协议等四个方面进行了分析，发现这种竞争性假设并不成立。

第五章　实际控制人境外居留权与企业创新关系的机制检验

前文实证检验了实际控制人境外居留权与企业创新的关系，发现实际控制人境外居留权会抑制企业创新。那么实际控制人拥有境外居留权影响企业创新的作用机理是什么？实际控制人获取境外居留权，一方面，从主观上来讲，实际控制人缺乏在境内长期经营的动机和意愿，更加聚焦于短期利益，会有更多的掏空行为与会计信息操纵行为，创新是一种长期的投资行为，实际控制人的短视造成企业不愿意实施研发投资；另一方面，从客观上来讲，拥有境外居留权的实际控制人在实施违规行为后，可以随时离境逃避债务和法律制裁，这使投资者、债权人等利益相关者对实际控制人以及其控制企业产生了强烈的不信任，导致企业难以获得融资或者融资成本增加，从而面临融资约束，而创新需要大量的资金投入，这造成了企业创新的下降。

本章以 2003—2017 年我国民营制造业上市公司为样本，从掏空行为、会计信息操纵与融资约束视角实证检验了实际控制人拥有境外居留权对企业创新的影响机制。本章各节的安排如下：第一节是主回归检验；第二节是机制检验；第三节是稳健性检验。

第一节　主回归检验

根据温忠麟等（2004），如果自变量 X 通过影响变量 M 来影

响因变量 Y，则 M 是 X 影响 Y 过程中的中介变量。下列 3 个模型为中介变量演示模型（温忠麟等，2004）。

$$Y = cX + \varepsilon_1 \tag{5-1}$$

$$M = aX + \varepsilon_2 \tag{5-2}$$

$$Y = c'X + bM + \varepsilon_3 \tag{5-3}$$

中介效应检验步骤如下：第一步，检验模型（5-1）中变量 X 的回归系数 c，是否显著异于0；第二步，依次检验模型（5-2）中的回归系数 a 和模型（5-3）中的回归系数 b，如果两个系数均显著，则中介效应显著；第三步如果回归系数 a 和 b 至少有一个不显著，则使用 Bootstrap 法直接检验 H0：$ab=0$。如果显著，则中介效应显著（温忠麟、叶宝娟，2014）。

本书第四章实证结果表明实际控制人境外居留权显著抑制了企业创新，即已经实施了中介效应检验的第一步。本章第一节首先实证检验实际控制人境外居留权对掏空行为、会计信息操纵以及融资约束中介变量的影响，即检验模型（5-2）中的回归系数 a 是否显著。

一、掏空行为

中国上市公司往往股权相对集中，存在较为复杂的股权结构，导致控股股东的现金流权与控制权发生分离，控股股东有动机利用控制权追求私有收益，侵占中小股东利益。实际控制人拥有境外居留权后，加大了其实施掏空行为的动机，掠夺了中小股东利益，减少了企业未来现金流，降低了企业研发投资。本书认为，拥有境外居留权的实际控制人通过加剧掏空行为、增加代理成本进而影响企业创新，掏空行为是实际控制人拥有境外居留权抑制企业创新的机制之一。

表 5-1 报告了实际控制人境外居留权对掏空行为的 OLS 回归

结果。从回归结果可知，实际控制人境外居留权的回归系数为0.027，且在5%水平上显著。当期实际控制人拥有境外居留权使下一年掏空行为平均增加约2.7%，实际控制人拥有境外居留权对掏空行为的促进作用在统计和经济意义上均较为明显。这表明，实际控制人拥有境外居留权增加了掏空行为，实证检验结果验证了研究假设4。

可能的原因是，一方面，与其他移民群体不同，实际控制人主要采用投资移民形式获取境外居留权，投资移民需要向境外居留权所在国或地区投资一笔较大的资金，同时实际控制人通常实施家庭整体移民，加上移民后也需要较高的生活成本，这造成移民需要大量稳定的资金。拥有境外居留权的实际控制人为了筹措移民及移民后的所需资金，有动机实施掏空行为。另一方面，实际控制人实施不合规行为的偏好取决于行为的预期收益与成本（Chen 等，2018）。实际控制人能够利用境外居留权身份较为便利地逃往境外，较大程度降低了被捕和被处罚的概率，预期成本较低，而掏空行为带来的预期收益是较为可观的，这就增加了实际控制人实施掏空行为的动机和意愿。

表5-1　实际控制人境外居留权与掏空行为

模型	(1)
被解释变量	掏空行为
residency	0.027** (0.014)
ln*asset*	0.023** (0.009)
ln*firmage*	-0.020 (0.018)
Salegrow	-0.004 (0.012)

续表

模型	(1)
被解释变量	掏空行为
PPE	0.041 (0.072)
RDI	-0.805*** (0.253)
ROA	-0.255* (0.151)
MB	-0.087*** (0.027)
CF	-0.030 (0.088)
LEV	0.488*** (0.071)
Liquidity	-0.065 (0.059)
hhi	-1.087 (0.907)
hhi^2	1.118 (2.172)
constant	-0.174 (0.239)
企业固定	YES
年份固定	YES
N	1672
Adj R^2	0.210

二、会计信息操纵

舞弊动因的三角形理论认为舞弊的动因来自动机、机会和借口（Albrecht 等，1995），境外居留权使实际控制人可以随时离境逃避法律风险，这为实际控制人实施会计信息操纵提供了良好的机会。而移民需要大量的资金则为其实施会计信息操纵提供了动机。因此，本书认为，拥有境外居留权的实际控制人会加剧两类会计信息操纵行为，即会计数字信息的盈余管理，会计文本信息的可读性操纵与语调操纵，进而影响企业创新。会计信息操纵是实际控制人拥有境外居留权抑制企业创新的机制之一。

（一）盈余管理

表5-2报告了实际控制人境外居留权对盈余管理的OLS回归结果。从回归结果可知，实际控制人境外居留权的回归系数为0.020、0.044，且分别在5%和10%水平上显著。当期实际控制人拥有境外居留权使企业下一年应计盈余管理和真实盈余管理水平分别平均增加约2%和4.4%，实际控制人拥有境外居留权对企业应计盈余管理和真实盈余管理水平的促进作用在统计和经济意义上均较为明显。这表明，实际控制人拥有境外居留权增加了企业应计盈余管理和真实盈余管理，实证检验结果验证了研究假设6。

表5-2　实际控制人境外居留权与盈余管理

模型	(1)	(2)
被解释变量	应计盈余管理	真实盈余管理
residency	0.020** (0.010)	0.044* (0.024)
ln*asset*	-0.001 (0.005)	0.017 (0.013)
ln*firmage*	-0.016 (0.017)	-0.003 (0.045)
Salegrow	0.002 (0.004)	0.007 (0.008)
PPE	-0.013 (0.025)	-0.056 (0.055)

续表

模型	(1)	(2)
被解释变量	应计盈余管理	真实盈余管理
RDI	0.142 (0.118)	-0.074 (0.239)
ROA	-0.080 (0.069)	0.517** (0.228)
MB	-0.009 (0.009)	-0.051** (0.021)
CF	-0.032 (0.036)	0.292*** (0.081)
LEV	0.035 (0.025)	0.171*** (0.057)
Liquidity	0.021 (0.017)	0.041 (0.040)
hhi	0.095 (0.174)	0.669* (0.401)
hhi^2	-0.594 (0.365)	-1.816** (0.865)
constant	0.103 (0.098)	-0.345 (0.268)
企业固定	YES	YES
年份固定	YES	YES
N	1662	1662
Adj R^2	0.048	0.155

（二）可读性

表5-3报告了实际控制人境外居留权对可读性的OLS回归结果。从回归结果可知，实际控制人境外居留权的回归系数为-0.008，且在10%水平上显著。当期实际控制人拥有境外居留权使企业下一年可读性平均降低约0.8%，实际控制人拥有境外居留权对年报文本可读性的抑制作用在统计和经济意义上均较为明

显。这表明，实际控制人拥有境外居留权使年报的可读性更差，增加了文本可读性操纵行为。实证检验结果同样验证了研究假设6。

表5-3　　实际控制人境外居留权与可读性

模型	(1)
被解释变量	可读性
residency	-0.008** (0.003)
ln*asset*	-0.003 (0.002)
ln*firmage*	0.005 (0.010)
Salegrow	0.001 (0.001)
PPE	0.012 (0.013)
RDI	0.063 (0.073)
ROA	0.031* (0.016)
MB	0.003 (0.005)
CF	-0.004 (0.010)
LEV	0.004 (0.008)
Liquidity	-0.004 (0.009)
hhi	-0.021 (0.114)
hhi^2	0.100 (0.258)

续表

模型	(1)
被解释变量	可读性
constant	0.100 (0.258)
企业固定	YES
年份固定	YES
N	1672
Adj R^2	0.056

（三）语调操纵

由于影响管理层语调的变量与影响创新的变量差异比较大，本书参考（Huang，2014）和（朱朝晖、许文瀚，2018），调整了语调操纵与实际控制人境外居留权回归模型的控制变量，具体为总资产自然对数（ln*asset*）、年龄自然对数（ln*firmage*）、营业收入同比增速（*Salegrow*）、账面市值比（*MB*）、现金资产比率（*CF*）、资产负债率（*LEV*）、每股收益（*EPS*）、每股收益变化额（Δ*EPS*）、净资产收益率（*ROE*）、业务复杂度（*Recinv*）、是否亏损（*LOSS*）、股票年收益率（*Stockr*），其中业务复杂度 =（应收账款和存货）÷总资产×100%。

表5-4报告了实际控制人境外居留权对语调操纵的OLS回归结果。从回归结果可知，实际控制人境外居留权的回归系数为0.005，且在10%水平上显著。当期实际控制人拥有境外居留权使企业下一年语调操纵行为平均增加约0.5%，实际控制人拥有境外居留权对管理层语调操纵行为的促进作用在统计和经济意义上均较为明显。这表明，实际控制人拥有境外居留权增加了管理层语调操纵行为。实证检验结果再次验证了研究假设6。

表 5－4　　实际控制人境外居留权与语调操纵

模型	(1)
被解释变量	语调操纵
residency	0.005* (0.003)
ln*asset*	-0.001 (0.001)
ln*firmage*	-0.011** (0.005)
growth	0.001 (0.001)
MB	-0.001 (0.002)
CF	0.003 (0.006)
LEV	0.011** (0.005)
EPS	0.002 (0.002)
ΔEPS	-0.003* (0.002)
ROE	0.000*** (0.000)
Recinv	-0.000 (0.007)
LOSS	0.003* (0.002)
Stockr	-0.001 (0.001)
constant	0.041 (0.028)
企业固定	YES
年份固定	YES
N	1606
Adj R^2	0.043

综上所述，拥有境外居留权的实际控制人会加剧两类会计信息操纵行为，即会计数字信息的盈余管理和会计文本信息的可读性操纵与语调操纵。可能的原因是，一方面，实际控制人实施移民的成本较高，需要大量的稳定的资金，从而增加了会计信息操纵行为的动机；另一方面，实际控制人可以利用境外居留权身份，在实施违规行为后随时离境逃避相应的民事和刑事责任，为实施会计信息操纵行为提供了机会。因此，拥有境外居留权的实际控制人有动机促使所控制的上市公司管理层实施更多会计信息操纵行为。

三、融资约束

与一般的投资活动不同，创新活动具有其特殊属性：（1）风险性。创新失败的概率很高。（2）不可预见性。创新过程中出现的很多突发事件是不可能预料的。（3）长期性。创新活动通常包含多个阶段，需较长时间才能获得收益（Holmstrom，1989）。创新活动需要大量的现金流投入（Jie and Tian，2013）。根据 Fazzari 等（1988）的定义，融资约束是指由于市场不完备而导致企业外源融资成本过高，并因此使企业投资无法达到最优水平的情况。融资约束是制约企业创新发展的重要因素。2018 年 11 月 1 日，习近平总书记在《在民营企业座谈会上的讲话》指出，要解决民营企业融资难融资贵问题。要优先解决民营企业特别是中小企业融资难甚至融不到资问题，同时逐步降低融资成本。党的十九届四中全会强调：加大基础研究投入，健全鼓励支持基础研究、原始创新的体制机制。本书认为，实际控制人拥有境外居留权后增加了企业的融资约束，最终抑制了企业创新，融资约束是实际控制人拥有境外居留权抑制企业创新的机制之一。

表 5 -5 报告了实际控制人境外居留权对企业融资约束的 OLS

回归结果。从回归结果可知，实际控制人境外居留权的回归系数为0.014，且在5%水平上显著。当期实际控制人拥有境外居留权使企业下一年融资约束平均增加约1.4%，实际控制人拥有境外居留权对融资约束的促进作用在统计和经济意义上均较为明显。这表明，实际控制人拥有境外居留权增加了企业面临的融资约束，实证检验结果验证了研究假设8，这说明实际控制人拥有境外居留权之后，使企业更加难以面临更加严重的融资约束，融资成本更高。

可能的原因：一是民营企业经营高度依赖于实际控制人的声誉、社会关系、政治联系等获取的资源。实际控制人获得境外居留权，导致企业难以获取优惠的贷款，政府支持等。二是实际控制人拥有境外居留权，传递了一种负面的信号，增加了企业与利益相关者之间的信息不对称。三是拥有境外居留权的实际控制人在损害利益相关者的利益之后可以随时离境逃避民事和法律责任，这种人为风险增加了企业的股权融资成本和债务成本。

表5－5　实际控制人境外居留权与融资约束

模型	(1)
被解释变量	融资约束
residency	0.014** (0.006)
ln*asset*	0.291*** (0.003)
ln*firmage*	-0.043*** (0.012)
Salegrow	-0.003 (0.002)
PPE	-0.056*** (0.016)
RDI	-0.121* (0.069)

续表

模型	(1)
被解释变量	融资约束
ROA	0.012 (0.027)
MB	-0.004 (0.005)
CF	0.029* (0.015)
LEV	-0.054*** (0.015)
Liquidity	-0.057*** (0.012)
hhi	-0.114 (0.119)
hhi^2	0.020 (0.281)
constant	-4.778*** (0.066)
企业固定	YES
年份固定	YES
N	1672
Adj R^2	0.918

第二节　机制检验

本书参考温忠麟和叶宝娟（2014），进行中介效应检验，分别验证掏空行为、会计信息操纵与融资约束作用路径。

一、掏空行为机制检验

表5-6列（1）结果显示，实际控制人境外居留权的回归系

数为0.027，且在5%水平上显著，这表明实际控制人拥有境外居留权增加了掏空行为；列（2）、列（3）结果显示，掏空行为的回归系数为-0.182、-0.229，且分别在1%、10%水平上显著，列（4）掏空行为的系数虽然不显著，但仍然为负，这表明掏空行为降低了企业创新。当 a_1 正向显著，且 β_2 为负向显著时，说明中介效应显著（温忠麟、叶宝娟，2014），实证检验结果验证了本章的假设5，说明拥有境外居留权的实际控制人通过加剧掏空行为，增加代理成本进而影响企业创新，掏空行为是实际控制人拥有境外居留权抑制企业创新的机制之一。

可能的原因是：实际控制人实施转移企业资源，侵占中小股东利益，异常高派现等掏空行为减少了企业可用的现金流，实施创新活动需要大量的资金投入，回报周期长形成了较大的机会成本，风险性高又可能造成极大的沉没成本，导致企业没有能力也没有动力去实施研发投资。

表5-6　掏空行为机制检验

模型	(1)	(2)	(3)	(4)
被解释变量	掏空行为	总专利授权	发明专利授权	非发明专利授权
residency	0.027** (0.014)	-0.024 (0.058)	0.047 (0.042)	-0.041 (0.060)
tunnel		-0.182* (0.105)	-0.229*** (0.076)	-0.136 (0.110)
ln*asset*	0.023** (0.009)	0.597*** (0.040)	0.430*** (0.029)	0.535*** (0.042)
ln*firmage*	-0.020 (0.018)	-0.046 (0.075)	0.008 (0.054)	-0.006 (0.078)
Salegrow	-0.004 (0.012)	-0.222*** (0.050)	-0.110*** (0.036)	-0.211*** (0.052)
PPE	0.041 (0.072)	-0.123 (0.302)	-0.132 (0.218)	-0.169 (0.316)

续表

模型	(1)	(2)	(3)	(4)
被解释变量	掏空行为	总专利授权	发明专利授权	非发明专利授权
RDI	−0.805*** (0.253)	6.554*** (1.074)	6.218*** (0.774)	3.521*** (1.121)
ROA	−0.255* (0.151)	−0.144 (0.637)	0.453 (0.459)	−0.337 (0.665)
MB	−0.087*** (0.027)	−0.280** (0.116)	−0.065 (0.084)	−0.257** (0.121)
CF	−0.030 (0.088)	0.074 (0.372)	0.379 (0.268)	−0.011 (0.388)
LEV	0.488*** (0.071)	0.402 (0.304)	0.244 (0.219)	0.521 (0.318)
Liquidity	−0.065 (0.059)	−0.376 (0.247)	−0.219 (0.178)	−0.360 (0.258)
hhi	−1.087 (0.907)	5.361 (3.833)	−2.581 (2.762)	4.280 (4.000)
hhi^2	1.118 (2.172)	−16.067* (9.180)	5.567 (6.615)	−14.177 (9.582)
constant	−0.174 (0.239)	−12.021*** (1.009)	−8.530*** (0.727)	−10.778*** (1.053)
企业固定	YES	YES	YES	YES
年份固定	YES	YES	YES	YES
N	1672	1672	1672	1672
Adj R^2	0.210	0.400	0.352	0.370

二、会计信息操纵机制检验

（一）盈余管理

表5－7列（1）结果显示，实际控制人境外居留权的回归系数为0.020，且在5%水平上显著，这表明实际控制人拥有境外居留权增加了应计盈余管理；列（2）、列（3）、列（4）结果显示，

应计盈余管理的回归系数为 -1.353、-0.994、-1.089，且分别在5%和10%水平上显著，这表明应计盈余管理降低了企业创新。当 a_1 正向显著，且 β_2 为负向显著时，说明中介效应显著（温忠麟、叶宝娟，2014），实证检验结果验证了本章的假设7，说明拥有境外居留权的实际控制人通过增加会计信息操纵进而抑制企业创新。

表 5-7　　机制检验——应计盈余管理

模型	(1)	(2)	(3)	(4)
被解释变量	应计盈余管理	总专利授权	发明专利授权	非发明专利授权
residency	0.020** (0.010)	-0.102* (0.058)	0.028 (0.043)	-0.095 (0.061)
DA		-1.353** (0.616)	-0.994** (0.452)	-1.089* (0.640)
ln*asset*	-0.001 (0.005)	0.606*** (0.041)	0.416*** (0.030)	0.560*** (0.042)
ln*firmage*	-0.016 (0.017)	-0.040 (0.079)	-0.054 (0.058)	0.015 (0.082)
Salegrow	0.002 (0.004)	-0.163*** (0.053)	-0.085** (0.039)	-0.166*** (0.055)
PPE	-0.013 (0.025)	-0.251 (0.306)	-0.356 (0.224)	-0.284 (0.318)
RDI	0.142 (0.118)	6.114*** (1.134)	6.683*** (0.831)	2.845** (1.178)
ROA	-0.080 (0.069)	0.677 (0.695)	0.838* (0.509)	0.448 (0.722)
MB	-0.009 (0.009)	-0.386*** (0.119)	-0.153* (0.087)	-0.393*** (0.123)
CF	-0.032 (0.036)	0.030 (0.398)	-0.291 (0.292)	0.203 (0.413)
LEV	0.035 (0.025)	0.301 (0.297)	0.080 (0.217)	0.495 (0.308)

续表

模型	(1)	(2)	(3)	(4)
被解释变量	应计盈余管理	总专利授权	发明专利授权	非发明专利授权
Liquidity	0.021 (0.017)	-0.315 (0.250)	-0.324* (0.183)	-0.241 (0.259)
hhi	0.095 (0.174)	6.909* (3.940)	-0.501 (2.887)	4.845 (4.094)
hhi^2	-0.594 (0.365)	-20.791** (9.059)	-0.818 (6.636)	-17.204* (9.411)
constant	0.103 (0.098)	-12.649*** (1.018)	-8.407*** (0.746)	-11.585*** (1.058)
企业固定	YES	YES	YES	YES
年份固定	YES	YES	YES	YES
N	1662	1662	1662	1662
Adj R^2	0.048	0.380	0.332	0.360

表5-8列（1）结果显示，实际控制人境外居留权的回归系数为0.044，且在10%水平上显著，这表明实际控制人拥有境外居留权增加了真实盈余管理；列（2）、列（4）结果显示，真实盈余管理的回归系数为-0.553、-0.810，且分别在1%和5%水平上显著，列（3）真实盈余管理的回归系数虽然为正值，但并不显著，这表明，整体而言，真实盈余管理降低了企业创新。当 a_1 正向显著，且 β_2 为负向显著时，说明中介效应显著（温忠麟、叶宝娟，2014），实证检验结果同样验证了本章的假设7。

表5-8　　　　机制检验——真实盈余管理

模型	(1)	(2)	(3)	(4)
被解释变量	真实盈余管理	总专利授权	发明专利授权	非发明专利授权
residency	0.044* (0.024)	-0.099* (0.058)	0.026 (0.043)	-0.090 (0.061)
REM		-0.553** (0.265)	0.047 (0.194)	-0.810*** (0.275)

续表

模型	(1)	(2)	(3)	(4)
被解释变量	真实盈余管理	总专利授权	发明专利授权	非发明专利授权
ln*asset*	0.017 (0.013)	0.607*** (0.041)	0.416*** (0.030)	0.560*** (0.042)
ln*firmage*	-0.003 (0.045)	-0.040 (0.079)	-0.052 (0.058)	0.014 (0.081)
Salegrow	0.007 (0.008)	-0.161*** (0.053)	-0.091** (0.039)	-0.159*** (0.055)
PPE	-0.056 (0.055)	-0.271 (0.307)	-0.342 (0.225)	-0.324 (0.318)
RDI	-0.074 (0.239)	6.216*** (1.134)	6.736*** (0.832)	2.945** (1.176)
ROA	0.517** (0.228)	0.975 (0.708)	0.830 (0.519)	0.871 (0.734)
MB	-0.051** (0.021)	-0.399*** (0.119)	-0.141 (0.087)	-0.421*** (0.123)
CF	0.292*** (0.081)	0.275 (0.404)	-0.245 (0.296)	0.508 (0.419)
LEV	0.171*** (0.057)	0.320 (0.298)	0.035 (0.218)	0.558* (0.309)
Liquidity	0.041 (0.040)	-0.311 (0.250)	-0.337* (0.183)	-0.225 (0.259)
hhi	0.669* (0.401)	6.661* (3.943)	-0.470 (2.892)	4.473 (4.088)
hhi^2	-1.816** (0.865)	-20.017** (9.059)	-0.518 (6.646)	-16.365* (9.393)
constant	-0.345 (0.268)	-12.742*** (1.017)	-8.515*** (0.746)	-11.628*** (1.054)
企业固定	YES	YES	YES	YES
年份固定	YES	YES	YES	YES
N	1662	1662	1662	1662
Adj R^2	0.155	0.380	0.330	0.363

（二）可读性

表5-9列（1）结果显示，实际控制人境外居留权的回归系数为0.008，且在5%水平上显著，这表明实际控制人拥有境外居留权降低了年报的可读性；列（2）、列（3）结果显示，可读性的回归系数为3.021、2.202，且分别在1%和5%水平上显著，列（4）可读性的回归系数仍然为正，尽管并不显著，这表明，较高的年报可读性促进了企业创新。当 a_1 负向显著，且 β_2 为正向显著时，说明中介效应显著（温忠麟、叶宝娟，2014），实证检验结果同样验证了本章的假设7。

表5-9 机制检验——可读性

模型	（1）	（2）	（3）	（4）
被解释变量	可读性	总专利授权	发明专利授权	非发明专利授权
residency	-0.008** (0.003)	0.046 (0.179)	-0.133 (0.204)	0.213 (0.206)
Readability		3.021** (1.397)	2.202*** (0.844)	2.149 (1.492)
ln*asset*	-0.003 (0.002)	0.154 (0.099)	0.304*** (0.083)	0.122 (0.095)
ln*firmage*	0.005 (0.010)	0.595 (0.438)	0.425 (0.363)	0.513 (0.464)
Salegrow	0.001 (0.001)	-0.086* (0.044)	-0.016 (0.034)	-0.105** (0.053)
PPE	0.012 (0.013)	-0.189 (0.488)	0.300 (0.355)	-0.321 (0.483)
RDI	0.063 (0.073)	6.358*** (2.099)	4.591** (1.896)	4.135* (2.248)
ROA	0.031* (0.016)	-0.007 (0.650)	0.215 (0.476)	-0.108 (0.682)
MB	0.003 (0.005)	0.084 (0.140)	0.129 (0.104)	0.102 (0.152)

续表

模型	(1)	(2)	(3)	(4)
被解释变量	可读性	总专利授权	发明专利授权	非发明专利授权
CF	-0.004 (0.010)	-0.194 (0.414)	-0.298 (0.256)	-0.003 (0.444)
LEV	0.004 (0.008)	0.168 (0.424)	0.056 (0.338)	0.147 (0.443)
Liquidity	-0.004 (0.009)	-0.884*** (0.301)	-0.210 (0.247)	-0.812** (0.325)
hhi	-0.021 (0.114)	-0.718 (4.628)	-5.356 (3.367)	-3.946 (4.294)
hhi^2	0.100 (0.258)	-0.469 (11.168)	9.475 (8.229)	6.856 (10.610)
constant	0.239*** (0.047)	-4.225** (2.113)	-7.449*** (1.734)	-3.216 (1.978)
企业固定	YES	YES	YES	YES
年份固定	YES	YES	YES	YES
N	1695	1695	1695	1695
Adj R^2	0.056	0.307	0.324	0.219

（三）语调操纵

由于机制检验的第一步回归结果的控制变量与第二步回归模型的控制变量不一致，表5-10没有列示第一步回归结果，但根据前文可知，实际控制人拥有境外居留权加剧了管理层语调操纵行为；表5-10列（1）、列（3）结果显示，语调操纵的回归系数为-3.616、-4.467，且分别在5%和10%水平上显著，列（3）语调操纵的回归系数仍然为负，尽管并不显著，这表明，管理层语调操纵行为降低了企业创新。当 a_1 正向显著，且 β_2 为负向显著时，说明中介效应显著（温忠麟、叶宝娟，2014），实证检验结果同样验证了本章的假设7。

表 5－10　　　　机制检验——语调操纵

模型	(1)	(2)	(3)
被解释变量	总专利授权	发明专利授权	非发明专利授权
residency	－0.031 (0.057)	0.046 (0.041)	－0.046 (0.060)
ABTONE	－3.616* (2.048)	－0.220 (1.477)	－4.467** (2.135)
ln*asset*	0.592*** (0.039)	0.426*** (0.028)	0.528*** (0.041)
ln*firmage*	－0.084 (0.077)	0.011 (0.055)	－0.055 (0.080)
Salegrow	－0.215*** (0.049)	－0.109*** (0.036)	－0.203*** (0.051)
PPE	－0.196 (0.299)	－0.156 (0.216)	－0.222 (0.312)
RDI	6.877*** (1.066)	6.472*** (0.769)	3.779*** (1.112)
ROA	0.004 (0.618)	0.404 (0.445)	－0.178 (0.644)
MB	－0.241** (0.114)	－0.049 (0.082)	－0.233* (0.119)
CF	0.142 (0.365)	0.407 (0.263)	0.092 (0.380)
LEV	0.317 (0.296)	0.112 (0.214)	0.492 (0.309)
Liquidity	－0.358 (0.246)	－0.217 (0.177)	－0.328 (0.256)
hhi	5.626 (3.801)	－2.349 (2.741)	4.489 (3.963)
hhi^2	－16.560* (9.116)	5.328 (6.573)	－14.656 (9.505)
constant	－11.881*** (1.004)	－8.480*** (0.724)	－10.582*** (1.046)

续表

模型	(1)	(2)	(3)
被解释变量	总专利授权	发明专利授权	非发明专利授权
企业固定	YES	YES	YES
年份固定	YES	YES	YES
N	1695	1695	1695
Adj R^2	0.403	0.350	0.372

综上所述，拥有境外居留权的实际控制人会加剧两类会计信息操纵行为，即会计数字信息的盈余管理和会计文本信息的可读性操纵与语调操纵，进而影响企业创新。会计信息操纵是实际控制人拥有境外居留权抑制企业创新的机制之一。可能的原因是：一是会计信息操纵会降低企业的信息透明度，增加企业与投资者、债权人等利益相关者之间的信息不对称，加剧了企业的资金短缺；二是企业实施的真实盈余管理可能直接来自研发投资的削减；三是可读性操纵与语调操纵会降低企业创新效率，同样数量的研发投资为企业带来的创新产出下降。

三、融资约束机制检验

表5-11列（1）结果显示，实际控制人境外居留权的回归系数显著为正，这表明实际控制人拥有境外居留权增加了企业融资约束；列（3）结果显示，企业融资约束的回归系数显著为负，这表明融资约束降低了企业创新。当 a_1 正向显著，且 β_2 为负向显著时，说明中介效应显著（温忠麟、叶宝娟，2014），实证检验结果验证了本章的假设9。上述结果表明拥有境外居留权的实际控制人通过增加企业融资约束进而影响企业创新。

可能的原因是：企业如果实施研发投资，则所消耗的资源未能用于其他风险低、见效快的投资项目，这造成了机会成本。创新项目实施过程中，可能遇到研发失败、技术瓶颈、无法商业化等问题，推出新产品过程中，出现市场接受度低、消费者群体不稳定、竞争对手模仿抄袭等问题，创新一旦失败，就会形成较大的沉没成本。因此，企业实施创新活动需要大量的资源投入，其内部资源无法完全满足研发投资需求时，就需要获得外部资源，如股权和债务融资。当实际控制人拥有境外居留权造成企业面临严重融资约束时，企业无法为研发投资融资，研发投资不足造成企业创新水平下降。

表 5-11　　融资约束机制检验

模型	(1)	(2)	(3)	(4)
被解释变量	融资约束	总专利授权	发明专利授权	非发明专利授权
residency	0.014** (0.006)	-0.501*** (0.160)	-0.360** (0.150)	-0.366** (0.173)
ln*sa*		0.065 (0.801)	-2.487*** (0.821)	-0.250 (0.863)
ln*asset*	0.291*** (0.003)	0.147 (0.229)	1.019*** (0.253)	0.232 (0.250)
ln*firmage*	-0.043*** (0.012)	0.778* (0.435)	0.535 (0.383)	0.540 (0.446)
Salegrow	-0.003 (0.002)	-0.088* (0.051)	-0.055 (0.042)	-0.107* (0.059)
PPE	-0.056*** (0.016)	0.070 (0.490)	0.173 (0.368)	-0.183 (0.482)
RDI	-0.121* (0.069)	3.615* (2.004)	3.105 (1.919)	1.328 (2.099)
ROA	0.012 (0.027)	-0.329 (0.779)	-0.313 (0.512)	-0.206 (0.804)
MB	-0.004 (0.005)	-0.045 (0.142)	0.029 (0.100)	-0.051 (0.148)
CF	0.029* (0.015)	-0.581 (0.412)	-0.613** (0.268)	-0.398 (0.431)

续表

模型	(1)	(2)	(3)	(4)
被解释变量	融资约束	总专利授权	发明专利授权	非发明专利授权
LEV	-0.054*** (0.015)	0.717* (0.423)	0.190 (0.361)	0.626 (0.441)
Liquidity	-0.057*** (0.012)	-0.517* (0.311)	-0.174 (0.280)	-0.512 (0.339)
hhi	-0.114 (0.119)	-2.373 (3.470)	-6.735** (2.768)	-2.904 (3.329)
hhi^2	0.020 (0.281)	0.891 (8.573)	9.382 (6.575)	2.913 (8.346)
constant	-4.778*** (0.066)	-3.751 (3.856)	-19.134*** (4.312)	-4.619 (4.175)
企业固定	YES	YES	YES	YES
年份固定	YES	YES	YES	YES
N	1672	1672	1672	1672
Adj R^2	0.918	0.280	0.314	0.191

第三节 稳健性检验

为了确保本书结论的稳健性和可靠性，本书进一步改变中介变量衡量指标进行稳健性检验。

一、掏空行为机制稳健性检验

本书参考姜付秀等（2017），使用未剔除噪音交易的关联交易合计占总资产比重来衡量掏空行为。表5-12报告了机制检验结果。列（1）结果显示，实际控制人境外居留权的回归系数为0.023，且在5%水平上显著，这表明实际控制人拥有境外居留权增加了掏空行为；列（2）、列（3）结果显示，掏空行为的回归系

数为 -0.274、-0.295，且分别在 1%、5% 水平上显著，列（4）掏空行为的系数虽然不显著，但仍然为负，这表明掏空行为降低了企业创新。实证检验结果验证了本章的假设 5。

实际控制人获得境外居留权为其利益侵占提供了途径，并显著增加了异常高派现（谭雪，2019）。超能力派现是大股东掏空公司的表现形式（马鹏飞、董竹，2019）。本书参考马鹏飞和董竹（2019），使用超能力派现指标衡量实际控制人掏空行为。当每股现金股利大于每股收益，且每股现金股利不小于 0.05 元为 1，否则为 0。由于超能力派现指标为虚拟变量，因此采用面板 Logit 模型运行方程（4-1），方程（4-2）仍然使用 OLS 模型。

表 5-13 报告了超能力派现的机制检验结果。列（1）结果显示，实际控制人境外居留权的回归系数为 2.085，且在 10% 水平上显著，这表明实际控制人拥有境外居留权增加了掏空行为；列（2）、列（3）、列（4）结果显示，掏空行为的回归系数为 -0.211、-0.114、-0.169，且分别在 1%、5% 水平上显著，这表明掏空行为降低了企业创新。回归结果说明中介效应显著，实证检验结果再次验证了本章的假设 5。

采用两种不同的掏空行为的衡量指标，同样得到了本章的研究结论，这说明本章的研究结论不容易受到外界环境的干扰，研究结论较为稳健与可靠。

表 5-12 掏空行为机制检验（未剔除噪音交易的关联交易）

模型	(1)	(2)	(3)	(4)
被解释变量	掏空行为	总专利授权	发明专利授权	非发明专利授权
residency	0.023** (0.011)	-0.022 (0.059)	0.064 (0.043)	-0.040 (0.062)
tunnel		-0.274** (0.135)	-0.295*** (0.097)	-0.196 (0.141)

续表

模型	(1)	(2)	(3)	(4)
被解释变量	掏空行为	总专利授权	发明专利授权	非发明专利授权
ln*asset*	0. 017 ** (0. 008)	0. 601 *** (0. 040)	0. 431 *** (0. 029)	0. 540 *** (0. 042)
ln*firmage*	-0. 018 (0. 014)	-0. 045 (0. 076)	0. 006 (0. 055)	-0. 002 (0. 079)
Salegrow	0. 009 (0. 009)	-0. 220 *** (0. 051)	-0. 109 *** (0. 036)	-0. 209 *** (0. 053)
PPE	-0. 005 (0. 058)	-0. 005 (0. 309)	-0. 071 (0. 223)	-0. 058 (0. 322)
RDI	-0. 627 *** (0. 202)	6. 425 *** (1. 084)	6. 090 *** (0. 782)	3. 409 *** (1. 130)
ROA	-0. 134 (0. 120)	-0. 205 (0. 642)	0. 500 (0. 463)	-0. 437 (0. 670)
MB	-0. 040 * (0. 022)	-0. 284 ** (0. 117)	-0. 058 (0. 085)	-0. 270 ** (0. 122)
CF	-0. 069 (0. 071)	0. 068 (0. 378)	0. 330 (0. 273)	-0. 005 (0. 394)
LEV	0. 349 *** (0. 058)	0. 446 (0. 311)	0. 236 (0. 224)	0. 566 * (0. 324)
Liquidity	-0. 140 *** (0. 047)	-0. 360 (0. 254)	-0. 252 (0. 183)	-0. 331 (0. 265)
hhi	-0. 641 (0. 731)	4. 411 (3. 905)	-3. 160 (2. 816)	3. 539 (4. 072)
hhi^2	0. 097 (1. 744)	-14. 366 (9. 313)	6. 760 (6. 716)	-12. 959 (9. 713)
constant	-0. 240 (0. 199)	-12. 027 *** (1. 066)	-8. 527 *** (0. 768)	-10. 806 *** (1. 111)
企业固定	YES	YES	YES	YES
年份固定	YES	YES	YES	YES
N	1623	1623	1623	1623
Adj R^2	0. 222	0. 398	0. 352	0. 367

表 5 - 13　　　　掏空行为机制检验（超能力派现）

模型	(1)	(2)	(3)	(4)
被解释变量	掏空行为	总专利授权	发明专利授权	非发明专利授权
residency	2.085 * (1.157)	-0.024 (0.057)	0.046 (0.041)	-0.038 (0.060)
tunnel		-0.211 *** (0.074)	-0.114 ** (0.053)	-0.169 ** (0.077)
ln*asset*	-1.218 *** (0.366)	0.580 *** (0.039)	0.419 *** (0.028)	0.519 *** (0.041)
ln*firmage*	2.030 *** (0.736)	-0.045 (0.074)	0.016 (0.054)	-0.009 (0.078)
Salegrow	0.151 (0.221)	-0.210 *** (0.049)	-0.106 *** (0.036)	-0.198 *** (0.051)
PPE	-1.065 (1.705)	-0.205 (0.299)	-0.165 (0.216)	-0.227 (0.312)
RDI	-9.663 (7.170)	6.465 *** (1.072)	6.275 *** (0.773)	3.426 *** (1.119)
ROA	-20.436 *** (3.765)	-0.613 (0.642)	0.112 (0.463)	-0.710 (0.670)
MB	-0.759 ** (0.379)	-0.253 ** (0.114)	-0.060 (0.082)	-0.239 ** (0.119)
CF	-1.966 (1.520)	0.105 (0.365)	0.384 (0.263)	0.065 (0.381)
LEV	1.538 (1.866)	0.359 (0.296)	0.134 (0.214)	0.526 * (0.309)
Liquidity	-1.483 (1.376)	-0.375 (0.246)	-0.232 (0.177)	-0.337 (0.257)
hhi	7.704 (13.816)	5.784 (3.794)	-2.342 (2.736)	4.687 (3.962)
hhi^2	18.961 (32.141)	-16.352 * (9.103)	5.528 (6.564)	-14.571 (9.504)
constant		-11.750 *** (1.004)	-8.348 *** (0.724)	-10.533 *** (1.048)

续表

模型	(1)	(2)	(3)	(4)
被解释变量	掏空行为	总专利授权	发明专利授权	非发明专利授权
企业固定	YES	YES	YES	YES
年份固定	YES	YES	YES	YES
N	581	1672	1672	1672
Adj R^2	0.215	0.405	0.352	0.373

二、会计信息操纵机制稳健性检验

本书改变应计盈余管理、可读性、语调操纵衡量指标，使用财务重述、违规替换会计信息操纵变量来进行稳健性检验。

（一）改变应计盈余管理衡量指标

本书参考 Kothari 等（2005），采用经业绩调整后的修正 Jones 模型（Dechow and Sloan，1995）；参考 Dechow and Dichev（2002），使用 DD 模型衡量应计盈余管理；参考陆建桥（1999），使用陆建桥模型，改变应计盈余管理衡量指标来进行稳健性测试。具体如模型（5－4）、模型（5－5）和模型（5－6）所示。

$$NDA_i = \alpha_1(1/A_i) + \alpha_2[(\Delta REV_i - \Delta REC_i)/A_i] + \alpha_3(PPE_i/A_i) + \alpha_4 ROA_i \tag{5-4}$$

$$NDA_i = \alpha_1(1/A_i) + \alpha_2(CFO_{it-1}/A_i) + \alpha_3(CFO_{it}/A_i) + \alpha_4(CFO_{it+1}/A_i) + \varepsilon_{it} \tag{5-5}$$

$$NDA_i = \alpha_1(1/A_i) + \alpha_2[(\Delta REV_i - \Delta REC_i)/A_i] + \alpha_3(PPE_i/A_i) + \alpha_4(IA_{it}/A_i) + \varepsilon_{it} \tag{5-6}$$

其中 NDA_i 为企业 i 当期总应计利润；A_i 为企业 i 的上期期末总资产；ΔREV_i 为企业 i 当期主营业务收入和上期主营业务收入的差额；ΔREC_i 为企业 i 当期期末应收账款和上期期末应收账款的差额；PPE_i 为企业 i 当期期末厂房、设备等固定资产价值；ROA_i 为

企业 i 当期净利润除以上期总资产；CFO_{it} 为企业 i 当期经营活动现金流量净额；IA_{it} 为企业 i 当期无形资产、商誉、投资性房地产和其他非流动资产之和。

表 5－14 列（1）结果显示，实际控制人境外居留权的回归系数为 0.012，且在 10% 水平上显著，这表明实际控制人拥有境外居留权增加了应计盈余管理；列（3）应计盈余管理的回归系数为 －1.228，且在 10% 水平上显著，列（3）、列（4）应计盈余管理回归系数不显著，但仍然为负值，整体而言，结果表明应计盈余管理降低了企业创新，应计盈余管理的中介效应显著。表 5－15 与表 5－16 结果与表 5－14 类似，使用经业绩调整后的修正 Jones 模型、DD 模型与陆建桥模型替代修正 Jones 模型，回归结果并没有发生根本性变化，稳健性检验结果有效验证了本章的假设 7，说明拥有境外居留权的实际控制人通过增加会计信息操纵进而抑制企业创新。

表 5－14　机制检验——业绩调整的修正 Jones 模型

模型	(1)	(2)	(3)	(4)
被解释变量	应计盈余管理	总专利授权	发明专利授权	非发明专利授权
residency	0.012* (0.006)	－0.101* (0.058)	0.029 (0.043)	－0.095 (0.061)
DA		－1.290 (0.866)	－1.228* (0.634)	－1.081 (0.900)
ln*asset*	0.002 (0.003)	0.606*** (0.041)	0.416*** (0.030)	0.559*** (0.042)
ln*firmage*	0.005 (0.012)	－0.042 (0.079)	－0.055 (0.058)	0.014 (0.082)
Salegrow	0.003 (0.002)	－0.165*** (0.053)	－0.085** (0.039)	－0.167*** (0.055)
PPE	－0.012 (0.016)	－0.239 (0.306)	－0.348 (0.224)	－0.275 (0.318)

续表

模型	(1)	(2)	(3)	(4)
被解释变量	应计盈余管理	总专利授权	发明专利授权	非发明专利授权
RDI	0.139** (0.063)	6.138*** (1.135)	6.689*** (0.831)	2.862** (1.179)
ROA	-0.042 (0.034)	0.666 (0.696)	0.824 (0.509)	0.438 (0.723)
MB	-0.010* (0.005)	-0.384*** (0.119)	-0.154* (0.087)	-0.391*** (0.123)
CF	0.012 (0.019)	0.097 (0.397)	-0.246 (0.290)	0.256 (0.412)
LEV	0.027* (0.016)	0.290 (0.297)	0.082 (0.218)	0.488 (0.309)
Liquidity	0.009 (0.013)	-0.318 (0.250)	-0.323* (0.183)	-0.243 (0.260)
hhi	-0.070 (0.110)	6.875* (3.943)	-0.536 (2.888)	4.816 (4.096)
hhi^2	-0.127 (0.228)	-20.621** (9.065)	-0.754 (6.638)	-17.077* (9.415)
constant	-0.001 (0.065)	-12.686*** (1.019)	-8.412*** (0.746)	-11.611*** (1.059)
企业固定	YES	YES	YES	YES
年份固定	YES	YES	YES	YES
N	1662	1662	1662	1662
Adj R^2	0.037	0.379	0.331	0.360

表 5-15　　机制检验——DD 模型

模型	(1)	(2)	(3)	(4)
被解释变量	应计盈余管理	总专利授权	发明专利授权	非发明专利授权
residency	0.014* (0.007)	-0.482*** (0.151)	-0.384** (0.150)	-0.355** (0.167)
DA		-1.698** (0.837)	-1.060 (0.674)	-1.415* (0.839)

续表

模型	(1)	(2)	(3)	(4)
被解释变量	应计盈余管理	总专利授权	发明专利授权	非发明专利授权
ln*asset*	-0.005 (0.004)	0.168* (0.092)	0.295*** (0.086)	0.164* (0.094)
ln*firmage*	-0.014 (0.017)	0.724* (0.435)	0.614 (0.378)	0.502 (0.445)
Salegrow	0.007 (0.004)	-0.088* (0.049)	-0.042 (0.042)	-0.109* (0.058)
PPE	-0.025 (0.018)	0.050 (0.492)	0.284 (0.379)	-0.170 (0.479)
RDI	-0.004 (0.090)	3.504* (2.069)	3.382* (2.013)	1.233 (2.165)
ROA	-0.064 (0.057)	-0.644 (0.800)	-0.532 (0.540)	-0.477 (0.832)
MB	-0.017** (0.008)	-0.091 (0.142)	0.015 (0.103)	-0.091 (0.148)
CF	0.013 (0.022)	-0.476 (0.414)	-0.618** (0.274)	-0.314 (0.435)
LEV	0.013 (0.021)	0.711* (0.419)	0.327 (0.358)	0.642 (0.436)
Liquidity	-0.013 (0.016)	-0.582* (0.307)	-0.056 (0.286)	-0.548 (0.334)
hhi	-0.015 (0.147)	-2.023 (3.552)	-6.229** (2.951)	-2.604 (3.400)
hhi^2	-0.298 (0.359)	-1.611 (8.833)	8.082 (7.034)	0.615 (8.475)
constant	0.171** (0.080)	-3.869** (1.835)	-7.120*** (1.797)	-3.303* (1.866)
企业固定	YES	YES	YES	YES
年份固定	YES	YES	YES	YES
N	1662	1662	1662	1662
Adj R^2	0.054	0.287	0.309	0.197

表 5－16　　　　　　　　机制检验——陆建桥模型

模型	(1)	(2)	(3)	(4)
被解释变量	应计盈余管理	总专利授权	发明专利授权	非发明专利授权
residency	0.015** (0.006)	−0.501*** (0.160)	−0.355** (0.146)	−0.376** (0.173)
DA		−0.270 (0.732)	−1.028* (0.525)	0.138 (0.733)
ln*asset*	0.001 (0.004)	0.176* (0.092)	0.252*** (0.077)	0.170* (0.093)
ln*firmage*	0.008 (0.015)	0.750* (0.435)	0.646* (0.334)	0.521 (0.444)
Salegrow	0.001 (0.003)	−0.099** (0.049)	−0.063 (0.041)	−0.118** (0.057)
PPE	−0.023 (0.018)	0.086 (0.489)	0.216 (0.360)	−0.131 (0.480)
RDI	0.122 (0.092)	3.544* (2.015)	3.205* (1.911)	1.222 (2.109)
ROA	−0.001 (0.046)	−0.536 (0.791)	−0.427 (0.509)	−0.387 (0.824)
MB	−0.007 (0.006)	−0.064 (0.141)	−0.031 (0.089)	−0.066 (0.148)
CF	−0.016 (0.026)	−0.502 (0.422)	−0.568** (0.273)	−0.331 (0.439)
LEV	−0.008 (0.018)	0.688 (0.422)	0.229 (0.347)	0.625 (0.436)
Liquidity	−0.015 (0.015)	−0.563* (0.309)	−0.094 (0.281)	−0.527 (0.333)
hhi	−0.032 (0.126)	−2.006 (3.587)	−5.002* (2.867)	−2.578 (3.414)
hhi^2	−0.186 (0.299)	−1.155 (8.893)	4.933 (6.754)	1.062 (8.543)
constant	−0.053 (0.092)	−4.174** (1.818)	−6.205*** (1.612)	−3.538* (1.840)
企业固定	YES	YES	YES	YES

续表

模型	(1)	(2)	(3)	(4)
被解释变量	应计盈余管理	总专利授权	发明专利授权	非发明专利授权
年份固定	YES	YES	YES	YES
N	1662	1662	1662	1662
Adj R^2	0.208	0.283	0.279	0.194

（二）改变可读性衡量指标

在改变应计盈余管理衡量指标基础上，本书进一步改变可读性衡量指标来实施稳健性检验。借鉴王克敏等（2018），由于文本的生僻字会使得读者晦涩难懂，难以阅读，因此使用次常用字密度衡量年报文本可读性，具体为每百字中包含的次常用字个数。次常用字表来自《现代汉语次常用字表》（1988），次常用字占比越高，表示年报文本可读性越差。

表 5 - 17 列（1）结果显示，实际控制人境外居留权的回归系数为 0.003，且在 10% 水平上显著，这表明实际控制人拥有境外居留权降低了年报可读性；列（2）、列（4）可读性的回归系数为 -1.239、-1.285，且在 10% 水平上显著，列（3）可读性回归系数不显著，但仍然为负值，整体而言，结果表明较低的年报可读性降低了企业创新，可读性的中介效应显著。稳健性检验结果同样验证了本章的假设 7，说明拥有境外居留权的实际控制人通过增加会计信息操纵进而抑制企业创新。

表 5 - 17　　机制检验——次常用字占比

模型	(1)	(2)	(3)	(4)
被解释变量	可读性	总专利授权	发明专利授权	非发明专利授权
residency	0.003* (0.002)	-0.022 (0.057)	0.049 (0.041)	-0.034 (0.060)
Readability		-1.239* (0.719)	-0.832 (0.521)	-1.285* (0.754)

续表

模型	(1)	(2)	(3)	(4)
被解释变量	可读性	总专利授权	发明专利授权	非发明专利授权
ln*asset*	0.002 (0.001)	0.578*** (0.039)	0.427*** (0.028)	0.532*** (0.041)
ln*firmage*	-0.004 (0.003)	-0.060 (0.074)	0.010 (0.054)	-0.019 (0.078)
Salegrow	0.000 (0.002)	-0.214*** (0.049)	-0.109*** (0.036)	-0.203*** (0.051)
PPE	0.015 (0.010)	-0.188 (0.298)	-0.144 (0.216)	-0.195 (0.312)
RDI	0.072** (0.036)	6.888*** (1.062)	6.529*** (0.769)	3.806*** (1.113)
ROA	0.017 (0.021)	-0.058 (0.613)	0.412 (0.444)	-0.265 (0.642)
MB	-0.002 (0.004)	-0.215* (0.113)	-0.050 (0.082)	-0.226* (0.119)
CF	-0.011 (0.012)	0.116 (0.363)	0.398 (0.263)	0.086 (0.381)
LEV	-0.005 (0.010)	0.282 (0.295)	0.108 (0.213)	0.485 (0.309)
Liquidity	0.000 (0.008)	-0.362 (0.245)	-0.216 (0.177)	-0.314 (0.256)
hhi	-0.369*** (0.130)	5.061 (3.790)	-2.646 (2.745)	4.218 (3.974)
hhi^2	0.927*** (0.311)	-15.178* (9.095)	6.087 (6.586)	-13.694 (9.534)
constant	0.108*** (0.034)	-11.486*** (0.999)	-8.398*** (0.723)	-10.601*** (1.047)
企业固定	YES	YES	YES	YES
年份固定	YES	YES	YES	YES
N	1695	1695	1695	1695
Adj R^2	0.041	0.400	0.351	0.372

（三）改变语调操纵衡量指标

本书进一步改变语调操纵衡量指标来实施稳健性检验。使用清华大学李军制作的《中文褒贬义词典》，将展望、美好、永恒等积极属性词语集作为积极情绪词语列表；将诸如破坏、冗杂、妨害等消极属性词语集作为消极情绪词语列表。*TONE* =（积极词汇数量－消极词汇数量）÷总的词汇数量，*TONE* 值越大，表示文本信息语调越积极。同样使用模型（3－5）衡量管理层语调操纵。

表5－18报告了实际控制人境外居留权对语调操纵的OLS回归结果。从回归结果可知，实际控制人境外居留权的回归系数为0.008，且在1%水平上显著。这表明，实际控制人拥有境外居留权增加了管理层语调操纵行为。表5－19列（1）、列（3）应计盈余管理的回归系数为－4.073、－5.859，且分别在5%和10%水平上显著，列（2）应计盈余管理回归系数不显著，整体而言，结果表明管理层语调操纵降低了企业创新，语调操纵的中介效应显著。稳健性检验结果再次验证了本章的假设7，说明拥有境外居留权的实际控制人通过增加会计信息操纵进而抑制企业创新。

表5－18　　实际控制人境外居留权与语调操纵（清华大学词典）

模型	(1)
被解释变量	语调操纵
*residency*1	0.008*** (0.003)
ln*asset*	－0.001 (0.002)
ln*firmage*	0.000 (0.001)
growth	0.000*** (0.000)

续表

模型	(1)
被解释变量	语调操纵
MB	-0.004 (0.004)
CF	-0.004*** (0.001)
LEV	-0.004 (0.005)
EPS	-0.000 (0.001)
Δ*EPS*	0.003* (0.002)
ROE	0.003 (0.002)
Recinv	0.001 (0.001)
LOSS	-0.003 (0.006)
Stockr	-0.008 (0.006)
constant	0.077*** (0.026)
企业固定	YES
年份固定	YES
N	1593
Adj R^2	0.073

表 5-19　机制检验——语调操纵（清华大学词典）

模型	(1)	(2)	(3)
被解释变量	总专利授权	发明专利授权	非发明专利授权
residency	0.238 (0.202)	0.043 (0.156)	0.229 (0.213)

续表

模型	(1)	(2)	(3)
被解释变量	总专利授权	发明专利授权	非发明专利授权
ABTONE	-4.073* (2.440)	2.323 (1.881)	-5.859** (2.564)
ln*asset*	0.140* (0.078)	0.296*** (0.060)	0.090 (0.082)
ln*firmage*	0.565* (0.319)	0.172 (0.246)	0.644* (0.335)
Salegrow	-0.135** (0.057)	-0.031 (0.044)	-0.165*** (0.059)
PPE	-0.177 (0.418)	0.466 (0.322)	-0.404 (0.439)
RDI	4.532** (1.863)	5.704*** (1.436)	1.386 (1.957)
ROA	0.050 (0.645)	0.248 (0.497)	0.048 (0.677)
MB	0.012 (0.128)	0.046 (0.099)	0.048 (0.135)
CF	-0.350 (0.374)	-0.188 (0.288)	-0.239 (0.393)
LEV	0.524 (0.385)	0.208 (0.297)	0.596 (0.404)
Liquidity	-0.632** (0.307)	-0.041 (0.237)	-0.592* (0.323)
hhi	-0.419 (3.393)	-5.855** (2.615)	-2.090 (3.565)
hhi^2	-5.972 (8.251)	9.431 (6.359)	-1.678 (8.669)
constant	-3.762** (1.707)	-6.895*** (1.316)	-2.815 (1.794)
企业固定	YES	YES	YES
年份固定	YES	YES	YES
N	1684	1684	1684
Adj R^2	0.321	0.350	0.240

（四）财务重述

财务重述是公司在被强制或者自愿情况下，对存在模糊或错误信息的历史财务报告进行现时更正并进行再次披露的行为（GAO，2002）。管理层存在使用激进的会计政策以提升股价的机会主义动机，这将引发公司的财务重述（Beneish，1999）。本书进一步采用财务重述来实施稳健性检验。财务重述指标来自迪博数据库，本书对财务重述数量进行对数化处理。

表 5－20 列（1）结果显示，实际控制人境外居留权的回归系数为 0.149，且在 10% 水平上显著，这表明实际控制人拥有境外居留权增加了财务重述；列（3）财务重述的回归系数为－0.485，且在 5% 水平上显著，列（2）、列（4）财务重述回归系数不显著，整体而言，结果表明财务重述降低了企业创新，财务重述的中介效应显著。稳健性检验结果进一步验证了本章的假设 7，说明拥有境外居留权的实际控制人通过增加会计信息操纵进而抑制企业创新。

表 5－20　　机制检验——财务重述

模型	(1)	(2)	(3)	(4)
被解释变量	财务重述	总专利授权	发明专利授权	非发明专利授权
residency	0.149* (0.085)	－0.180 (0.259)	0.243 (0.211)	－0.227 (0.333)
statement		0.190 (0.556)	－0.485** (0.246)	0.391 (0.598)
ln*asset*	－0.119 (0.080)	0.318 (0.251)	0.627** (0.253)	0.287 (0.266)
ln*firmage*	－0.118 (0.318)	3.465** (1.481)	－0.110 (1.060)	4.664*** (1.624)
Salegrow	0.078** (0.034)	－0.049 (0.134)	0.097 (0.098)	－0.233 (0.166)

续表

模型	(1)	(2)	(3)	(4)
被解释变量	财务重述	总专利授权	发明专利授权	非发明专利授权
PPE	-0.054 (0.252)	-0.660 (1.289)	1.946* (1.130)	-1.490 (1.520)
RDI	0.498 (0.868)	-7.899** (3.864)	-2.652 (4.673)	-8.487 (5.139)
ROA	-0.223 (0.258)	-1.382 (1.569)	-1.279* (0.696)	-0.856 (1.785)
MB	0.136 (0.133)	1.165** (0.540)	0.511 (0.370)	1.145** (0.548)
CF	0.438* (0.257)	-0.735 (0.979)	0.824 (0.976)	-1.129 (0.998)
LEV	-0.373* (0.220)	-1.213 (0.871)	-0.465 (0.821)	-1.336 (0.913)
Liquidity	-0.290 (0.187)	-1.217* (0.734)	0.945 (0.732)	-1.163 (0.890)
hhi	-2.456 (2.060)	7.065 (6.334)	-1.087 (5.440)	4.460 (7.055)
hhi^2	6.760 (4.134)	-49.422*** (15.960)	-13.648 (14.089)	-43.691*** (16.115)
constant	3.224* (1.805)	-13.199** (6.216)	-12.333** (5.617)	-15.900** (6.545)
企业固定	YES	YES	YES	YES
年份固定	YES	YES	YES	YES
N	335	335	335	335
Adj R^2	0.240	0.476	0.387	0.421

（五）企业违规

实际控制人拥有境外居留权增加了企业欺诈行为（Chen 等，2018）。本书进一步采用企业违规来进行稳健性检验，违规数据来自国泰安数据库。本书一是使用企业违规虚拟变量，企业当年发生违规行为取1，未发生则取0；二是使用企业违规数量。

表5－21为使用违规虚拟变量的回顾结果，由于因变量为虚拟变量，所以列（1）回归模型使用了面板Logit模型。表5－21列（1）结果显示，实际控制人境外居留权的回归系数为1.383，且在5%水平上显著，这表明实际控制人拥有境外居留权的确增加了企业欺诈行为，这与Chen等（2018）的研究发现是一致的；列（2）、列（4）违规的回归系数为－0.105、－0.120，且在5%水平上显著，列（3）违规的回归系数不显著，但为负值，整体而言，结果表明违规行为降低了企业创新。表5－22使用违规数量进行回归，结果与表5－21类似，稳健性检验结果再次验证了本章的假设7，说明拥有境外居留权的实际控制人通过增加会计信息操纵进而抑制企业创新。

表5－21　　机制检验——财务重述虚拟变量

模型	(1)	(2)	(3)	(4)
被解释变量	违规	总专利授权	发明专利授权	非发明专利授权
residency	1.383** (0.669)	－0.028 (0.037)	－0.007 (0.029)	－0.028 (0.039)
fraud		－0.105** (0.049)	－0.010 (0.038)	－0.120** (0.051)
ln*asset*	－0.243 (0.267)	0.348*** (0.051)	0.277*** (0.040)	0.321*** (0.053)
ln*firmage*	－0.135 (0.656)	1.208*** (0.143)	0.883*** (0.110)	0.983*** (0.149)
Salegrow	0.073 (0.188)	－0.055 (0.039)	－0.023 (0.030)	－0.083** (0.041)
PPE	－2.116 (1.643)	0.057 (0.303)	0.340 (0.234)	－0.148 (0.315)
RDI	11.213* (5.908)	4.945*** (1.240)	3.395*** (0.957)	3.401*** (1.291)

续表

模型	(1)	(2)	(3)	(4)
被解释变量	违规	总专利授权	发明专利授权	非发明专利授权
ROA	-2.161 (2.417)	-0.355 (0.491)	-0.223 (0.379)	-0.181 (0.512)
MB	0.612 (0.406)	-0.101 (0.088)	-0.000 (0.068)	-0.071 (0.091)
CF	1.267 (1.434)	-0.757*** (0.278)	-0.332 (0.214)	-0.635** (0.289)
LEV	-1.841 (1.482)	-0.296 (0.285)	-0.054 (0.220)	-0.281 (0.297)
Liquidity	-1.814 (1.213)	-0.440* (0.227)	-0.118 (0.175)	-0.424* (0.236)
hhi	7.704 (10.941)	-5.953*** (2.290)	-7.516*** (1.767)	-6.247*** (2.384)
hhi^2	-2.722 (24.997)	11.529** (5.347)	13.909*** (4.125)	13.404** (5.567)
constant		-0.239 (0.269)	-0.064 (0.207)	-0.223 (0.280)
企业固定	YES	YES	YES	YES
年份固定	YES	YES	YES	YES
N	499	1686	1686	1686
Adj R^2	0.041	0.307	0.326	0.222

表 5-22　　　　机制检验——财务重述数量

模型	(1)	(2)	(3)	(4)
被解释变量	违规	总专利授权	发明专利授权	非发明专利授权
residency	0.346** (0.158)	-0.022 (0.020)	-0.008 (0.014)	-0.022 (0.020)
fraud		-0.029* (0.018)	-0.001 (0.012)	-0.030* (0.018)
ln*asset*	0.039 (0.046)	0.150*** (0.028)	0.083*** (0.020)	0.140*** (0.028)

续表

模型	(1)	(2)	(3)	(4)
被解释变量	违规	总专利授权	发明专利授权	非发明专利授权
ln*firmage*	0.403** (0.189)	0.572*** (0.077)	0.388*** (0.055)	0.422*** (0.078)
Salegrow	-0.007 (0.039)	-0.031 (0.021)	-0.004 (0.015)	-0.043** (0.022)
PPE	-0.512** (0.236)	-0.022 (0.164)	0.064 (0.116)	-0.005 (0.165)
RDI	0.953 (1.291)	2.620*** (0.670)	0.804* (0.475)	1.964*** (0.675)
ROA	-0.376 (0.355)	-0.290 (0.266)	-0.433** (0.188)	-0.081 (0.268)
MB	0.015 (0.093)	-0.040 (0.047)	-0.007 (0.034)	-0.020 (0.048)
CF	0.165 (0.198)	-0.221 (0.150)	-0.171 (0.106)	-0.174 (0.151)
LEV	-0.219 (0.248)	-0.114 (0.154)	-0.131 (0.109)	-0.072 (0.155)
Liquidity	-0.308 (0.235)	-0.290** (0.123)	-0.128 (0.087)	-0.196 (0.124)
hhi	-0.183 (1.986)	-1.922 (1.238)	-2.147** (0.877)	-2.492** (1.247)
hhi^2	3.405 (4.989)	4.395 (2.891)	3.680* (2.049)	6.266** (2.913)
constant	0.373 (0.300)	-0.139 (0.145)	-0.067 (0.103)	-0.182 (0.146)
企业固定	YES	YES	YES	YES
年份固定	YES	YES	YES	YES
N	1686	1686	1686	1686
Adj R^2	0.048	0.251	0.249	0.176

三、融资约束机制稳健性检验

本书改变融资约束衡量指标，使用外部融资依赖度来进行稳健性检验。

（一）改变融资约束衡量指标

Kaplan and Zingales（1997）根据公司年报及其附注、管理层告股东书、管理层讨论与分析等信息，将公司每一年度观察值划分为五组：非融资约束组、可能非融资约束组、或许融资约束组、可能融资约束组和融资约束组。Lmaon 等（2010）借鉴 *KZ* 的研究成果，采用次序逻辑回归分析方法，利用营业现金流量、资产负债率、托宾 *Q*、股利支付率及现金持有量，构造了 *KZ* 指数来度量融资约束。具体计算公式如（5－7）所示：

$$KZ = -1.002 \times CashFlow/K + 0.283Q + 3.139Debt/K - 39.368 \times Dividends/K - 1.315Cash/K \tag{5-7}$$

本书进一步采用 *KZ* 指数来反映融资约束，表 5－23 报告了采用 *KZ* 指标下融资约束机制检验结果。列（1）结果显示，实际控制人境外居留权的回归系数显著为正，这表明实际控制人拥有境外居留权增加了企业融资约束；列（2）、列（3）、列（4）结果显示，企业融资约束的回归系数显著为负，这表明融资约束降低了企业创新。实证检验结果验证了本章的假设 9。上述结果表明拥有境外居留权的实际控制人通过增加企业融资约束进而影响企业创新。

表 5－23　融资约束机制检验（*KZ* 指数）

模型	(1)	(2)	(3)	(4)
被解释变量	融资约束	总专利授权	发明专利授权	非发明专利授权
residency	0.265* (0.150)	−0.476*** (0.163)	−0.376** (0.156)	−0.347** (0.174)

续表

模型	(1)	(2)	(3)	(4)
被解释变量	融资约束	总专利授权	发明专利授权	非发明专利授权
kz		-0.091** (0.038)	-0.070** (0.030)	-0.084** (0.041)
ln*asset*	0.001 (0.071)	0.166* (0.088)	0.295*** (0.085)	0.159* (0.090)
ln*firmage*	-0.457* (0.269)	0.734* (0.433)	0.611 (0.378)	0.513 (0.441)
Salegrow	-0.042 (0.053)	-0.092* (0.051)	-0.050 (0.043)	-0.110* (0.059)
PPE	-0.511 (0.365)	0.020 (0.479)	0.277 (0.374)	-0.212 (0.471)
RDI	-0.294 (1.598)	3.581* (1.995)	3.386* (1.969)	1.334 (2.097)
ROA	-0.306 (0.631)	-0.356 (0.778)	-0.364 (0.506)	-0.234 (0.803)
MB	-0.145 (0.119)	-0.059 (0.141)	0.030 (0.099)	-0.062 (0.147)
CF	1.192*** (0.341)	-0.471 (0.406)	-0.600** (0.272)	-0.305 (0.422)
LEV	-2.005*** (0.348)	0.530 (0.404)	0.184 (0.356)	0.472 (0.425)
Liquidity	-0.803*** (0.279)	-0.593** (0.298)	-0.090 (0.283)	-0.565* (0.322)
hhi	1.035 (2.762)	-2.286 (3.424)	-6.378** (2.780)	-2.789 (3.275)
hhi^2	-9.017 (6.516)	0.071 (8.494)	8.698 (6.627)	2.155 (8.268)
constant	2.706* (1.518)	-3.814** (1.737)	-7.064*** (1.771)	-3.198* (1.776)
企业固定	YES	YES	YES	YES
年份固定	YES	YES	YES	YES
N	1672	1672	1672	1672
Adj R^2	0.144	0.285	0.309	0.195

（二）外部融资依赖分组检验

企业投资活动的融资渠道来自企业内外部（Myers and Majluf, 1984），当企业更多依赖于外部融资时，实际控制人境外居留权对企业融资约束影响更加严重，进而对于企业创新的负向作用更加显著。本书借鉴 Rajan and Zingales（1998），计算企业的外部融资依赖度。外部融资依赖度 =（资本支出 - 经营现金流）/资本支出。经营活动现金流定义为经营活动现金流总额 + 存货的减少，应收账款减少以及应付账款增加。

表 5 - 24 报告了按照外部融资依赖度高低分组时实际控制人境外居留权对企业创新的 OLS 回归结果。当企业外部融资依赖度高于中位数时，作为外部融资依赖度高组，反之则低组。从回归结果可知，与外部融资依赖度低的样本组相比，外部融资依赖度高的样本组，实际控制人境外居留权与企业创新之间的负相关关系更加显著，这说明当企业面临的融资约束更加严重时，实际控制人境外居留权对于企业创新的抑制作用更强，这有力地支持了融资约束作用机制，验证了本章假设 9。

表 5 - 24　　外部融资依赖度高低分组

模型	(1)	(2)	(3)	(4)	(5)	(6)
被解释变量	总专利授权		发明专利授权		非发明专利授权	
外部融资依赖度	低	高	低	高	低	高
residency	-0.308* (0.163)	-0.832*** (0.295)	-0.281 (0.186)	-0.520 (0.354)	-0.146 (0.147)	-0.700** (0.345)
ln*asset*	0.185 (0.134)	0.086 (0.199)	0.200 (0.128)	0.421*** (0.150)	0.180 (0.118)	0.146 (0.216)
ln*firmage*	0.494 (0.824)	1.136** (0.495)	1.029 (0.718)	0.674 (0.447)	-0.383 (0.908)	0.883* (0.532)

续表

模型	(1)	(2)	(3)	(4)	(5)	(6)
被解释变量	总专利授权		发明专利授权		非发明专利授权	
外部融资依赖度	低	高	低	高	低	高
Salegrow	-0.105 (0.084)	-0.144* (0.074)	-0.070 (0.063)	-0.130** (0.064)	-0.078 (0.078)	-0.147* (0.081)
PPE	-0.236 (0.679)	0.651 (0.916)	0.944* (0.550)	0.209 (0.602)	-0.588 (0.662)	0.270 (0.900)
RDI	6.342** (2.632)	-1.262 (3.011)	4.838* (2.761)	-3.369 (2.770)	3.686 (2.498)	-2.491 (3.536)
ROA	-0.126 (0.785)	-0.976 (1.915)	0.148 (0.478)	-0.604 (1.363)	-0.092 (0.791)	-1.250 (1.943)
MB	-0.064 (0.164)	-0.030 (0.343)	0.023 (0.132)	-0.101 (0.262)	-0.040 (0.159)	-0.196 (0.346)
CF	-0.190 (0.629)	-0.174 (0.608)	-0.419 (0.365)	-0.794* (0.446)	-0.085 (0.645)	-0.060 (0.664)
LEV	0.023 (0.525)	0.792 (0.811)	0.276 (0.437)	-0.169 (0.585)	-0.065 (0.554)	0.953 (0.826)
Liquidity	-0.911** (0.398)	0.270 (0.592)	0.085 (0.361)	0.043 (0.498)	-0.960** (0.436)	0.398 (0.605)
hhi	-6.943 (5.321)	-7.900 (5.778)	-5.503 (3.693)	-10.506** (5.129)	-8.857 (5.397)	-6.137 (5.851)
hhi^2	19.477 (14.724)	11.273 (13.058)	11.379 (9.731)	15.698 (10.506)	25.615* (15.442)	7.717 (12.739)
constant	-3.513 (2.830)	-2.553 (3.862)	-6.075** (2.795)	-9.123*** (3.218)	-1.599 (2.489)	-3.391 (4.219)
企业固定	YES	YES	YES	YES	YES	YES
年份固定	YES	YES	YES	YES	YES	YES
N	913	759	913	759	913	759
Adj R^2	0.216	0.298	0.196	0.372	0.154	0.217

本章小结

本章以我国 2003—2017 年间的沪深 A 股民营制造业上市公司为研究样本，实证检验了实际控制人境外居留权对企业创新的作用机制。研究结果表明：实际控制人拥有境外居留权增加了掏空行为、会计信息操纵行为与融资约束，掏空行为、会计信息操纵行为与融资约束抑制了企业创新。

本章使用了以下稳健性检验方法：一是分别参考姜付秀等（2017）、马鹏飞和董竹（2019），使用未剔除噪音交易的关联交易合计占总资产比重、超能力派现指标衡量实际控制人掏空行为。二是分别参考 Kothari 等（2005）、Dechow and Dichev（2002）与陆建桥（1999），使用采用经业绩调整后的修正 Jones 模型、DD 模型与陆建桥模型衡量企业应计盈余管理水平。三是借鉴王克敏等（2018），使用次常用字密度衡量年报文本可读性，次常用字占比越高表示年报文本可读性越差。使用清华大学李军《中文褒贬义词典》，改变积极与消极词汇库，重新衡量语调操纵。四是分别使用采用财务重述和企业违规来反映会计信息操纵行为。五是使用 *KZ* 指数反映融资约束，借鉴 Rajan and Zingales（1998），计算企业外部融资依赖度，按照外部融资依赖度高低分组实证检验。上述稳健性检验均验证了本章主要结论，表示本书的结论不会随着外部环境的改变而变化，保证了结论的稳健性和可靠性。

第六章　实际控制人境外居留权与企业创新的异质性分析

前文实证检验了实际控制人拥有境外居留权对企业创新的影响，并从掏空行为、会计信息操纵以及融资约束等角度研究了实际控制人拥有境外居留权对企业创新的影响机制。本章进一步从宏观、市场、企业以及实际控制人等层面研究不同因素对于实际控制人拥有境外居留权与企业创新关系的影响，本章各节的安排如下：第一节宏观层面异质性分析；第二节市场层面异质性分析；第三节企业层面异质性分析；第四节实际控制人层面异质性分析。

第一节　宏观层面异质性分析

一、经济政策不确定性

本书考察不同经济政策不确定性背景下实际控制人境外居留权对企业创新影响的差异。采用Baker等（2016）构建的经济政策不确定性指数。该指数的构造基于香港南华早报（South China Morning Post）作为新闻报道检索平台，使用文本检索和过滤方法构建了中国经济政策不确定性指数。借鉴（顾夏铭等，2018），使用年度算术平均值将月份经济政策不确定性转化成年度经济政策不确定性。

本书根据年度经济政策不确定指数是否超过样本期的中位数，

划分为高低两组。从表 6-1 可知，当经济政策不确定性较低时，实际控制人境外居留权的回归系数为 -0.810、-0.524、-0.669，且在 1% 和 5% 水平上显著；当经济政策不确定性较高时，实际控制人境外居留权的回归系数均不显著。实证检验结果验证了研究假设 10，经济政策不确定性缓解了实际控制人境外居留权对企业创新的负面作用。

可能的原因是，较高的经济政策不确定性通过激励效应和选择效应促使企业加大研发投资，削弱了实际控制人境外居留权对企业创新的负面作用。尽管较高的经济政策不确定性会带来较大的风险，但同时也增加了获取高额利益的机会，从而刺激企业增加研发投资。经济政策不确定性上升会导致生产率和创新能力较差的企业无法适应市场竞争，进而退出市场，空出的市场资源由高生产率和高创新能力的企业获取，整个市场的资源配置得到了优化。

表 6-1 经济政策不确定性

模型	(1)	(2)	(3)	(4)	(5)	(6)
被解释变量	总专利授权		发明专利授权		非发明专利授权	
经济政策不确定性	低	高	低	高	低	高
residency	-0.810*** (0.307)	-0.461 (0.332)	-0.524** (0.246)	0.019 (0.285)	-0.669** (0.305)	-0.500 (0.352)
ln*asset*	0.070 (0.151)	0.333** (0.156)	0.203* (0.121)	0.524*** (0.134)	0.135 (0.150)	0.325* (0.165)
ln*firmage*	0.434 (0.499)	0.978* (0.535)	-0.006 (0.400)	0.777* (0.459)	0.282 (0.496)	0.857 (0.567)
Salegrow	-0.025 (0.118)	-0.084 (0.075)	0.201** (0.094)	-0.079 (0.065)	-0.146 (0.117)	-0.102 (0.080)
PPE	-0.815 (0.752)	0.920 (0.655)	0.334 (0.602)	0.887 (0.563)	-1.443* (0.747)	0.987 (0.694)

续表

模型	(1)	(2)	(3)	(4)	(5)	(6)
被解释变量	总专利授权		发明专利授权		非发明专利授权	
经济政策不确定性	低	高	低	高	低	高
RDI	0.224 (3.392)	5.234** (2.649)	2.383 (2.716)	3.561 (2.276)	-1.363 (3.370)	1.967 (2.807)
ROA	-0.959 (1.082)	0.325 (1.202)	0.427 (0.866)	-1.328 (1.033)	-1.158 (1.075)	1.008 (1.274)
MB	-0.294 (0.217)	-0.079 (0.202)	-0.206 (0.174)	0.095 (0.174)	-0.227 (0.216)	-0.061 (0.214)
CF	-0.063 (0.600)	0.114 (0.654)	-0.316 (0.481)	0.107 (0.562)	0.057 (0.596)	0.190 (0.693)
LEV	1.436** (0.667)	0.148 (0.631)	0.812 (0.534)	-0.097 (0.542)	1.224* (0.662)	0.360 (0.668)
Liquidity	-0.351 (0.541)	-0.308 (0.523)	-0.273 (0.433)	0.443 (0.449)	-0.237 (0.537)	-0.270 (0.554)
hhi	-0.711 (4.991)	9.343* (5.409)	-5.814 (3.996)	-6.682 (4.647)	0.780 (4.958)	8.451 (5.732)
hhi^2	-5.654 (10.758)	-20.800 (13.076)	7.909 (8.613)	10.398 (11.233)	-7.833 (10.686)	-18.057 (13.857)
constant	-1.393 (3.092)	-8.382** (3.552)	-4.391* (2.476)	-12.410*** (3.051)	-2.296 (3.072)	-8.169** (3.764)
企业固定	YES	YES	YES	YES	YES	YES
年份固定	YES	YES	YES	YES	YES	YES
N	665	1007	665	1007	665	1007
Adj R^2	0.336	0.238	0.289	0.301	0.276	0.177

二、制度环境

本书考察制度环境对实际控制人境外居留权与企业创新关系的影响。市场化指数来自王小鲁等（2019）发布的中国分省份市场化指数报告。本书根据上市企业总部所在地的制度环境是否超过样本企业的中位数，划分为制度环境好与差两组。从表6-2可知，当制度环境较差时，实际控制人境外居留权的回归系数为-0.256、-0.070、-0.208，且分别在1%、5%和10%水平上显著；当制度环境较好时，实际控制人境外居留权的回归系数均不显著。实证检验结果验证了研究假设11，当企业处于制度环境较好的地区，实际控制人境外居留权与企业创新的负相关关系的显著性较弱。制度环境好的地区，有更好的产权保护、契约约束、知识产权保护力度更强等，企业更愿意进行研发投资。

表6-2　　制度环境

模型	(1)	(2)	(3)	(4)	(5)	(6)
被解释变量	总专利授权		发明专利授权		非发明专利授权	
制度环境	差	好	差	好	差	好
residency	-0.256*** (0.087)	-0.064 (0.083)	-0.070* (0.038)	0.047 (0.039)	-0.208** (0.091)	0.050 (0.086)
ln*asset*	0.560*** (0.059)	0.643*** (0.058)	0.202*** (0.026)	0.173*** (0.027)	0.487*** (0.062)	0.614*** (0.060)
ln*firmage*	-0.270** (0.130)	0.036 (0.102)	-0.209*** (0.057)	-0.048 (0.048)	-0.157 (0.135)	0.057 (0.106)
Salegrow	-0.231*** (0.081)	-0.122* (0.070)	-0.088** (0.036)	-0.038 (0.033)	-0.259*** (0.085)	-0.122* (0.073)
PPE	-0.116 (0.432)	-0.444 (0.471)	-0.033 (0.191)	-0.310 (0.221)	-0.089 (0.451)	-0.523 (0.489)
RDI	8.939*** (1.742)	4.248*** (1.537)	3.792*** (0.773)	2.615*** (0.720)	5.530*** (1.822)	1.001 (1.598)
ROA	-0.087 (1.000)	1.674* (0.919)	-0.517 (0.443)	1.108** (0.431)	0.101 (1.045)	1.066 (0.955)
MB	-0.127 (0.189)	-0.476*** (0.154)	-0.125 (0.084)	-0.063 (0.072)	-0.074 (0.197)	-0.498*** (0.161)
CF	0.588 (0.591)	-0.417 (0.527)	-0.037 (0.262)	-0.451* (0.247)	0.690 (0.618)	-0.309 (0.548)

续表

模型	(1)	(2)	(3)	(4)	(5)	(6)
被解释变量	总专利授权		发明专利授权		非发明专利授权	
制度环境	差	好	差	好	差	好
LEV	-0.078 (0.401)	0.237 (0.463)	-0.130 (0.178)	-0.461** (0.217)	0.155 (0.419)	0.396 (0.481)
Liquidity	-0.494 (0.346)	-0.398 (0.392)	-0.196 (0.153)	-0.597*** (0.184)	-0.394 (0.362)	-0.359 (0.408)
hhi	4.241 (6.377)	4.827 (6.343)	-1.519 (2.828)	2.849 (2.973)	6.273 (6.670)	-0.041 (6.595)
hhi^2	-4.437 (17.559)	-18.314 (13.689)	7.015 (7.788)	-7.890 (6.416)	-11.421 (18.365)	-8.819 (14.233)
constant	-11.171*** (1.419)	-13.433*** (1.427)	-3.571*** (0.629)	-3.558*** (0.669)	-10.155*** (1.485)	-12.391*** (1.483)
企业固定	YES	YES	YES	YES	YES	YES
年份固定	YES	YES	YES	YES	YES	YES
N	817	855	817	855	817	855
Adj R^2	0.396	0.354	0.305	0.229	0.365	0.337

三、财政政策

本书考察财政政策对于实际控制人境外居留权与企业创新关系的影响。一方面，使用财政补贴进行分析。参考余明桂等(2010)，以公司所获补贴收入与总资产比值来定义财政补贴。从表6-3可知，实际控制人境外居留权与财政补贴交乘项的回归系数为2.929、2.596、3.386，且分别在5%和10%水平上显著，这表明财政补贴缓解了实际控制人境外居留权对企业创新的负向作用，财政政策发挥了应有的作用。实证检验结果验证了研究假设12。

另一方面，使用税收优惠进行分析。本书借鉴杜瑞和李延喜(2018)，税收优惠=（名义税率-实际税率）×利润总额÷总资产，其中实际税率借鉴 Porcano（1986），实际税率 =（所得税费用 - 递延所得税费用）÷ 利润总额。从表 6 - 4 可知，实际控制人境外居留权与税收优惠交乘项的回归系数为 2.631、2.493、2.076，且分别在 1%、5% 和 10% 水平上显著，这表明税收优惠缓解了实际控制人境外居留权对企业创新的负向作用，财政政策发挥了激励研发投资的作用。实证检验结果验证了研究假设 13。

可能的原因是，创新活动需要大量的现金流投入，创新过程中存在较大的失败概率，创新成功后推出的新产品商业化过程中也可能出现市场接受度低、消费者群体不稳定、竞争对手模仿抄袭等问题，这些不确定性导致研发投资比其他投资获得回报的可能性低。财政补贴较好地补充了企业研发投资需要的资金，税收优惠又增加了企业创新产品的利润率，促使企业进一步加大研发投资，形成研发投资—创新—高回报—研发投资的良性循环。

表 6 - 3　　　　财政补贴

模型	(1)	(2)	(3)
被解释变量	总专利授权	发明专利授权	非发明专利授权
residency	-0.552*** (0.161)	-0.460*** (0.155)	-0.423** (0.170)
Sub	8.331 (5.120)	0.450 (4.361)	12.251** (5.365)
Subre	2.929** (1.433)	2.596* (1.484)	3.386** (1.531)
ln*asset*	0.170* (0.088)	0.294*** (0.085)	0.167* (0.089)
ln*firmage*	0.765* (0.425)	0.625* (0.371)	0.541 (0.432)
Salegrow	-0.073 (0.051)	-0.036 (0.044)	-0.087 (0.057)
PPE	0.050 (0.483)	0.318 (0.376)	-0.196 (0.473)

续表

模型	(1)	(2)	(3)
被解释变量	总专利授权	发明专利授权	非发明专利授权
RDI	3.418* (2.045)	3.422* (1.990)	1.070 (2.083)
ROA	-0.347 (0.776)	-0.299 (0.498)	-0.254 (0.799)
MB	-0.021 (0.138)	0.050 (0.101)	-0.017 (0.143)
CF	-0.580 (0.413)	-0.662** (0.274)	-0.413 (0.432)
LEV	0.614 (0.417)	0.305 (0.365)	0.499 (0.429)
Liquidity	-0.592* (0.303)	-0.066 (0.285)	-0.592* (0.323)
hhi	-2.394 (3.416)	-6.418** (2.799)	-2.908 (3.254)
hhi^2	1.040 (8.408)	9.250 (6.777)	3.158 (8.117)
constant	-4.091** (1.724)	-7.175*** (1.763)	-3.499** (1.763)
企业固定	YES	YES	YES
年份固定	YES	YES	YES
N	1672	1672	1672
Adj R^2	0.285	0.307	0.200

表 6-4　　税收优惠

模型	(1)	(2)	(3)
被解释变量	总专利授权	发明专利授权	非发明专利授权
residency	-0.184*** (0.070)	-0.059 (0.051)	-0.155** (0.073)
Etr	7.271* (4.270)	-0.009 (3.126)	5.513 (4.443)

续表

模型	(1)	(2)	(3)
被解释变量	总专利授权	发明专利授权	非发明专利授权
Etrre	2.631 ** (1.135)	2.493 *** (0.831)	2.076 * (1.181)
ln*asset*	0.586 *** (0.040)	0.406 *** (0.030)	0.537 *** (0.042)
ln*firmage*	-0.061 (0.078)	-0.060 (0.057)	-0.008 (0.082)
Salegrow	-0.177 *** (0.052)	-0.084 ** (0.038)	-0.190 *** (0.054)
PPE	-0.266 (0.306)	-0.365 (0.224)	-0.293 (0.318)
RDI	5.812 *** (1.145)	6.633 *** (0.838)	2.581 ** (1.191)
ROA	-0.532 (0.919)	0.649 (0.673)	-0.478 (0.956)
MB	-0.362 *** (0.117)	-0.146 * (0.086)	-0.364 *** (0.122)
CF	0.200 (0.386)	-0.147 (0.282)	0.292 (0.401)
LEV	0.324 (0.296)	0.104 (0.216)	0.502 (0.308)
Liquidity	-0.299 (0.251)	-0.305 * (0.183)	-0.247 (0.261)
hhi	7.180 * (3.926)	-0.371 (2.874)	5.064 (4.085)
hhi^2	-20.373 ** (8.981)	-0.500 (6.574)	-16.814 * (9.345)
constant	-12.295 *** (1.008)	-8.283 *** (0.738)	-11.165 *** (1.049)
企业固定	YES	YES	YES
年份固定	YES	YES	YES
N	1672	1672	1672
Adj R^2	0.381	0.333	0.359

第二节　市场层面异质性分析

一、信息环境

本书进一步考察信息环境的影响，使用分析师关注来反映企业信息环境，当分析师关注较多时，企业的信息环境更好，信息透明度更高。从表 6-5 可知，当企业信息环境较差时，实际控制人拥有境外居留权与企业创新显著负相关；当企业信息环境较好时，实际控制人拥有境外居留权与企业创新的负相关关系显著性较弱。实证检验结果验证了研究假设 15。

可能的原因是，企业信息透明度更高，减少了企业与资本市场之间的信息不对称，缓解了企业面临的融资约束，降低了融资成本。信息透明度高也表明企业内部的信息传递和沟通成本较低，提升了研发人员的创新效率。因此，良好的信息环境可以缓解境外居留权对创新的负面作用。

表 6-5　信息环境

模型	(1)	(2)	(3)	(4)	(5)	(6)
被解释变量	总专利授权		发明专利授权		非发明专利授权	
分析师关注	低	高	低	高	低	高
residency	-0.538*** (0.188)	-0.035 (0.229)	-0.297** (0.144)	0.066 (0.438)	-0.457** (0.188)	0.037 (0.248)
ln*asset*	0.092 (0.119)	0.375* (0.197)	0.160 (0.105)	0.537*** (0.178)	0.029 (0.115)	0.414* (0.213)
ln*firmage*	0.451 (0.730)	0.986* (0.588)	0.050 (0.547)	0.319 (0.500)	0.394 (0.654)	0.813 (0.640)
Salegrow	-0.115 (0.081)	-0.036 (0.108)	-0.093 (0.068)	0.142** (0.071)	-0.108 (0.084)	-0.086 (0.121)

续表

模型	(1)	(2)	(3)	(4)	(5)	(6)
被解释变量	总专利授权		发明专利授权		非发明专利授权	
分析师关注	低	高	低	高	低	高
PPE	-0.144 (0.572)	0.545 (0.948)	0.099 (0.460)	0.486 (0.591)	-0.531 (0.587)	0.373 (0.938)
RDI	7.233 ** (2.875)	0.140 (2.658)	7.745 *** (2.343)	-1.395 (2.010)	2.350 (3.029)	-0.251 (3.169)
ROA	-0.697 (0.937)	2.549 (1.564)	-0.160 (0.547)	1.770 (1.150)	-0.436 (0.946)	2.259 (1.678)
MB	-0.175 (0.168)	0.309 (0.288)	-0.023 (0.098)	0.237 (0.255)	-0.189 (0.161)	0.274 (0.311)
CF	-0.259 (0.481)	-0.070 (0.664)	-0.886 ** (0.397)	-0.180 (0.476)	0.053 (0.507)	0.248 (0.700)
LEV	1.145 ** (0.503)	0.245 (0.774)	0.376 (0.373)	0.065 (0.670)	0.604 (0.465)	0.606 (0.871)
Liquidity	-0.161 (0.386)	-0.403 (0.480)	-0.006 (0.320)	0.213 (0.446)	-0.614 (0.379)	-0.020 (0.533)
hhi	-0.692 (3.611)	5.815 (9.968)	-1.947 (3.200)	-5.756 (6.361)	-1.416 (3.566)	6.138 (10.544)
hhi^2	5.579 (9.088)	-37.037 * (21.992)	9.474 (7.819)	-2.226 (15.110)	4.805 (9.733)	-37.986 (23.412)
constant	-2.275 (2.149)	-8.680 * (4.565)	-3.609 * (2.043)	-11.076 *** (3.973)	-0.355 (2.055)	-9.747 * (5.041)
企业固定	YES	YES	YES	YES	YES	YES
年份固定	YES	YES	YES	YES	YES	YES
N	766	906	766	906	766	906
Adj R^2	0.207	0.302	0.168	0.411	0.134	0.224

二、审计师

本书考察外部审计师的审计投入对实际控制人境外居留权与企业创新关系的影响。借鉴 Knechel and Payne（2001），采用审计完成日期与资产负债表日间隔的天数衡量审计投入，再根据企业外部审计投入是否超过样本期的中位数，划分为高低两组。从表6-6可知，当审计投入较低时，实际控制人境外居留权的回归系数为-0.708、-0.741、-0.338，且前两个系数在1%水平上显著，最后一个系数尽管不显著，但仍然为负数；当审计投入较高时，实际控制人境外居留权的回归系数为-0.387、-0.398、-0.338，且前两个系数在10%水平上显著，最后一个系数为负不显著。回归结果表明，当外部审计投入较高时，实际控制人境外居留权与企业创新的负相关关系的显著性较弱，实证检验结果验证了研究假设16。

可能的原因是，当审计师投入更多的审计工时，审计师可以采取更加复杂和严谨的审计程序，对于潜在错报风险的领域进行更大程度的检查，更加容易发现并纠正企业的财务舞弊行为，提高企业财务报告质量。高质量的财务报告能够向市场传递良好的信号，进而降低企业与投资者、债权人之间的信息不对称，缓解企业面临的融资约束，从而能够降低实际控制人拥有境外居留权对企业创新的负面影响。

表6-6　审计投入

模型	(1)	(2)	(3)	(4)	(5)	(6)
被解释变量	总专利授权		发明专利授权		非发明专利授权	
审计投入	低	高	低	高	低	高
residency	-0.708*** (0.256)	-0.387* (0.232)	-0.741*** (0.234)	-0.398* (0.217)	-0.338 (0.283)	-0.286 (0.244)
ln*asset*	0.384** (0.174)	0.073 (0.109)	0.580*** (0.173)	0.070 (0.101)	0.281* (0.168)	0.184 (0.113)
ln*firmage*	0.782 (0.648)	0.552 (0.633)	0.305 (0.491)	1.120** (0.534)	0.778 (0.693)	0.230 (0.621)
Salegrow	-0.274* (0.145)	-0.097 (0.067)	-0.063 (0.120)	-0.101 (0.065)	-0.318** (0.124)	-0.119 (0.080)

续表

模型	(1)	(2)	(3)	(4)	(5)	(6)
被解释变量	总专利授权		发明专利授权		非发明专利授权	
审计投入	低	高	低	高	低	高
PPE	-0.026 (0.990)	0.153 (0.642)	0.483 (0.776)	-0.142 (0.492)	-0.596 (0.882)	0.377 (0.696)
RDI	-0.703 (4.111)	3.406 (2.095)	4.034 (3.754)	3.042 (2.166)	-4.859 (3.468)	2.101 (2.485)
ROA	-1.520 (1.359)	-0.692 (1.074)	-1.368 (1.149)	-0.196 (0.577)	-1.610 (1.532)	-0.479 (1.091)
MB	0.149 (0.204)	-0.144 (0.214)	0.019 (0.147)	0.182 (0.140)	0.228 (0.217)	-0.326 (0.218)
CF	-0.502 (0.698)	-0.414 (0.610)	-0.951* (0.496)	-0.850** (0.411)	-0.151 (0.662)	-0.114 (0.618)
LEV	0.861 (0.881)	0.966** (0.481)	-0.593 (0.757)	0.272 (0.442)	1.204 (0.920)	1.101** (0.503)
Liquidity	-0.739 (0.651)	-0.582 (0.372)	-0.363 (0.588)	-0.292 (0.376)	-0.702 (0.663)	-0.275 (0.391)
hhi	6.063 (7.326)	-1.318 (4.497)	-5.877 (6.530)	-8.622*** (3.167)	5.997 (7.226)	-0.722 (4.609)
hhi^2	-14.234 (14.875)	-1.334 (15.223)	8.906 (13.316)	18.034* (9.763)	-13.538 (15.180)	-2.862 (15.796)
constant	-8.400** (3.373)	-1.535 (2.329)	-11.573*** (3.512)	-3.121 (2.336)	-6.486** (3.267)	-3.566 (2.333)
企业固定	YES	YES	YES	YES	YES	YES
年份固定	YES	YES	YES	YES	YES	YES
N	781	891	781	891	781	891
Adj R^2	0.350	0.240	0.345	0.319	0.283	0.172

三、机构投资者

本书考察机构投资者对实际控制人境外居留权与企业创新关系的影响。从表6-7可知，实际控制人境外居留权与机构投资者持股比例交乘项的回归系数为0.078、0.073、0.065，且分别在1%和5%水平上显著，这表明机构投资者缓解了实际控制人境外居留权对企业创新的负面影响。实证检验结果验证了研究假设3.23。

可能的原因是，机构投资者发挥了监督与信息角色，降低了实际控制人掏空行为，缓解了实际控制人与利益相关者的信息不对称。一方面，与个人投资者相比，机构投资者一般配置有财务、法律等各方面专家形成的团队，有更多的财务资源，投资经验也更加丰富，同时机构投资者一般持有企业较多的股权，企业经营的好坏对于机构投资者而言非常重要，因此，机构投资者有更强的动机和能力去监督实际控制人的违规违法行为。另一方面，机构投资者具备一定的规模效应和专业优势，能够获取更多私人信息，有更强的解析信息的能力，更好地缓解实际控制人与利益相关者的信息不对称。

表6-7　　机构投资者

模型	(1)	(2)	(3)
被解释变量	总专利授权	发明专利授权	非发明专利授权
residency	-0.212*** (0.071)	-0.080 (0.052)	-0.182** (0.074)
Institution	-0.001 (0.007)	0.004 (0.005)	-0.002 (0.007)
Instire	0.078*** (0.028)	0.073*** (0.020)	0.065** (0.029)
ln*asset*	0.579*** (0.042)	0.393*** (0.030)	0.532*** (0.043)
ln*firmage*	-0.053 (0.078)	-0.056 (0.057)	-0.003 (0.081)
Salegrow	-0.189*** (0.052)	-0.098*** (0.038)	-0.200*** (0.054)
PPE	-0.220 (0.306)	-0.318 (0.223)	-0.255 (0.318)

续表

模型	(1)	(2)	(3)
被解释变量	总专利授权	发明专利授权	非发明专利授权
RDI	6.166*** (1.133)	6.710*** (0.828)	2.842** (1.178)
ROA	0.626 (0.665)	0.700 (0.486)	0.400 (0.692)
MB	-0.332*** (0.119)	-0.121 (0.087)	-0.343*** (0.124)
CF	0.096 (0.385)	-0.216 (0.281)	0.211 (0.401)
LEV	0.167 (0.293)	-0.002 (0.214)	0.380 (0.305)
Liquidity	-0.418* (0.249)	-0.384** (0.182)	-0.340 (0.259)
hhi	7.610* (3.949)	-0.189 (2.885)	5.478 (4.107)
hhi^2	-21.281** (9.030)	-0.884 (6.598)	-17.691* (9.392)
constant	-12.224*** (1.030)	-8.035*** (0.753)	-11.120*** (1.072)
企业固定	YES	YES	YES
年份固定	YES	YES	YES
N	1672	1672	1672
Adj R^2	0.380	0.335	0.358

第三节 企业层面异质性分析

一、独立董事

本书考察独立董事对实际控制人境外居留权与企业创新关系的影响。从表6-8可知，实际控制人境外居留权与独立董事占比交乘项的回归系数为0.667、-0.126、0.723，第一个回归系数与第三个回归系数均在10%水平上显著，第二个回归系数虽然为正值但并不显著，这表明独立董事缓解了实际控制人境外居留权对企业创新的负面影响。实证检验结果验证了研究假设18。

可能的原因是，独立董事能够发挥咨询与治理作用。一方面，上市公司聘请的独立董事一般都是财务、法律、行业等方面的专家，具有较丰富的工作经验，专业素质较高，能够为企业经营管理提供智力支持，发挥咨询作用。另一方面，独立董事作为外部董事，具有一定的独立性，在较大程度上可以监督企业舞弊行为。因此，独立董事可以缓解实际控制人拥有境外居留权对于企业创新的负面作用。

表6-8　　　　独立董事

模型	(1)	(2)	(3)
被解释变量	总专利授权	发明专利授权	非发明专利授权
residency	-0.629*** (0.191)	-0.287* (0.170)	-0.524** (0.206)
Indiratio	1.905*** (0.633)	-0.026 (0.457)	2.212*** (0.680)
Indirre	0.667* (0.370)	-0.126 (0.322)	0.723* (0.392)
ln*asset*	0.066 (0.083)	0.161** (0.063)	0.073 (0.086)
ln*firmage*	0.698* (0.396)	0.432* (0.262)	0.487 (0.408)
Salegrow	-0.110** (0.049)	-0.060 (0.040)	-0.127** (0.055)
PPE	-0.181 (0.460)	0.228 (0.334)	-0.468 (0.446)
RDI	3.038 (1.923)	2.177 (1.748)	0.700 (1.995)

续表

模型	(1)	(2)	(3)
被解释变量	总专利授权	发明专利授权	非发明专利授权
ROA	-0.358 (0.715)	-0.244 (0.446)	-0.243 (0.736)
MB	-0.054 (0.133)	-0.058 (0.082)	-0.049 (0.139)
CF	-0.387 (0.389)	-0.581** (0.245)	-0.236 (0.401)
LEV	0.472 (0.386)	0.125 (0.313)	0.376 (0.389)
Liquidity	-0.672** (0.307)	-0.191 (0.253)	-0.694** (0.312)
hhi	1.155 (3.344)	-2.981 (2.437)	0.109 (3.136)
hhi^2	-6.904 (8.048)	1.386 (5.908)	-3.301 (7.643)
constant	-2.346 (1.713)	-3.861*** (1.357)	-2.097 (1.734)
企业固定	YES	YES	YES
年份固定	YES	YES	YES
N	1672	1672	1672
Adj R^2	0.240	0.228	0.169

二、生命周期

本书考察实际控制人境外居留权对企业创新的影响在不同生命周期阶段企业的差异。本书借鉴虞义华等（2018），根据上市公司成立年限是否超过15年，将样本企业划分为成长型企业与成熟型企业。从表6-9可知，当企业为成长型企业时，其拥有境外居留权与企业创新显著负相关；当企业为成熟型企业时，其拥有境外居留权与企业创新关系不显著。实证检验结果验证了研究假设19。

可能的原因是，成长型企业正处于高速发展时期，企业经营、管理、治理等各方面发展可能还不完善，此时实际控制人取得境外居留权对企业的伤害较大，而成熟型企业各方面已经发展完善，即使此时实际控制人获得境外居留权，对企业的影响并不明显。

表 6-9　　成长型企业与成熟型企业

模型	(1)	(2)	(3)	(4)	(5)	(6)
被解释变量	总专利授权		发明专利授权		非发明专利授权	
生命周期	成长型	成熟型	成长型	成熟型	成长型	成熟型
residency	-0.598*** (0.230)	-0.275 (0.223)	-0.434 (0.272)	-0.327 (0.219)	-0.444* (0.253)	-0.169 (0.198)
ln*asset*	0.077 (0.126)	0.139 (0.122)	0.303** (0.144)	0.198* (0.114)	0.139 (0.125)	0.117 (0.122)
ln*firmage*	0.423 (0.664)	-1.224 (1.637)	0.597 (0.536)	-1.360 (2.160)	0.349 (0.673)	-1.625 (1.753)
Salegrow	-0.065 (0.068)	-0.102 (0.081)	-0.031 (0.069)	-0.064 (0.047)	-0.122 (0.075)	-0.095 (0.098)
PPE	-0.322 (0.703)	-0.364 (0.647)	0.413 (0.542)	-0.429 (0.445)	-0.585 (0.679)	-0.250 (0.707)
RDI	2.284 (2.444)	1.573 (3.426)	-0.638 (1.820)	3.949 (2.431)	1.583 (2.931)	-0.445 (3.915)
ROA	-0.036 (1.416)	-0.955 (0.983)	-0.116 (0.798)	-1.509* (0.791)	0.446 (1.506)	-0.845 (0.967)
MB	-0.195 (0.206)	-0.076 (0.196)	0.059 (0.151)	-0.088 (0.124)	-0.311 (0.217)	0.034 (0.216)
CF	-0.812 (0.590)	-0.349 (0.570)	-0.883** (0.374)	-0.783** (0.386)	-0.602 (0.628)	-0.080 (0.616)
LEV	1.343* (0.730)	0.662 (0.469)	0.082 (0.639)	0.592 (0.436)	1.508* (0.781)	0.553 (0.503)
Liquidity	-0.168 (0.458)	-0.476 (0.438)	-0.068 (0.403)	0.196 (0.349)	-0.042 (0.488)	-0.471 (0.499)
hhi	6.148 (4.919)	-8.702 (6.741)	-1.276 (3.949)	-13.950*** (5.236)	5.086 (4.716)	-6.184 (6.863)

续表

模型	(1)	(2)	(3)	(4)	(5)	(6)
被解释变量	总专利授权		发明专利授权		非发明专利授权	
生命周期	成长型	成熟型	成长型	成熟型	成长型	成熟型
hhi^2	-22.733* (11.584)	32.191 (24.467)	-3.510 (9.595)	34.501** (15.283)	-21.100** (10.403)	29.393 (24.023)
constant	-2.294 (2.635)	0.897 (5.448)	-7.346** (3.026)	-0.389 (5.352)	-3.287 (2.667)	2.005 (5.734)
企业固定	YES	YES	YES	YES	YES	YES
年份固定	YES	YES	YES	YES	YES	YES
N	960	712	960	712	960	712
Adj R^2	0.316	0.266	0.305	0.316	0.232	0.182

三、行业

本书考察实际控制人境外居留权对企业创新的影响在不同行业企业的差异。行业是决定企业创新活动的重要因素，各个行业的创新需求是不同的（鲁桐、党印，2014）。本书参照（吉红云、干杏娣，2014），根据中国证监会公告〔2012〕31号《上市公司行业分类指引》，按要素密集度将样本企业划分为劳动密集型、资本密集型和技术密集型行业。表6-10可知，劳动密集型和资本密集型行业中，实际控制人境外居留权显著降低了企业创新。技术密集型行业中，实际控制人境外居留权对企业创新的负向影响基本上不显著。实证检验结果验证了研究假设20。

可能的原因是，资本密集型行业的企业赖以生存的最重要的生产要素就是物质资本，实际控制人获得境外居留权后，更有可能将资本转移至境外，引发企业物质资本流失，从而导致研发投资不足。技术密集型行业的企业，企业核心竞争力主要来自研发人员，实际控制人移居境外时，较难将研发人员进行转移，企业仍然可以正常实施创新活动。

表 6-10　劳动密集型、资本密集型和技术密集型行业

模型	(1)	(2)	(3)	(4)	(5)	(6)	(7)	(8)	(9)
被解释变量	总专利授权			发明专利授权			非发明专利授权		
行业	劳动密集	资本密集	技术密集	劳动密集	资本密集	技术密集	劳动密集	资本密集	技术密集
residency	-0.335**	-0.344**	-0.029	-0.104	-0.243**	0.107*	-0.282**	-0.164	-0.068
	(0.132)	(0.148)	(0.072)	(0.079)	(0.100)	(0.058)	(0.137)	(0.160)	(0.074)
ln*asset*	0.363***	0.139	0.754***	0.220***	0.230***	0.501***	0.356***	0.021	0.708***
	(0.100)	(0.118)	(0.047)	(0.060)	(0.080)	(0.038)	(0.104)	(0.128)	(0.049)
ln*firmage*	0.323	-0.683***	0.008	0.068	-0.271*	-0.034	0.267	-0.494**	0.063
	(0.197)	(0.215)	(0.092)	(0.119)	(0.146)	(0.074)	(0.205)	(0.233)	(0.095)
Salegrow	-0.249*	-0.052	-0.176***	-0.123	-0.103	-0.070	-0.216	-0.032	-0.210***
	(0.135)	(0.168)	(0.060)	(0.081)	(0.114)	(0.048)	(0.141)	(0.182)	(0.061)
PPE	0.351	-0.116	-0.429	-0.360	-0.183	-0.247	0.270	0.008	-0.487
	(0.629)	(0.705)	(0.410)	(0.380)	(0.479)	(0.330)	(0.656)	(0.763)	(0.423)
RDI	10.009**	13.154***	4.637***	8.793***	9.083***	6.054***	6.322	8.960**	1.418
	(4.159)	(3.575)	(1.247)	(2.512)	(2.430)	(1.004)	(4.338)	(3.871)	(1.287)
ROA	-0.555	-0.082	1.171	0.989	0.023	0.723	-0.675	-0.093	0.916
	(1.625)	(1.514)	(0.838)	(0.982)	(1.029)	(0.675)	(1.696)	(1.640)	(0.865)
MB	-0.009	-0.047	-0.434***	0.128	-0.227	-0.125	-0.131	0.022	-0.461***
	(0.336)	(0.324)	(0.135)	(0.203)	(0.220)	(0.109)	(0.351)	(0.351)	(0.140)

续表

模型	（1）	（2）	（3）	（4）	（5）	（6）	（7）	（8）	（9）
被解释变量	总专利授权			发明专利授权			非发明专利授权		
行业	劳动密集	资本密集	技术密集	劳动密集	资本密集	技术密集	劳动密集	资本密集	技术密集
CF	0.944 (0.823)	0.242 (0.908)	-0.199 (0.501)	-0.425 (0.497)	0.097 (0.617)	-0.001 (0.403)	1.097 (0.859)	0.324 (0.983)	-0.149 (0.517)
LEV	0.404 (0.649)	0.000 (0.756)	0.285 (0.364)	0.268 (0.392)	0.241 (0.514)	-0.036 (0.293)	0.347 (0.677)	-0.239 (0.818)	0.631* (0.376)
Liquidity	-0.273 (0.537)	-0.279 (0.638)	-0.332 (0.314)	-0.220 (0.324)	0.125 (0.434)	-0.344 (0.253)	-0.302 (0.560)	-0.476 (0.691)	-0.224 (0.324)
hhi	6.756 (7.684)	21.955 (14.248)	12.963** (5.804)	1.839 (4.641)	4.985 (9.684)	1.305 (4.674)	5.491 (8.016)	18.839 (15.428)	9.900* (5.991)
hhi^2	-11.131 (16.296)	-37.225 (28.856)	-54.505*** (16.827)	-6.402 (9.843)	0.224 (19.613)	-16.025 (13.552)	-8.914 (16.999)	-37.384 (31.247)	-44.573** (17.370)
constant	-9.517*** (2.438)	-2.239 (2.668)	-14.855*** (1.300)	-4.824*** (1.472)	-4.520** (1.813)	-9.834*** (1.047)	-9.061*** (2.543)	0.255 (2.889)	-13.661*** (1.342)
企业固定	YES	YES	YES	YES	YES	YES	YES	YES	YES
年份固定	YES	YES	YES	YES	YES	YES	YES	YES	YES
N	385	271	1016	385	271	1016	385	271	1016
Adj R^2	0.295	0.263	0.416	0.247	0.263	0.334	0.241	0.148	0.418

第四节　实际控制人层面异质性分析

一、实际控制人亲属拥有境外居留权

本书进一步研究实际控制人及其亲属同时拥有境外居留权与企业创新的关系。表6－11报告了OLS回归结果。从回归结果可知，与实际控制人亲属未拥有境外居留权的企业相比，实际控制人亲属也拥有境外居留权的企业的回归系数更加显著。这表明，当实际控制人与亲属同时拥有境外居留权时，实际控制人境外居留权对企业创新抑制作用更加明显，实证检验结果验证了研究假设21。

可能的原因是，一方面，实际控制人仅仅自己拥有境外居留权，当企业出现经营、财务等风险时，选择“跑路”的顾虑较多，因为其家人仍然滞留在国内，即使实际控制人选择了“跑路”，其未来返回境内的可能性较高。而家庭移民的实际控制人离境时不用顾虑家庭成员，可以携带家庭成员一起“跑路”，甚至在自己离境前家庭成员早已经在境外。因此，家庭整体移民的实际控制人会给利益相关者对于实际控制人以及所控制企业带来更大程度的不信任。另一方面，家庭移民所需要的资金更高，实际控制人有更强的动机实施掏空、会计信息操纵行为来攫取企业资源，为自己谋取更大利益。

表6－11　　实际控制人亲属拥有境外居留权

模型	(1)	(2)	(3)	(4)	(5)	(6)
被解释变量	总专利授权		发明专利授权		非发明专利授权	
亲属	拥有	不拥有	拥有	不拥有	拥有	不拥有
residency	－0.774 (0.559)	－0.050 (0.067)	－0.844** (0.412)	0.055 (0.046)	－0.282 (0.565)	－0.058 (0.070)

续表

模型	(1)	(2)	(3)	(4)	(5)	(6)
被解释变量	总专利授权		发明专利授权		非发明专利授权	
亲属	拥有	不拥有	拥有	不拥有	拥有	不拥有
ln*asset*	0.534 *** (0.112)	0.600 *** (0.044)	0.443 *** (0.083)	0.359 *** (0.030)	0.456 *** (0.113)	0.553 *** (0.046)
ln*firmage*	-0.326 * (0.168)	-0.021 (0.093)	-0.044 (0.124)	-0.106 * (0.064)	-0.274 (0.170)	0.034 (0.098)
Salegrow	-0.094 (0.133)	-0.191 *** (0.057)	0.009 (0.098)	-0.109 *** (0.039)	-0.190 (0.134)	-0.192 *** (0.059)
PPE	-0.151 (0.697)	-0.126 (0.349)	-0.524 (0.514)	-0.270 (0.240)	-0.331 (0.704)	-0.125 (0.364)
RDI	13.777 *** (2.301)	4.450 *** (1.323)	9.180 *** (1.696)	4.849 *** (0.909)	9.167 *** (2.324)	1.835 (1.383)
ROA	0.959 (1.399)	0.408 (0.769)	-0.397 (1.032)	0.644 (0.528)	1.253 (1.414)	0.234 (0.804)
MB	0.067 (0.345)	-0.364 *** (0.128)	0.030 (0.255)	-0.163 * (0.088)	0.179 (0.349)	-0.374 *** (0.134)
CF	-1.601 * (0.955)	0.267 (0.426)	-0.390 (0.704)	-0.202 (0.293)	-1.793 * (0.965)	0.435 (0.446)
LEV	-0.572 (0.637)	0.270 (0.334)	-0.362 (0.470)	-0.007 (0.229)	-0.330 (0.644)	0.466 (0.349)
Liquidity	-0.921 * (0.531)	-0.245 (0.286)	0.263 (0.391)	-0.441 ** (0.197)	-0.995 * (0.536)	-0.170 (0.299)
hhi	12.974 (10.769)	5.689 (4.402)	-3.283 (7.939)	1.128 (3.024)	10.119 (10.879)	3.392 (4.601)
hhi^2	-38.175 * (22.018)	-14.991 (10.309)	0.228 (16.232)	-2.035 (7.082)	-31.692 (22.242)	-11.688 (10.775)
constant	-9.885 *** (2.839)	-12.812 *** (1.105)	-7.368 *** (2.093)	-7.423 *** (0.759)	-8.792 *** (2.868)	-11.671 *** (1.154)
企业固定	YES	YES	YES	YES	YES	YES
年份固定	YES	YES	YES	YES	YES	YES
N	344	1328	344	1328	344	1328
Adj R^2	0.458	0.376	0.402	0.307	0.402	0.306

二、两权分离

本书进一步考察实际控制人对企业控制权与所有权分离程度的影响。两权分离程度反映了实际控制人利用控制权侵占中小股东利益的机会主义行为，衡量方法参考（Claessens 等，2002），使用控制权与现金流权的差额衡量两权分离程度。从表 6 - 12 可知，当两权分离程度更高时，其拥有境外居留权与企业创新显著负相关；当两权分离程度较弱时，其拥有境外居留权与企业创新关系不显著。实证检验结果验证了研究假设 22。可能的原因是，更高的两权分离使得实际控制人可以更好地掌控企业，更有能力套取企业资源，实施“隧道行为”，损害中小股东利益，从而降低了企业创新。

表 6 - 12　　两权分离

模型	(1)	(2)	(3)	(4)	(5)	(6)
被解释变量	总专利授权		发明专利授权		非发明专利授权	
两权分离	低	高	低	高	低	高
residency	-0.055 (0.118)	-0.741*** (0.272)	0.060 (0.212)	-0.646*** (0.176)	-0.108 (0.140)	-0.600* (0.320)
ln*asset*	0.152 (0.198)	0.209* (0.110)	0.323* (0.164)	0.321*** (0.106)	0.206 (0.212)	0.150 (0.112)
ln*firmage*	0.762 (0.511)	0.676 (0.637)	0.404 (0.425)	0.668 (0.617)	0.495 (0.621)	0.479 (0.589)
Salegrow	-0.133 (0.089)	0.005 (0.066)	-0.136* (0.069)	0.032 (0.043)	-0.133 (0.099)	-0.016 (0.073)
PPE	1.745*** (0.644)	-1.393** (0.623)	0.931 (0.663)	-0.457 (0.433)	1.486** (0.629)	-1.464** (0.654)
RDI	0.916 (3.459)	6.015** (2.561)	2.164 (3.547)	5.282* (3.019)	-2.771 (3.059)	5.730** (2.706)
ROA	0.793 (1.507)	-0.652 (0.944)	0.092 (1.082)	-0.312 (0.610)	0.742 (1.764)	-0.531 (0.916)

续表

模型	(1)	(2)	(3)	(4)	(5)	(6)
被解释变量	总专利授权		发明专利授权		非发明专利授权	
两权分离	低	高	低	高	低	高
MB	0.126 (0.301)	-0.078 (0.161)	0.295 (0.211)	-0.040 (0.110)	0.002 (0.319)	-0.030 (0.169)
CF	-0.018 (0.736)	-0.824* (0.486)	-0.790* (0.462)	-0.492 (0.318)	0.265 (0.760)	-0.864* (0.507)
LEV	0.794 (0.793)	0.563 (0.518)	0.358 (0.639)	0.385 (0.473)	0.572 (0.786)	0.360 (0.571)
Liquidity	-0.055 (0.551)	-1.046*** (0.370)	0.237 (0.504)	-0.219 (0.339)	-0.333 (0.573)	-1.062** (0.420)
hhi	-6.382 (5.924)	4.229 (4.969)	-9.993** (4.762)	-0.448 (4.210)	-8.916* (5.390)	3.295 (5.005)
hhi^2	2.665 (16.131)	-9.291 (10.247)	12.962 (11.993)	-1.267 (9.153)	13.834 (14.460)	-7.580 (10.407)
constant	-3.133 (4.331)	-4.606** (2.214)	-6.789* (3.764)	-7.845*** (2.150)	-3.456 (4.771)	-3.062 (2.313)
企业固定	YES	YES	YES	YES	YES	YES
年份固定	YES	YES	YES	YES	YES	YES
N	805	867	805	867	805	867
Adj R^2	0.292	0.300	0.317	0.31	0.194	0.228

三、控制方式

本书进一步考察实际控制人对企业控制方式的不同产生的影响。从表6-13可知，当实际控制人直接控制企业时，其拥有境外居留权与企业创新显著负相关；当实际控制人使用字塔持股、复式投票权、交叉持股、多重持股等间接控制方式时，其拥有境外居留权与企业创新的负相关关系显著性较弱。实证检验结果验证了研究假设23。可能的原因是，当实际控制人直接控制企业时，从“听政”到“亲政”，大大降低了信息传递和沟通的成本，实际控制人的意志能更加有效地贯彻落实到管理层，减少了信息扭曲，使企业的创新活动更加能够完整、准确、及时地反映实际控制人拥有境外居留权形成的个人偏好。

表 6-13　控制方式

模型	(1)	(2)	(3)	(4)	(5)	(6)
被解释变量	总专利授权		发明专利授权		非发明专利授权	
控制方式	非直接控制	直接控制	非直接控制	直接控制	非直接控制	直接控制
residency	0.309 (0.681)	-0.642* (0.363)	0.240 (0.399)	-0.116 (0.407)	0.220 (0.677)	-0.643** (0.280)
ln*asset*	0.483*** (0.155)	-0.135 (0.301)	0.322*** (0.120)	0.268 (0.320)	0.477*** (0.144)	0.110 (0.293)
ln*firmage*	-0.538 (0.943)	1.046 (0.907)	-0.954 (0.806)	0.181 (0.867)	-0.030 (0.848)	0.980 (0.796)
Salegrow	0.000 (0.073)	0.234 (0.177)	0.095 (0.064)	0.071 (0.168)	-0.072 (0.083)	0.249 (0.192)
PPE	1.150 (1.039)	0.102 (1.122)	1.646* (0.836)	0.042 (1.120)	0.669 (1.013)	0.998 (1.457)
RDI	0.534 (5.728)	-22.090*** (4.818)	2.484 (5.578)	-5.146 (5.852)	0.342 (5.642)	-28.558*** (5.326)
ROA	-0.217 (1.033)	-4.322** (2.086)	0.396 (0.804)	0.434 (2.262)	-0.324 (0.973)	-4.472** (2.214)
MB	-0.591** (0.296)	1.079* (0.594)	-0.058 (0.211)	1.453*** (0.448)	-0.472 (0.296)	0.817 (0.561)
CF	-1.634** (0.715)	-0.946 (1.230)	-1.057** (0.534)	-0.512 (1.003)	-1.886*** (0.723)	-1.072 (1.229)
LEV	0.534 (0.717)	-1.284 (1.119)	0.719 (0.817)	-0.806 (1.156)	0.450 (0.745)	-0.886 (1.120)
Liquidity	-0.421 (0.413)	0.418 (0.931)	0.017 (0.481)	0.150 (0.938)	-0.284 (0.468)	1.020 (0.853)
hhi	1.357 (8.107)	-17.136* (9.076)	3.345 (8.231)	-15.660* (8.717)	-0.542 (7.672)	-13.005 (8.586)

续表

模型	(1)	(2)	(3)	(4)	(5)	(6)
被解释变量	总专利授权		发明专利授权		非发明专利授权	
控制方式	非直接控制	直接控制	非直接控制	直接控制	非直接控制	直接控制
hhi^2	-13.504 (20.095)	17.068 (23.859)	-15.869 (19.542)	25.478 (22.355)	-5.429 (17.465)	10.386 (25.100)
constant	-8.454** (3.416)	5.186 (7.356)	-5.990** (2.868)	-4.198 (7.770)	-9.117*** (3.160)	-0.623 (7.027)
企业固定	YES	YES	YES	YES	YES	YES
年份固定	YES	YES	YES	YES	YES	YES
N	427	236	427	236	427	236
Adj R^2	0.422	0.532	0.436	0.448	0.352	0.447

四、实际控制人年龄

本书考察当实际控制人年龄不同时，实际控制人境外居留权对企业创新的影响的差异。本书根据企业实际控制人的年龄是否超过样本企业实际控制人年龄的中位数，划分为年轻型实际控制人企业和年长型实际控制人企业，当企业存在多名实际控制人时，以第一位实际控制人年龄为准。从表6-14可知，当实际控制人较为年长时，其拥有境外居留权与企业创新显著负相关；当实际控制人较为年轻时，其拥有境外居留权与企业创新关系不显著。实证检验结果验证了研究假设24。

可能的原因是，更年轻的实际控制人思想更加开放活跃，更能够接受新鲜事物，能够较好利用境外居留权身份获得更多的海外资源，与海外企业、研发机构更多地联系，进而支持企业创新，从而缓解获得境外居留权给企业创新带来的不利影响。较为年长的实际控制人思想较为保守，难以利用境外居留权身份获得海外资源，为企业带来合作创新、海外融资等机会，并且移民动机主要是为了在境外更好地生活，而不是为了支持企业创新。

表 6-14　年轻实际控制人和年长实际控制人

模型	(1)	(2)	(3)	(4)	(5)	(6)
被解释变量	总专利授权		发明专利授权		非发明专利授权	
年龄	年轻	年长	年轻	年长	年轻	年长
residency	-0.117 (0.177)	-0.666** (0.272)	-0.396 (0.245)	-0.308 (0.253)	0.135 (0.238)	-0.611** (0.274)
ln*asset*	0.156 (0.126)	0.124 (0.187)	0.229** (0.116)	0.245* (0.140)	0.131 (0.123)	0.116 (0.195)
ln*firmage*	1.078* (0.621)	1.593** (0.702)	0.385 (0.517)	1.463** (0.577)	0.555 (0.673)	1.444** (0.726)
Salegrow	-0.060 (0.069)	-0.107 (0.089)	-0.050 (0.065)	-0.098 (0.065)	-0.078 (0.074)	-0.119 (0.108)
PPE	-0.435 (0.779)	0.500 (0.757)	0.316 (0.462)	0.283 (0.669)	-0.798 (0.788)	0.328 (0.709)
RDI	1.338 (2.651)	5.027 (3.122)	0.270 (2.087)	4.304 (3.235)	-0.896 (3.304)	2.781 (3.018)
ROA	-1.377 (0.886)	0.612 (2.139)	-0.639 (0.503)	-0.295 (1.532)	-1.383 (0.969)	0.611 (2.124)
MB	0.064 (0.211)	-0.229 (0.320)	0.008 (0.118)	-0.010 (0.236)	0.037 (0.210)	-0.223 (0.342)
CF	-0.500 (0.501)	-0.479 (0.779)	-0.377 (0.394)	-0.511 (0.472)	-0.251 (0.532)	-0.429 (0.792)
LEV	0.494 (0.604)	0.660 (0.696)	0.224 (0.464)	-0.084 (0.667)	0.071 (0.645)	1.085 (0.725)
Liquidity	-0.297 (0.465)	-0.907* (0.471)	-0.049 (0.373)	-0.255 (0.515)	-0.520 (0.503)	-0.661 (0.514)
hhi	-2.918 (5.416)	-0.481 (6.025)	-7.312* (3.860)	-0.494 (5.617)	-5.224 (4.972)	0.611 (6.039)
hhi^2	-7.685 (15.694)	-2.890 (12.091)	10.529 (11.769)	0.040 (11.588)	-0.040 (13.153)	-6.017 (12.220)
constant	-4.432* (2.556)	-4.302 (4.396)	-5.059** (2.406)	-7.976** (3.258)	-2.446 (2.503)	-4.274 (4.587)
企业固定	YES	YES	YES	YES	YES	YES
年份固定	YES	YES	YES	YES	YES	YES
N	775	828	775	828	775	828
Adj R^2	0.314	0.248	0.264	0.222	0.238	0.174

五、实际控制人受教育程度

本书考察当实际控制人受教育程度不同时，实际控制人境外居留权对于企业创新的影响的差异。本书根据企业实际控制人的受教育程度是否超过样本企业实际控制人受教育程度的中位数，划分为受教育程度较低的实际控制人企业和受教育程度较高的实际控制人企业，当企业存在多名实际控制人时，以第一位实际控制人受教育程度为准。从表6－15可知，当实际控制人受教育程度较低时，其拥有境外居留权与企业创新显著负相关；当实际控制人受教育程度较高时，其拥有境外居留权与企业创新关系不显著。实证检验结果验证了研究假设25。

可能的原因是，受教育程度较高的实际控制人外语水平更高，更可能自身在海外有留学、工作等经历，更能够利用境外居留权身份获得海外资源，比如海外并购、设立海外研发中心、合作创新、招聘海外技术人才、海外上市、海外贷款或发债等，支持企业创新，从而缓解实际控制人获得境外居留权给企业创新带来的负面效应。受教育程度较低的实际控制人外语水平不高，更少有海外留学、工作等海外背景，利用境外居留权身份获得海外资源的能力有限，因而无法抵消其拥有境外居留权对于企业创新引发的消极作用。

表6－15　受教育程度较低的实际控制人和受教育程度较高的实际控制人

模型	(1)	(2)	(3)	(4)	(5)	(6)
被解释变量	总专利授权		发明专利授权		非发明专利授权	
受教育程度	较低	较高	较低	较高	较低	较高
residency	－0.280** (0.132)	－0.064 (0.066)	－0.055 (0.097)	0.017 (0.049)	－0.232* (0.137)	－0.059 (0.068)

续表

模型	(1)	(2)	(3)	(4)	(5)	(6)
被解释变量	总专利授权		发明专利授权		非发明专利授权	
受教育程度	较低	较高	较低	较高	较低	较高
ln*asset*	0.331*** (0.097)	0.658*** (0.044)	0.214*** (0.072)	0.457*** (0.033)	0.271*** (0.101)	0.607*** (0.046)
ln*firmage*	-0.244 (0.182)	-0.018 (0.089)	-0.120 (0.135)	-0.039 (0.066)	-0.175 (0.190)	0.035 (0.092)
Salegrow	-0.022 (0.163)	-0.193*** (0.055)	-0.047 (0.120)	-0.095** (0.041)	-0.020 (0.170)	-0.208*** (0.057)
PPE	-0.188 (0.699)	-0.332 (0.350)	0.539 (0.516)	-0.443* (0.260)	-0.784 (0.728)	-0.302 (0.362)
RDI	7.394** (3.664)	5.822*** (1.215)	6.696** (2.706)	6.685*** (0.902)	7.664** (3.817)	2.104* (1.258)
ROA	1.982 (1.735)	0.315 (0.724)	1.583 (1.282)	0.611 (0.537)	2.110 (1.807)	0.109 (0.750)
MB	0.201 (0.315)	-0.483*** (0.127)	0.266 (0.233)	-0.233** (0.094)	0.193 (0.328)	-0.484*** (0.131)
CF	-0.101 (0.939)	-0.165 (0.424)	-0.351 (0.694)	-0.271 (0.315)	0.092 (0.978)	-0.096 (0.439)
LEV	-0.646 (0.738)	0.431 (0.322)	-0.156 (0.545)	0.127 (0.239)	-0.236 (0.769)	0.621* (0.333)
Liquidity	-1.712*** (0.597)	-0.022 (0.277)	-0.584 (0.441)	-0.214 (0.205)	-1.693*** (0.622)	0.041 (0.286)
hhi	2.137 (9.497)	6.712 (4.415)	-1.031 (7.015)	-0.653 (3.276)	0.848 (9.893)	4.359 (4.572)
hhi^2	-12.721 (20.464)	-17.731* (10.325)	-7.935 (15.117)	2.764 (7.662)	-6.640 (21.319)	-14.244 (10.691)
constant	-8.176*** (2.568)	-13.661*** (1.097)	-4.960*** (1.897)	-9.338*** (0.814)	-6.383** (2.675)	-12.522*** (1.136)
企业固定	YES	YES	YES	YES	YES	YES
年份固定	YES	YES	YES	YES	YES	YES
N	353	1319	353	1319	353	1319
Adj R^2	0.409	0.395	0.296	0.342	0.416	0.371

六、实际控制人研发背景

本书考察当实际控制人是否存在研发背景时，实际控制人境外居留权对于企业创新的影响的差异。本书参考王小平、王雪平（2019）研究成果，研发背景的判断标准为：一是具有工程师、研究员以及技术类相关职称；二是拥有技术相关学习经历；三是研发和技术岗位的工作经历。符合上述标准之一，即认定为具有研发背景的实际控制人。从表6－16可知，当实际控制人没有研发背景时，其拥有境外居留权与企业创新显著负相关；当实际控制人具有研发背景时，其拥有境外居留权与企业创新关系不显著。实证检验结果验证了研究假设26。

可能的原因是，具有研发背景的实际控制人能够凭借其技术经验和能力，在获得境外居留权后，能够更加方便地与海外高科技企业、大学、研究机构等创新组织以及技术专家建立起关系网络，获得创新的知识与资源，强化合作创新，从而缓解实际控制人获得境外居留权给企业创新带来的负面效应。

表6－16　具有研发背景的实际控制人和无研发背景的实际控制人

模型	(1)	(2)	(3)	(4)	(5)	(6)
被解释变量	总专利授权		发明专利授权		非发明专利授权	
研发背景	无	有	无	有	无	有
residency	－0.149** (0.064)	0.205 (0.156)	－0.014 (0.037)	0.162 (0.104)	－0.125* (0.067)	0.113 (0.157)
ln*asset*	0.524*** (0.044)	0.795*** (0.108)	0.258*** (0.026)	0.360*** (0.073)	0.462*** (0.046)	0.771*** (0.109)
ln*firmage*	－0.016 (0.084)	－0.065 (0.232)	－0.088* (0.049)	－0.017 (0.155)	0.051 (0.088)	－0.046 (0.234)
Salegrow	－0.171*** (0.056)	－0.217* (0.131)	－0.070** (0.033)	－0.148* (0.088)	－0.181*** (0.059)	－0.244* (0.132)

续表

模型	(1)	(2)	(3)	(4)	(5)	(6)
被解释变量	总专利授权		发明专利授权		非发明专利授权	
研发背景	无	有	无	有	无	有
PPE	-0.040 (0.327)	-0.000 (0.873)	-0.069 (0.192)	-0.379 (0.586)	-0.138 (0.342)	0.085 (0.880)
RDI	7.386*** (1.273)	1.156 (2.553)	4.895*** (0.746)	3.636** (1.712)	4.178*** (1.331)	-1.935 (2.574)
ROA	0.528 (0.709)	-0.334 (1.854)	0.750* (0.416)	-1.933 (1.243)	0.090 (0.741)	0.774 (1.869)
MB	-0.321*** (0.123)	-0.219 (0.392)	-0.119* (0.072)	-0.185 (0.263)	-0.314** (0.129)	-0.303 (0.395)
CF	0.264 (0.413)	-0.441 (1.029)	-0.148 (0.242)	-0.349 (0.690)	0.382 (0.432)	-0.419 (1.037)
LEV	0.097 (0.315)	0.771 (0.811)	-0.088 (0.185)	-0.013 (0.544)	0.160 (0.330)	1.670** (0.818)
Liquidity	-0.318 (0.270)	-0.624 (0.618)	-0.256 (0.159)	-0.596 (0.414)	-0.363 (0.283)	-0.024 (0.623)
hhi	4.512 (4.221)	20.666* (11.059)	-0.935 (2.476)	11.375 (7.415)	2.574 (4.414)	15.518 (11.149)
hhi^2	-15.935 (9.712)	-39.296 (25.835)	-1.462 (5.697)	-16.072 (17.323)	-12.142 (10.156)	-29.267 (26.044)
constant	-11.149*** (1.111)	-18.204*** (2.540)	-5.233*** (0.652)	-8.589*** (1.703)	-9.593*** (1.162)	-18.050*** (2.561)
企业固定	YES	YES	YES	YES	YES	YES
年份固定	YES	YES	YES	YES	YES	YES
N	1382	290	1382	290	1382	290
Adj R^2	0.365	0.508	0.304	0.262	0.338	0.527

本章小结

本章以我国2003—2017年间的沪深A股民营制造业上市公司为研究样本，从宏观层面、市场层面、企业层面以及实际控制人等层面研究了不同因素对于实际控制人拥有境外居留权与企业创新关系的影响。研究结果表明：一是宏观层面，较高的经济政策不确定性、较好的制度环境、财政政策缓解了实际控制人境外居留权对企业创新的负面影响。二是市场层面。较好的信息环境、更多的审计投入、较高的机构投资者持股缓解了实际控制人境外居留权对企业创新的负面影响。三是企业层面。独立董事缓解了实际控制人境外居留权对企业创新的负面影响。实际控制人境外居留权对企业创新的负面作用在成熟型企业、技术密集型行业企业中较弱。四是实际控制人层面。当实际控制人与亲属同时拥有境外居留权，控制权与现金流权分离程度更高，以直接控制方式控制企业，较为年长、受教育程度较低、不具备研发背景的实际控制人，其取得境外居留权与企业创新的负相关关系更加显著。

结　论

一、研究结论

创新是一个国家经济增长的驱动力（Schumpeter，1911；Solow，1957；Romer，1986），企业长期竞争力的来源（Porte，1992）。党的十九大报告指出，创新是引领发展的第一动力，是建设现代化经济体系的战略支撑。要建立以企业为主体、市场为导向、产学研深度融合的创新体系，要毫不动摇鼓励、支持、引导非公有制经济发展。党的十九届四中全会强调，建立以企业为主体、市场为导向、产学研深度融合的创新体系，支持大中小企业和各类主体融通创新。近年来全球化背景下的各个国家之间的产品、服务、技术、人才交流日益频繁，特别是人才的跨国迁移已成常态，截至 2019 年底，我国已是全球第三大国际移民来源国，在境外国家或地区生活中国移民高达 1100 万人。拥有境外居留权的民营制造业上市公司实际控制人的比例从 2003 年的 0.16% 增长至 2017 年的 10.1%。实际控制人这种身份的转变，将给企业创新活动带来深远的影响。因此，本书基于高层梯队理论、烙印理论、资源依赖理论、委托代理理论、信息不对称理论、会计契约理论等经济学、管理学的经典理论，利用 2003—2017 年我国制造业民营上市公司数据，考察了实际控制人拥有境外居留权与企业创新的关系。本书主要研究发现如下：

（1）实际控制人拥有境外居留权抑制了企业创新。本书使用了创新投入、创新产出数量、创新产出质量与创新产出效率等多个指标进行实证检验。采用了工具变量法估计（2SLS），双重差分法（DID），安慰剂检验，改变因变量衡量指标、自变量衡量指标、回归模型、匹配方法、调整样本等方法，进行稳健性测试，均支持了本书结论。

实际控制人拥有境外居留权抑制企业创新的主要原理是拥有境外居留权为实际控制人刻上了特殊的烙印，反映了其个人偏好，其认知能力、思维模式发生了一定程度的转化，改变了其管理企业的决策方式，进而影响了企业创新活动。一方面，拥有境外居留权的实际控制人缺乏在境内长期经营的意愿，眼光更加短浅。创新是一种回报周期长、效益见效慢的投资活动，这就导致实际控制人不愿意实施创新项目。实际控制人更加注重个人利益，有更强的动机掏空企业资源，侵占中小股东利益。创新活动的投入金额较大，需要消耗大量的内部资源和外部资金，实际控制人的这种机会主义行为减少了企业的研发投资。另一方面，实际控制人取得境外居留权降低了企业利益相关者对实际控制人的信任程度。实际控制人能够在实施违法违规行为后利用境外居留权身份随时离境的这种人为风险，使投资者和债权人不愿意为企业提供资金或者索取更高的资金收益。同时，实际控制人能够利用境外居留权身份随时“跑路”的这种行为削弱了内部研发人员的心理安全感及其对企业的信任度，从而降低了研发人员的创新效率。

（2）实际控制人拥有境外居留权影响企业创新的主要路径是掏空行为、会计信息操纵与融资约束。本书从主观与客观两个方面来分析实际控制人获得境外居留权影响企业创新的作用机制。一是实际控制人主观上比较短视，更加关注短期利益而不是未来长期利益，从而有更多的掏空、会计信息操纵等行为；二是客观上加剧了企业融资约束。实际控制人可以利用境外居留权身份随时离境逃避自身责任和法律制裁的行为，导致企业内外部利益相关者对实际控制人及其企业的信任程度、信任感下降从而使企业的融资成本上升。

（3）不同层面因素会对实际控制人拥有境外居留权与企业创新关系产生一定的调节作用。本书从宏观、市场、企业、实际控制人等四个层面，对实际控制人拥有境外居留权与企业创新的关系进行了异质性分析。较高的经济政策不确定性、较好的制度环境、财政政策、较好的信息环境、更多的审计投入、较高的机构投资者持股、独立董事缓解了实际控制人境外居留权对企业创新的负面影响。实际控制人境外居留权对企业创新的负面作用在成熟型企业、技术密集型行业企业中较弱。当实际控制人与亲属同时拥有境外居留权，控制权与现金流权分离程度更高，以直接控制方式控制企业，较为年长、受教育程度较低、不具有研发背景的实际控制人，其取得境外居留权与企业创新的负相关关系更加显著。

二、政策建议

（一）宏观层面

一是强化实际控制人拥有境外居留权的企业的监管力度，重点关注企业资本外流情况，分析资本外流的合规性与合理性。对于资产负债率较高的企业，特别是一些僵尸企业的实际控制人，要加强其实际控制人的出入境管理，防止实际控制人通过境外居留权身份逃避法律责任。二是进一步实施市场化改革，保障人力、资本、技术等生产要素的自由流动。切实维护民营企业家的合法权益，解决企业家的后顾之忧，激发企业家创业和创新动力。三是通过政府补贴、税收优惠、公共采购等多种政策手段强化对民营企业创新的支持，缓释企业创新失败可能导致的经营、财务等风险，增强民营企业创新的主动性和积极性。四是进一步完善资本市场，发挥资本市场对民营创新企业的支持作用。加强银行信贷资源的引导，将更多资源投放到实体经济，缓解民营中小企业的融资约束。

（二）微观层面

一是民营企业家要充分认识到创新是企业的核心竞争力，是企业长期健康发展的驱动力，应不断加大研发投资，持续提升企业产品附加值，在核心技术方面减少对国外供应商的依赖程度，提升自主创新力度，助力经济高质量发展。二是民营企业要健全创新激励机制，提高对创新项目失败的容忍度，减少管理层短视行为，通过股票期权、责任保险等措施为研发人员提供长期的支持和保障，创造良好宽松的研究环境。三是持续提高企业经营能力，不断完善公司治理结构，进一步构建现代企业制度，有效利用机构投资者、独立董事、审计师的监督和咨询职能，为企业稳健发展保驾护航。四是拓宽国际视野，充分借鉴发达国家一切先进的管理经验和技术，吸收消化再创新，增强自主创新能力和核心竞争力。

三、研究局限

尽管本书已经取得了一些研究进展，但是受研究时间以及本人研究能力等因素的制约，本书还存在以下几点主要不足之处，有待在以后的研究中进一步完善。

（一）未进行调查研究

限于个人能力及其资源限制，本人并未对上市公司中拥有境外居留权的实际控制人进行面对面的访谈，获取第一手调查资料，对于这些民营企业家在拥有境外居留权前后的经营思路、创新决策等方面的变化并未做深入的调查，本书的理论分析与推导可能存在一定的缺陷，与实际情况可能有出入，且基于大样本的回归模型得出的结论，未必适合个案。

（二）变量测量方法不够全面细致

创新的衡量只用了专利授权量，未使用专利引用量；管理创新的衡量比较粗糙，不够准确。未来可以考虑使用更全面可靠的指标来衡量企业创新。

（三）作用路径的分析还不够深入

本书主要选取掏空行为、会计信息操纵和融资约束作为实际控制人境外居留权影响企业创新的作用路径进行研究，没有选取其他的中介变量来分析两者关系的内在逻辑，作用机理分析可能不够全面与完整。

四、研究展望

（一）实际控制人个人特征以及境外居留权的研究

目前，实际控制人个人特征以及境外居留权的研究已经得到了不少学者的关注，但仍然存在可以进一步深入研究的地方。一是实际控制人的其他个人特征是否也会影响企业创新，如受教育水平、乐观主义、职业生涯等个人特征。二是民营企业非实际控制人的高管、董事获得境外居留权与其实际控制人获得境外居留权有什么不同。国有企业高管、董事获得境外居留权会对企业产生什么影响。三是实际控制人境外居留权是否会影响企业的海外投资、海外并购等，影响路径是什么等。

（二）企业创新的研究

由于企业创新的重要性，很多学者从不同方面研究了企业创新，但截至目前仍然存在一些可以深入挖掘的内容。一方面，创新的衡量指标尚不够完善，需要创建一种新的创新衡量指标。目前文献主要是使用研发支出与专利来衡量企业创新。研发支出存在披露质量较差，对于会计准则较为敏感等问题。专利数据存在不能完全捕捉真实的创新产出，很多企业为了保护商业秘密并不申请专利等问题。所以，需要研究一种新的全面反映企业创新产出的指标。另一方面，企业创新的经济后果研究不足。企业创新是否及其如何影响企业真实业绩和财务业绩、股权结构、企业关键特征等，企业创新总体上如何影响区域或国家的创业、就业、金融发展和经济增长等均存在进一步研究的空间。

主要参考文献

[1] 陈春华，蒋德权，张颖．境外居留权、控制方式与研发国际化——来自中国创业板和中小板上市公司的经验证据［J］．重庆大学学报（社会科学版），2018（3）：91－102.

[2] 陈红，张玉，刘东霞．政府补助、税收优惠与企业创新绩效——不同生命周期阶段的实证研究［J］．南开管理评论，2019（3）：187－200.

[3] 陈林，万攀兵，许莹盈．混合所有制企业的股权结构与创新行为——基于自然实验与断点回归的实证检验［J］．管理世界，2019（10）：186－205.

[4] 程瑶，闫慧慧．税收优惠对企业研发投入的政策效应研究［J］．数量经济技术经济研究，2018（2）：116－130.

[5] 崔淼，苏敬勤．中国企业管理创新的驱动力：兼与西方企业的比较［J］．科学学研究，2012（5）：755－765.

[6] 戴维奇，刘洋，廖明情．烙印效应：民营企业谁在“不务正业”？［J］．管理世界，2016（5）：99－115＋187－188.

[7] 杜勇，张欢，陈建英．CEO 海外经历与企业盈余管理［J］．会计研究，2018（2）：27－33.

[8] 杜勇，谢瑾，陈建英．CEO 金融背景与实体企业金融化［J］．中国工业经济，2019（5）：136－154.

[9] 杜瑞，李延喜．企业研发活动与盈余管理——微观企业对

宏观产业政策的适应性行为［J］. 科研管理，2018（3）：122－131.

［10］董延芳. 移民异质性与经济发展［M］. 武汉：武汉大学出版社，2011.

［11］邓子基，杨志宏. 财税政策激励企业技术创新的理论与实证分析［J］. 财贸经济，2011（5）：5－10.

［12］冯根福. 双重委托代理理论：上市公司治理的另一种分析框架［J］. 经济研究，2004（12）：16－25.

［13］高天宏，师超，安学鹏. 逃离还是发展：境外居留权与企业信息披露质量［J］. 兰州财经大学学报，2019（4）：64－74.

［14］顾夏铭，陈勇民，潘士远. 经济政策不确定性与创新——基于我国上市公司的实证分析［J］. 经济研究，2018（2）：109－123.

［15］胡元木. 技术独立董事可以提高创新产出效率吗——来自中国证券市场的研究［J］. 南开管理评论，2012（2）：136－142.

［16］胡国柳，赵阳，胡珺. D&O保险、风险容忍与企业自主创新［J］. 管理世界，2019（8）：121－135.

［17］黄宏斌，翟淑萍，陈静楠. 企业生命周期、融资方式与融资约束——基于投资者情绪调节效应的研究［J］. 金融研究，2016（7）：96－112.

［18］郝项超，梁琪，李政. 融资融券与企业创新：基于数量与质量视角的分析［J］. 经济研究，2018（6）：127－141.

［19］亨瑞国际咨询集团. 美国投资移民全程指南［M］. 北京：法律出版社，2014.

［20］姜付秀，郑晓佳，蔡文婧. 控股家族的“垂帘听政”与公司财务决策［J］. 管理世界，2017（3）：125－145.

［21］姜付秀，王运通，田园，吴恺. 多个大股东与企业融资约束——基于文本分析的经验证据［J］. 管理世界，2017（12）：

61 – 74.

[22] 鞠晓生，卢荻，虞义华．融资约束、营运资本管理与企业创新可持续性 [J]．经济研究，2013 (1)：4 – 16.

[23] 蒋艳辉，曾倩芳，冯楚建，田迪．非高管型海归、本土科技人才与企业突破性创新——来自中小型高新技术企业的经验证据 [J]．中国软科学，2018 (2)：149 – 159.

[24] 江伟，底璐璐，胡玉明．改进型创新抑或突破型创新——基于客户集中度的视角 [J]．金融研究，2019 (7)：155 – 173.

[25] 江轩宇，朱琳，伊志宏，于上尧．工薪所得税筹划与企业创新 [J]．金融研究，2019 (7)：135 – 154.

[26] 吉红云，干杏娣．我国货币政策的产业结构调整效应——基于上市公司的面板数据分析 [J]．上海经济研究，2014 (2)：3 – 10.

[27] 雷光勇．企业会计契约：动态过程与效率 [J]．经济研究，2004 (5)：98 – 106.

[28] 刘行，梁娟，建蕾．实际控制人的境外居留权会使民营企业更多避税吗 [J]．财经研究，2016 (9)：133 – 144.

[29] 刘国福．国际移民法的最新发展：兼任中国出入境管理法的改造和重塑 [J]．河南政法管理干部学院学报，2008 (5)：46 – 58.

[30] 刘国福．移民法：出入境权研究 [M]．北京：中国经济出版社，2006.

[31] 刘国福．移民法 [M]．北京：中国经济出版社，2010.

[32] 刘建秋，朱益祥．实际控制人境外居留权与企业价值——基于社会责任的遮掩效应检验 [J]．华东经济管理，2019 (10)：169 – 176.

[33] 罗宏，秦际栋．国有股权参股对家族企业创新投入的影

响［J］. 中国工业经济，2019（7）：174－192.

［34］梁娟. 实际控制人的境外居留权对审计费用影响的实证研究［J］. 中央财经大学学报，2015（3）：55－61.

［35］梁权熙，谢宏基. 政策不确定性损害了中国经济的长期增长潜力吗？——来自企业创新行为的证据［J］. 中央财经大学学报，2019（7）：79－92.

［36］黎文靖，郑曼妮. 实质性创新还是策略性创新？——宏观产业政策对微观企业创新的影响［J］. 经济研究，2016（4）：60－73.

［37］李彦龙. 税收优惠政策与高技术产业创新效率［J］. 数量经济技术经济研究，2018（1）：60－76.

［38］龙小宁，林菡馨. 专利执行保险的创新激励效应［J］. 中国工业经济，2018（3）：116－135.

［39］陆静怡，王越. 心理不安全状态下决策者的风险偏好［J］. 心理科学进展，2016（5）：676－683.

［40］陆建桥. 中国亏损上市公司盈余管理实证研究［J］. 会计研究，1999（9）：25－35.

［41］鲁桐，党印. 公司治理与技术创新——分行业比较［J］. 经济研究，2014（6）：115－128.

［42］柳光强. 税收优惠、财政补贴政策的激励效应分析——基于信息不对称理论视角的实证研究［J］. 管理世界，2016（10）：62－71.

［43］马云飙，石贝贝，蔡欣妮. 实际控制人性别的公司治理效应研究［J］. 管理世界，2018（7）：136－150.

［44］马鹏飞，董竹. 股利折价之谜——基于大股东掏空与监管迎合的探索［J］. 南开管理评论，2019（3）：159－172.

［45］孟庆玺，白俊，施文. 客户集中度与企业技术创新：助

力抑或阻碍——基于客户个体特征的研究［J］. 南开管理评论，2018（4）：62－73.

［46］孟庆斌，杨俊华，鲁冰. 管理层讨论与分析披露的信息含量与股价崩盘风险——基于文本向量化方法的研究［J］. 中国工业经济，2017（12）：132－150.

［47］约翰·R. 魏克斯. 人口学概论［M］. 11版. 侯苗苗译. 北京：中国社会科学出版社，2016.

［48］潘越，戴亦一，魏诗琪. 机构投资者与上市公司“合谋”了吗：基于高管非自愿变更与继任选择事件的分析［J］. 南开管理评论，2011（1）：69－81.

［49］全怡，陈冬华. 法律背景独立董事：治理、信号还是司法庇护？——基于上市公司高管犯罪的经验证据［J］. 财经研究，2017（2）：34－47.

［50］宋建波，文雯. 董事的海外背景能促进企业创新吗？［J］. 南开管理评论，2016（11）：109－120.

［51］宋芳秀，王一江，任颋. 利率、实际控制人类型和房地产上市公司的投资行为［J］. 管理世界，2010（4）：24－31.

［52］汤湘希. 基于企业核心竞争力理论的无形资产经营问题研究［J］. 中国工业经济，2004（1）：87－92.

［53］田祥宇，杜洋洋，李佩瑶. 高管任期交错会影响企业创新投入吗［J］. 会计研究，2018（12）：56－61.

［54］谭雪. 实际控制人移民海外、异常高派现及其治理——基于代理理论的分析［J］. 中南财经政法大学学报，2019（1）：57－65.

［55］屠兴勇，张琪，王泽英，何欣. 信任氛围、内部人身份认知与员工角色内绩效：中介的调节效应［J］. 心理学报，2017（1）：83－93.

［56］魏浩，连慧君，巫俊．中美贸易摩擦、美国进口冲击与中国企业创新［J］．统计研究，2019（8）：46－59.

［57］吴越，菲文军．新流动范式：当代移民研究的理论转型及其论争［J］．学术月刊，2016（7）：79－88.

［58］吴先明，张雨．海外并购提升了产业技术创新绩效吗——制度距离的双重调节作用［J］．南开管理评论，2019（1）：4－16.

［59］吴秋生，黄贤环．财务公司的职能配置与集团成员上市公司融资约束缓解［J］．中国工业经济，2017（9）：156－173.

［60］温忠麟，叶宝娟．中介效应分析：方法和模型发展［J］．心理科学进展，2014（5）：731－745.

［61］温军，冯根福．风险投资与企业创新："增值"与"攫取"的权衡视角［J］．经济研究，2018（2）：185－199.

［62］王秀梅，尹燕红．论中国内地与香港逃犯移交制度的构建——以欧盟逮捕令为参考［J］．法学，2019（10）：182－192.

［63］王永进，冯笑．行政审批制度改革与企业创新［J］．中国工业经济，2018（2）：24－42.

［64］王兰芳，王悦，侯青川．法制环境、研发"粉饰"行为与绩效［J］．南开管理评论，2019（2）：128－141.

［65］王小鲁，樊纲，胡李鹏．中国分省份市场化指数报告（2018）［M］．北京：社会科学文献出版社，2019.

［66］王小平，王雪平．研发背景高管提升了企业技术创新质量吗？［J］．企业经济，2019（8）：3－10.

［67］王华杰，王克敏．应计操纵与年报文本信息语气操纵研究［J］．会计研究，2018（4）：45－51.

［68］夏敏，卢春龙．论国际移民与经济发展的关系——经验数据与理论反思［J］．郑州大学学报（哲学社会科学版），2016

(2): 64 - 68.

[69] 冼国明, 明秀南. 海外并购与企业创新 [J]. 金融研究, 2018 (8): 155 - 171.

[70] 徐细雄, 李万利. 儒家传统与企业创新: 文化的力量 [J]. 金融研究, 2019 (9): 112 - 130.

[71] 徐飞. 银行信贷与企业创新困境 [J]. 中国工业经济, 2019 (1): 119 - 136.

[72] 肖浩, 詹雷, 王征. 国外会计文本信息实证研究述评与展望 [J]. 外国经济与管理, 2016 (9): 93 - 112.

[73] 虞义华, 赵奇锋, 鞠晓生. 发明家高管与企业创新 [J]. 中国工业经济, 2018 (3): 137 - 155.

[74] 姚东旻, 李三希, 林思思. 老龄化会影响科技创新吗——基于年龄结构与创新能力的文献分析 [J]. 管理评论, 2015 (8): 56 - 67.

[75] 余明桂, 范蕊, 钟慧洁. 中国产业政策与企业技术创新 [J]. 中国工业经济, 2016 (3): 5 - 12.

[76] 余明桂, 回雅甫, 潘红波. 政治联系、寻租与地方政府财政补贴有效性 [J]. 经济研究, 2010 (3): 65 - 77.

[77] 提托·博埃里, 扬范·乌尔斯. 劳动经济学. 不完全竞争市场的视角 [M]. 张德远等译. 上海: 格致出版社, 2018.

[78] 易靖韬, 张修平, 王化成. 企业异质性、董事过度自信与企业创新绩效 [J]. 南开管理评论, 2015 (6): 101 - 112.

[79] 姚立杰, 周颖. 管理层能力、创新水平与创新效率 [J]. 会计研究, 2018 (6): 70 - 77.

[80] 杨国超, 刘静, 廉鹏, 芮萌. 减税激励、研发操纵与研发绩效 [J]. 经济研究, 2017 (8): 110 - 124.

[81] 祝婧媛, 何贵兵. 风险来源与决策: 背信规避现象及人

际联结需求的作用［J］. 心理学报，2016（6）：733－745.

［82］张信东，吴静．海归董事能促进企业技术创新吗？［J］. 科学学与科学技术管理，2016（1）：115－128.

［83］张胜，魏汉泽，李常安．实际控制人居留权特征与企业税收规避——基于我国民营上市公司的经验证据［J］. 会计研究，2016（4）：77－84.

［84］张杰，郑文平．创新追赶战略抑制了中国专利质量么？［J］. 经济研究，2018（5）：28－41.

［85］张杰，周晓艳，李勇．要素市场扭曲抑制了中国企业R & D［J］. 经济研究，2011（8）：78－91.

［86］张兆国，曹丹婷，张弛．高管团队稳定性会影响企业技术创新绩效吗——基于薪酬激励和社会关系的调节作用研究［J］. 会计研究，2018（12）：48－55.

［87］左晶晶，唐跃军，眭悦．第二类代理问题、大股东制衡与公司创新投资［J］. 财经研究，2013（4）：38－47.

［88］朱红军，王迪，李挺．真实盈余管理动机下的研发投资决策后果——基于创新和税收的分析视角［J］. 南开管理评论，2016（8）：36－48.

［89］朱冰，张晓亮，郑晓佳．多个大股东与企业创新［J］. 管理世界，2018（7）：151－165.

［90］朱朝晖，许文瀚．上市公司年报语调操纵、非效率投资与盈余管理［J］. 审计与经济研究，2018（3）：63－72.

［91］甄红线，王谨乐．机构投资者能够缓解融资约束吗？——基于现金价值的视角［J］. 会计研究，2016（12）：51－57.

［92］周瑜胜，宋光辉．公司控制权配置、行业竞争与研发投资强度［J］. 科研管理，2016（12）：122－131.

［93］周冬华，黄佳，赵玉洁．员工持股计划与企业创新［J］

会计研究，2019（3）：63－70.

［94］赵子乐，林建浩．海洋文化与企业创新——基于东南沿海三大商帮的实证研究［J］．经济研究，2019（2）：68－83.

［95］赵子夜，杨庆，陈坚波．通才还是专才：CEO 的能力结构和公司创新［J］．管理世界，2018（2）：123－143.

［96］赵晶，郭海．公司实际控制权、社会资本控制链与制度环境［J］．管理世界，2014（9）：160－171.

［97］钟凯，程小可，肖翔，郑立东．宏观经济政策影响企业创新投资吗——基于融资约束与融资来源视角的分析［J］．南开管理评论，2017（6）：4－14＋63.

［98］Aboody D.，Lev B. Information Asymmetry，R&D and Insider Gains［J］. *The Journal of Finance*，2000，55（6）：2747－2766.

［99］Acharya V. V.，Baghai R. P.，Subramanian K. V. Wrongful Discharge Laws and Innovation［J］. *Review of Financial Studies*，2014，27（1）：301－346.

［100］Aghion P.，Tirole J. Formal and Real Authority in Organizations［J］. *Journal of political economy*，1997，105（1）：1－29.

［101］Aghion P.，Van R. J.，Zingales L. Innovation and Institutional Ownership［J］. *American Economic Review*，2013，103（1）：277－304.

［102］Aghion P.，Bloom N.，Blundell R.，Griffith R.，Howitt P. Competition and Innovation：An Inverted-U Relationship［J］. *Quarterly Journal of Economics*，2005，120（2）：701－728.

［103］Albrecht W. S.，Wernz G. W.，Williams T. L. Fraud：Bringing Light to the Dark Side of Business［M］. *New York Irwin Professional Pub*，1995.

［104］Almeida H.，Campello M.，Weisbach M. S. The Cash

Flow Sensitivity of Cash [J]. *The Journal of Finance*, 2004, 59 (4): 1777 - 1804.

[105] Allen F., Qian J., Qian M. J. Law, Finance and Economic Growth in China [J]. *Journal of Financial Economics*, 2005, 77 (1): 57 - 116.

[106] Akerlof G. A. The Market for "Lemons": Quality Uncertainty and the Market Mechanism [J]. *The Quarterly Journal of Economics*, 1970, 84 (3): 488 - 500.

[107] Amore M. D., Schneider C., Zaldokas A. Credit supply and corporate innovation [J]. *Journal of Financial Economics*, 2013, 109 (3): 835 - 855.

[108] Arrow K. J. Uncertainty and the Welfare Economics of Medical Care [J]. *American Economic Review*, 1963, 53 (5): 941 - 973.

[109] Atanassov J. Arm's Length Financing and Innovation: Evidence from Publicly Traded Firms [J]. *Management Science*, 2016, 62 (1): 128 - 155.

[110] Aubry A., Burzyński M., Docquier F. The welfare impact of global migration in OECD countries [J]. *Journal of International Economics*, 2016, 101: 1 - 21.

[111] Baker S. R., Bloom N., Davis S. J. Measuring Economic Policy Uncertainty [J]. *Quarterly Journal of Economics*, 2016, 131 (4): 1593 - 1636.

[112] Balsmeier B. Unions, Collective Relations Laws and R&D Investment in Emerging and Developing Countries [J]. *Research Policy*, 2017, 46 (1): 292 - 304.

[113] Balsmeier B., Fleming L., Manso G. Independent Boards and Innovation [J]. *Journal of Financial Economics*, 2017, 123

(3): 536 - 557.

[114] Bao Y., Datta A. Simultaneously Discovering and Quantifying Risk Types From Textual Risk Disclosures [J]. *Management Science*, 2014, 60 (6): 1371 - 1391.

[115] Baranchuk N., Kieschnick R., Moussawi R. Motivating Innovation in Newly Public Firms [J]. *Journal of Financial Economics*, 2014, 111 (3): 578 - 588.

[116] Bartels D. M., Urminsky O. On Intertemporal Selfishness: How the Perceived Instability of Identity Underlies Impatient Consumption [J]. *Journal of Consumer Research*, 2011, 38 (1): 182 - 198.

[117] Barth M. E., Konchitchki Y., Landsman W. R. Cost of Capital and Earnings Transparency [J]. *Journal of Accounting and Economics*, 2013, 55 (2/3): 206 - 224.

[118] Bayar O., Thomas J. CV, Mark L. How to Motivate Fundamental Innovation: Subsidies Versus Prizes and the Role of Venture Capital [R]. Working paper, Boston College, 2016.

[119] Behr J. F. H., Fossum V., Mitzenmacher M., Xiao D. Estimating and Comparing Entropy aross Written Natural Languages Using PPM Compression [R]. Harvard Computer Science Group Technical Report TR - 12 - 02, 2002.

[120] Bénabou R., Davide T., Andrea V. Religion and Innovation [J]. *American Economic Review*, 2015, 105 (5): 346 - 351.

[121] Beneish M. D. Incentives and Penalties Related to Earnings Overstatements that Violate GAAP [J]. *The Accounting Review*, 1999, 74 (4): 425 - 457.

[122] Benmelech E., Frydman C. Military CEOs [J]. *Journal of Financial Economics*, 2015, 117 (1): 43 - 59.

[123] Bereskin F. L., Hsu P. H., Rotenberg W. The Real Effects of Real Earnings Management: Evidence from Innovation [J]. *Contemporary Accounting Research*, 2018, 35 (1): 525 – 557.

[124] Bernstein S. Does Going Public Affect Innovation? [J]. *Journal of Finance*, 2015, 70 (4): 1365 – 1403.

[125] Bernstein S., Giroud X., Townsend R. R. The Impact of Venture Capital Monitoring [J]. *The Journal of Finance*, 2016, 71 (4): 1591 – 1622.

[126] Biddle G. C., Hilary G., Verdi R. S. How does Financial Reporting Quality Relate to Investment Efficiency? [J]. *Journal of Accounting and Economics*, 2009, 48 (2 – 3): 112 – 131.

[127] Black R., Castaldo A. Return Migration and Entrepreneur-Ship in Ghana and Côte d'Ivoire: the role of capital transfers [J]. *Tijdschrift voor economische en sociale geografie*, 2009, 100 (1): 44 – 58.

[128] Blackwell M., Iacus S., King G., Porro G. Cem: Coarsened exact Matching in Stata [J]. *Stata Journal*, 2009, 9 (4): 524 – 546.

[129] Bloomfield R. J. The "Incomplete Revelation Hypothesis" and Financial Reporting [J]. *Accounting Horizons*, 2002, 16 (3): 233 – 243.

[130] Bøler E. A, Moxnes A, Ulltveit-Moe K. H. R&D, International Sourcing, and the Joint Impact on Firm Performance [J]. *American Economic Review*, 2015, 105 (12): 3704 – 3739.

[131] Bonsall S., Miller B. The Impact of Narrative Disclosure Readability on Bond Ratings and the Cost of Debt [J]. *Review of Accounting Studies*, 2017, 22 (2): 608 – 643.

[132] Bosetti V., Cattaneo C, Verdolini E. Migration of Skilled

Workers and Innovation: A European Perspective [J]. *Journal of International Economics*, 2015, 96 (2): 311 -322.

[133] Bradley D., Kim I., Tian X. Do Unions Affect Innovation? [J]. *Management Science*, 2017, 63 (7): 2251 -2271.

[134] Brown J. R., Martinsson G. Does Transparency Stifle or Facilitate Innovation? [J]. *Management Science*, 2019, 65 (4): 1600 -1623.

[135] Buehlmaier M., Whited T. M. Looking for Risk in Words: A Narrative Approach to Measuring the Pricing Implications of Financial Constraints [C]. Annual Conference of the Western Finance Association (WFA), 2016.

[136] Camisón C., Villar-López A. Organizational Innovation As an Enabler of Technological Innovation Capabilities and Firm Performance [J]. *Journal of Business Research*, 2014, 67 (1): 2891 -2902.

[137] Campbell J., Chen H., Dhaliwal D, Lu H, Steele L. The Information Content of Mandatory Risk Factor Disclosures in Corporate Filings [J]. *Review of Accounting Studies*, 2014, 19 (1): 396 -455.

[138] Carroll G. R., Hannan M. T. Density Dependence in the Evolution of Populations of Newspaper Organizations [J]. *American Sociological Review*, 1989, 54 (4): 524 -541.

[139] Cerqueiro G., Hegde D., Penas M F, Seamans R C. Debtor Rights, Credit Supply, and Innovation [J]. *Management Science*, 2017, 63 (10): 3311 -3327.

[140] Chang X., Chen Y. Y., Wang, S Q, Zhang K, Zhang R. Credit Default Swaps and Corporate Innovation [J]. *Journal of Financial Economics*, 2019, 134 (2): 474 -500.

[141] Chang X., Fu K. K., Low A, Zhang W R. Non - execu-

tive employee Stock Options and Corporate Innovation [J]. *Journal of Financial Economics*, 2015, 115 (1): 168 – 188.

[142] Chava S., Oettl A., Subramanian A, Subramanian K V. Banking Deregulation and Innovation [J]. *Journal of Financial Economics*, 2013, 109 (3): 759 – 774.

[143] Chemmanur T. J., Tian X. Do Antitakeover Provisions Spur Corporate Innovation? A Regression Discontinuity Analysis [J]. *Journal of Financial & Quantitative Analysis*, 2018, 53 (3): 1 – 32.

[144] Chemmanur T. J., Loutskina E, Tian X. Corporate Venture Capital, Value Creation and Innovation [J]. *Review of Financial Studies*, 2014, 27 (8): 2434 – 2473.

[145] Chemmanur T. J., Kong L, Krishnan K, Yu Q. Top Management Human Capital, Inventor Mobility and Corporate Innovation [J]. *Journal of Financial and Quantitative Analysis*, 2019, 54 (6): 2383 – 2422.

[146] Chen Y, Podolski E. J., Rhee S G, Veeraraghavan M. Local Gambling Preferences and Corporate Innovative Success [J]. *Journal of Financial and Quantitative Analysis*, 2014, 49 (1): 77 – 106.

[147] Chen Y. Y., Hsu P. H., Podolski E, Veeraraghavan M. In the Mood for Creativity: Weather-Induced Mood, Inventor Performance and Firm Value [R]. Working paper, SSRN, 2018.

[148] Chen D. H., Chen Y. Y., Li O. Z., Ni C. K. Foreign Residency Rights and Corporate Fraud [J]. *Journal of Corporate Finance*, 2018, 51: 142 – 163.

[149] Choi S. B., Lee S. H., Williams C. Ownership and Firm Innovation in a Transition Economy: Evidence from China [J]. *Research Policy*, 2011, 40 (3): 441 – 452.

[150] Choi J., Lee J. Repairing the R&D Market Failure: Public R&D Subsidy and the Composition of Private R&D [J]. *Research Policy*, 2017, 46 (8): 1465 -1478.

[151] Chu Y., Tian X., Wang W. Corporate Innovation Along the Supply Chain [J]. *Management Science*, 2018, 65 (6): 2445 -2466.

[152] Claessens S., Djankov S., Lang L H P. The Separation of Ownership and Control in East Asian Corporations [J]. *Journal of Financial Economics*, 2000, 58 (1/2): 81 -112.

[153] Clemens M., Montenegro C., Pritchett L. The Place Premium: Wage Differences for Identical Workers Across the US Border [R]. Working paper, World Bank, 2008.

[154] Cong L. W., Howell S. T. Listing Delays and Innovation: Evidence from Chinese IPOs [R]. Working paper, SSRN, 2018.

[155] Cull R., Xu L. C. Institutions, Ownership and Finance: the Determinants of Profit Reinvestment Among Chinese Firms [J]. *Journal of Financial Economics*, 2005, 77 (1): 117 -146.

[156] Custodio C., Ferreira M. A., Matos P. Do General Managerial Skills Spur Innovation? [R]. Working paper, SSRN, 2017.

[157] D'Argembeau A., Lardi C., Van der Linden M. Self-Defining Future Projections: Exploring the Identity Function of Thinking About the Future [J]. *Memory*, 2012, 20 (2): 110 -120.

[158] Damanpour F., Schneider M. Phases of the Adoption of Innovation in Organizations: Effects of Environment, Organization and Top Managers [J]. *British Journal of Management*, 2006, 17 (3): 215 -236.

[159] Dechow P. M., Sloan R. G., Sweeney A. P. Detecting Earnings Management [J]. *The Accounting Review*, 1995, 70 (2):

193 – 225.

[160] Dechow P. M., Dichev I. D. The Quality of Accruals and Earnings: The Role of Accrual Estimation Errors [J]. *The Accounting Review*, 2002, 77 (s1): 35 – 59.

[161] Dechow P. M., Skinner D. J. Earnings Management: Reconciling the Views of Accounting Academics, Practitioners and Regulators [J]. *Accounting Horizons*, 2000, 14 (2): 235 – 250.

[162] Dickinson V. Cash Flow Patterns as a Proxy for Firm Life Cycle [J]. *The Accounting Review*, 2011, 86 (6): 1969 – 1994.

[163] Di Giovanni J., Levchenko A. A., Ortega F. A Global View of Cross-Border Migration [J]. *Journal of the European Economic Association*, 2015, 13 (1): 168 – 202.

[164] Dietmar M., Adela S. The Impact of Remittances on Economic Growth: An Econometric Model [J]. *Economia*, 2017, 18 (2): 147 – 155.

[165] Docquier F., Lohest O., Marfouk A. Brain Drain in Developing Countries [J]. *The World Bank Economic Review*, 2007, 21 (2): 193 – 218.

[166] Douglas D., Radicic D. Effectiveness of Public Procurement in Stimulating Innovationin Small and Medium-Sized Enterprises (SMEs) [R]. Institute for Small Business and Entrepreneurship (ISBE), 2016.

[167] Ederer F., Manso G. Is Pay for Performance Detrimental to Innovation? [J]. *Management Science*, 2013, 59 (7): 1496 – 1513.

[168] Emerson R. M. Power-dependence Relations [J]. *American Sociological Review*, 1962, 27 (1): 31 – 40.

[169] Ertugrul M., Lei J., Qiu J., Wan C. Annual Report

Readability, Tone Ambiguity and the Cost of Borrowing [J]. *Journal of Financialand Quantitative Analysis*, 2017, 52 (2): 811 -836.

[170] Fan J. P. H., Wong T. J., Zhang T. Founder Succession and Accounting Properties [J]. *Contemporary Accounting Research*, 2012, 29 (1): 283 -311.

[171] Fan J. P. H., Wong T. J. Do External Auditors Perform a Corporate Governance Role in Emerging Markets? Evidence from East Asia [J]. *Journal of Accounting Research*, 2005, 43 (1): 35 -72.

[172] Fang L. H., Lerner J., Chaopeng W. Intellectual Property Rights Protection, Ownership, and Innovation: Evidence from China [J]. *Review of Financial Studies*, 2017, 30 (7): 2446 -2477.

[173] Fassio C., Montobbio F., Venturini A. Skilled migration and innovation in European industries [J]. *Research Policy*, 2019, 48 (3): 706 -718.

[174] Fazarri S. M., Hubbard R. G., Petersen B. C. Financing Constraints and Corporate Investment [J]. *Brookings Papers on Economic Activity*, 1988 (1): 141 -206.

[175] Frosch K., Tivig T. Age, Human Capital and the Geography of Innovation [J]. *Working paper*, *Thünen-Series of Applied Economic Theory*, 2007.

[176] Gao H., Zhang J. SOX Section 404 and Corporate Innovation [J]. *Journal of Financial and Quantitative Analysis*, 2019, 54 (2): 1 -64.

[177] Gao H., Zhang W. Employment Nondiscrimination Acts and Corporate Innovation [J]. *Management Science*, 2017, 63 (9): 2982 -2999.

[178] Gao H., Hsu P. H., Li K., Zhang J. The Real Effect of

Smoking Bans: Evidence from Corporate Innovation [J]. *Journal of Financial and Quantitative Analysis*, 2020, 55 (2): 387 -427.

[179] GAO (US Government Accountability Office) . Financial Statement Restatements: Trends, Market Impacts, Regulatory Responses, and Remaining Challenges [R]. US Government Accountability Office, 2002.

[180] Ge W. L. , Tanlu L. , Zhang J. L. What Are the Consequences of Board Destaggering? [J]. *Review of Accounting Studies*, 2016, 21 (3): 808 -858.

[181] Gibson J. , McKenzie D. , Stillman S. The Impacts of International Migration on Remaining Household Members: Omnibus Results from a Migration Lottery Program [J]. *Review of Economics and Statistics*, 2011, 93 (4): 1297 -1318.

[182] Goldman J. , Peress J. Firm Innovation and Financial Analysis: How do They Interact? [J]. *Working Paper, INSEAD*, 2015.

[183] Guo B. , Pérez-Castrillo D. , Toldrà-Simats A. Firms' Innovation Strategy Under the Shadow of Analyst Coverage [J]. *Journal of Financial Economics*, 2019, 131 (2): 456 -483.

[184] Hadlock C. J. , Pierce J. R. New Evidence on Measuring Financial Constraints: Moving Beyond the KZ Index [J]. *Review of Financial Studies*, 2010, 23 (5): 1909 -1940.

[185] Hall E. T. Beyond Culture [J]. *Chicago*, 1976, 43 (7): 4 -20.

[186] Hall B. H. , Rosenberg N (Eds.) . Handbook of the Economics of Innovation (Vol. 1) [M]. *Elsevier*, 2010.

[187] Ham C. , Seybert N. , Wang S. Narcissism Is a Bad Sign: CEO Signature Size, Investment, and Performance [J]. *Review of Ac-*

counting Studies, 2018, 23 (1): 234 - 264.

[188] Hambrick D., Mason P. Upper Echelons: The Organization As A Reflection of Its Top Managers [J]. *Academy of Management Review*, 1984, 9 (2): 193 - 206.

[189] Hambrick D. C., Fukutomi G. D. S. The Seasons of a CEO's Tenure [J]. *Academy of Management Review*, 1991, 16 (4): 719 - 742.

[190] Hambrick D. C. Upper Echelons Theory: An Update [J]. *Academy of Management Review*, 2007, 32 (2): 334 - 343.

[191] He J., Tian X. Finance and Corporate Innovation: A Survey [J]. *Asia-Pacific Journal of Financial Studies*, 2018, 47 (2): 165 - 212.

[192] He J., Tian X. The Dark Side of Analyst Coverage: The Case of Innovation [J]. *Journal of Financial Economics*, 2013, 109 (3): 856 - 878.

[193] He H., Li H., Zhang J. F. Does the Stock Market Boost Firm Innovation?: Evidence from Chinese Firms [R]. Working paper, IMF, 2017.

[194] Healy P. M., Wahlen J M. A Review of the Earnings Management Literature and Its Implications for Standard Setting [J]. *Accounting Horizons*, 1999, 13 (4): 365 - 383.

[195] Heij C. V., Volberda H. W., Van Den Bosch F. A. J. How to Leverage the Impact of New Technological on Product and Service Innovations: The Complementary Effect of Management Innovation [J]. *Working paper*, *Rotterdam School of Management*, *Erasmus University*, *Rotterdam*, 2013.

[196] Hershfield H. E., Cohen T. R., Thompson L. Short Horizons and Tempting Situations: Lack of Continuity to Our Future Selves

Leads to Unethical Decision Making and Behavior [J]. *Organizational Behaviorand Human Decision Processes*, 2012, 117 (2): 298 -310.

[197] Heyden M. L. M., Sidhu J. S., Volberda H. W. The Conjoint Influence of Top and Middle Management Characteristics on Management Innovation [J]. *Journal of Management*, 2018, 44 (4): 1505 -1529.

[198] Hillman A. J., Withers M. C., Collins B. J. Resource Dependence Theory: A Review [J]. *Journal of Management*, 2009, 35 (6): 1404 -1427.

[199] Hoberg G., Maksimovic V. Redefining Financial Constraints: A Text-based Analysis [J]. *Review of Financial Studies*, 2015, 28 (5): 1312 -1352.

[200] Hoffman R. C., Hegarty W. H. Top Management Influence on Innovations: Effects of Executive Characteristics and Social Culture [J]. *Journal of Management*, 1993, 19 (3): 549 -574.

[201] Holmstrom B. Agency Costs and Innovation [J]. *Journal of Economic Behavior and Organization*, 1989, 12 (3): 305 -327.

[202] Howell S. T. Financing Innovation: Evidence from R&D Grants [J]. *American Economic Review*, 2017, 107 (4): 1136 -1164.

[203] Hsieh T. S., Kim J. B., Wang R., Wang Z. H. Educate to Innovate: Evidence from STEM Directors and Corporate Innovation [R]. Working paper, SSRN, 2017.

[204] Hsu P. H., Tian X., Xu. Y. Financial Development and Innovation: Cross-country Evidence [J]. *Journal of Financial Economics*, 2014, 112 (1): 116 -135.

[205] Hsu P. H., Lee H. H., Liu A. Z., Zhang Z. P. Corporate Innovation, Default Risk, and Bond Pricing [J]. *Journal of Corporate*

Finance, 2015, 35: 329 - 344.

[206] Huang X., Teoh S. H., Zhang Y. Tone Management [J]. *The Accounting Review*, 2014, 89 (3): 1083 - 1113.

[207] Hutton I., Jiang D., Kumar A. Corporate Policies of Republican Managers [J]. *Journal of Financial and Quantitative Analysis*, 2014, 49 (5 - 6): 1279 - 1310.

[208] Islam E., Zein J. Inventor CEOs [J]. *Journal of Financial Economics*, 2020, 135 (2): 505 - 527.

[209] Jaffe A. B., Le T. The impact of R&D Subsidy on Innovation: a study of New Zealand firms [R]. Working paper, NBER, 2015.

[210] Jensen M. C., Meckling W. H. Theory of Firm: Managerial Behavior, Agency Costs, and Ownership Structure [J]. *Journal of Financial Economics*, 1976, 38 (3): 29 - 58.

[211] Jia N. Should Directors Have Term Limits? - Evidence from Corporate Innovation [J]. *European Accounting Review*, 2017, 26 (4): 755 - 785.

[212] Jiang X., Yuan Q. Institutional Investors' Corporate Site Visits and Corporate Innovation [J]. *Journal of Corporate Finance*, 2018, 48: 148 - 168.

[213] Jones J. J. Earnings Management During Import Relief Investigations [J]. *Journal of Accounting Research*, 1991, 29 (2): 193 - 228.

[214] Kaplan S. N., Zingales L. Do Investment-Cash Flow Sensitivities Provide Useful Measures of Financing Constraints? [J]. *The Quarterly Journal of Economics*, 1997, 112 (1): 169 - 215.

[215] Keum D. Penalizing the Underdogs? Employment Protection and the Competitive Dynamics of Firm Innovation [R]. Working pa-

per, SSRN, 2016.

[216] Knechel W. R., Payne J. L. Additional Evidence on Audit Report Lag [J]. Auditing: A Journal of Practice & Theory, 2001, 20 (1): 137 - 146.

[217] Kogan L., Papanikolaou D., Seru A. Technological Innovation, Resource Allocation, and Growth [J]. *Quarterly Journal of Economics*, 2017, 132 (2): 665 - 712.

[218] Kothari S. P., Leone A. J., Wasley C. E. Performance Matched Discretionary Accrual Measures [J]. *Journal of Accounting & Economics*, 2005, 39 (1): 163 - 197.

[219] Kothari S. P., Shu S., Wysock P. D. Do Managers Withhold Bad News? [J]. *Journal of Accounting Research*, 2009, 47 (1): 241 - 276.

[220] Kraśnicka T., Wojciech G., Martyna W. P. Management Innovation and Its Measurement [J]. *Journal of Entrepreneurship, Management and Innovation*, 2016, 12 (2): 95 - 122.

[221] La Porta R., Lopez-de-silanes F., Shleifer A. Corporate Ownership around the World [J]. *The Journal of Finance*, 1999, 54 (2): 471 - 517.

[222] Li F. Textual Analysis of Corporate Disclosures: A Survey of the Literature [J]. *Journal of Accounting Literature*, 2010, 29: 143 - 165.

[223] Li F. Annual Report Readability, Current Earnings and Earnings Persistence [J]. *Journal of Accounting and Economics*, 2008, 45 (2 - 3): 221 - 247.

[224] Liu A. Z., Subramanyam K. R., Zhang J. Y., Shi C. Do Firms Manage Earnings to Influence Credit Ratings? Evidence from Neg-

ative Credit Watch Resolutions [J]. *The Accounting Review*, 2018, 93 (3): 267 - 298.

[225] Lorenz K. On the formation of the concept of instinct [J]. *Natural Sciences*, 1937, 25 (19): 289 - 300.

[226] Tim Loughran and Bill McDonald. When is a liability not a liability? Textual analysis, dictionaries, and 10 - Ks [J]. *The Journal of Finance*, 2011, 66 (1): 35 - 65.

[227] Lu J., Wang, W. Managerial conservatism, board independence and corporate innovation [J]. *Journal of Corporate Finance*, 2018, 48: 1 - 16.

[228] Luong H., Moshirian F., Nguyen L., Tian X., Zhang B. How Do Foreign Institutional Investors Enhance Firm Innovation? [J]. *Journal of Financial & Quantitative Analysis*, 2017, 52 (4): 1449 - 1490.

[229] MacGregor D. G., Slovic P., Dreman D., Berry M. Imagery, Affect, and Financial Judgment [J]. *Journal of Psychology and Financial Markets*, 2000, 1 (2): 104 - 110.

[230] Mao C. X., Zhang C. Managerial Risk - Taking Incentive and Firm Innovation: Evidence from FAS 123R [J]. *Journal of Financialand Quantitative Analysis*, 2018, 53 (2): 867 - 898.

[231] Mao Y. F. Managing innovation: The Role of Collateral [R]. Working paper, Cornell University, 2017.

[232] March J. G., Simon H. A. Organizations [M]. *New York: Wiley*, 1958.

[233] Marquis C., Huang Z. Acquisitions as exaptation: The Legacy of Founding Institutions in the U. S. Commercial Banking Industry [J]. *Academy of Management Journal*, 2010, 53 (6): 1441 - 1473.

［234］ Marquis C. , Tilcsik A. Imprinting: Toward a Multilevel Theory ［J］. *Academy of Management Annals*, 2013, 7 (1): 195 -245.

［235］ Massey D. S. , España F. G. The Social Process of International Migration ［J］. *Science*, 1987, 237 (4816): 733 -738.

［236］ Mathias B. D. , Williams D. W. , Smith A. R. Entrepreneurial Inception: The Role of Imprinting in Entrepreneurial Action ［J］. *Journal of Business Venturing*, 2015, 30 (1): 11 -28.

［237］ McCarthy K. J. , Aalbers H. L. Technological Acquisitions: The Impact of Geography on Post-Acquisition Innovative Performance ［J］. *Research Policy*, 2016, 45 (9): 1818 -1832.

［238］ McEvily B. , Jaffee J. , Tortoriello M. Not All Bridging Ties Are Equal: Network Imprinting and Firm Growth in the Nashville Legal Industry, 1933 - 1978 ［J］. *Organization Science*, 2012, 23 (2): 547 -563.

［239］ Merkley K. J. Narrative Disclosure and Earnings Performance: Evidence from R&D Disclosures ［J］. *The Accounting Review*, 2014, 89 (2): 725 -757.

［240］ Modigliani F. , Miller M. H. The Cost of Capital, Corporation Finance and the Theory of Investment ［J］. *American Economic Review*, 1958, 48 (3): 261 -297.

［241］ Mukherjee A. , Singh M. , Zaldokas A. Do Corporate Taxes Hinder Innovation ［J］. Journal of Financial Economics, 2017, 124 (1): 195 -221.

［242］ Murray F. , Aghion P. , Dewatripont M. , Kolev J. , Stern S. of Mice and Academics: Examining the Effect of Openness on Innovation ［J］. *American Economic Journal: Economic Policy*, 2016, 8 (1): 212 -252.

[243] Myers S. C., Majluf N. S. Corporate Financing and Investment Decisions When Firms Have Information That Investors Do Not Have [J]. *Journal of Financial Economics*, 1984, 13 (2): 187-221.

[244] OECD. Oslo Manual (3rd edition) [M]. *OECD, Paris*, 2005.

[245] Park K. Financial Reporting Quality and Corporate Innovation [J]. *Journal of Business Finance and Accounting*, 2018, 45 (7-8): 871-894.

[246] Peng M. W., Luo Y. Managerial Ties and Firm Performance in a Transition Economy: The Nature of a Micro-Macro Link [J]. *Academy of Management Journal*, 2000, 43 (3): 486-501.

[247] Pfeffer J., Salancik G. R. The External Control of Organizations: A Resource Dependence Perspective [M]. *New York: HarperandRow*, Publishers, Inc, 1978.

[248] Porcano T. M. Corporate Tax Rates: Progressive, Proportional, or Regressive [J]. *Journal of the American Taxation Association*, 1986, 7 (2): 17-31.

[249] Porter M. Capital Disadvantage: America's Failing Capital Investment System [J]. *Harvard Business Review*, 1992, 70 (5): 65-82.

[250] Qian C., Wang H., Geng X. S., Yu Y. X. Rent Appropriation of Knowledge-based Assets and Firm Performance When Institutions Are Weak: A Study of Chinese Publicly Listed Firms [J]. *Strategic Management Journal*, 2017, 38 (4): 892-911.

[251] Rajan R. G., Zingales L. Financial Dependence and Growth [J]. *American Economic Review*, 1998, 88 (3): 559-586.

[252] Rao, N. Do Tax Credits Stimulate R&D Spending? The Effect of the R&D Tax Credit in Its First Decade [J]. *Journal of Public*

Economics, 2016, 140: 1 -12.

[253] Romano D., Traverso S. The Heterogeneous Impact of International Migration on Left Behind Households: Evidence from Bangladesh [J]. *International Migration*, 2019, 57 (5): 121 -141.

[254] Romer P. M. Increasing Returns and Long-Run Growth [J]. *Journal of Political Economy*, 1986, 94 (5): 1002 -1037.

[255] Romer P. M. Endogenous Technological Change [J]. *Journal of Political Economy* 1990, 98 (5): 71 -102.

[256] Rong Z. Transparency and Firm Innovation [J]. *Journal of Accounting and Economics*, 2018, 66 (1): 67 -93.

[257] Rong Z., Wu X., Boeing P. The Effect of Institutional Ownership on Firm Innovation: Evidence from Chinese Listed Firms [J]. *Research Policy*, 2017, 46 (9): 1533 -1551.

[258] Roychowdhury S. Earnings Management through Real Activities Manipulation [J]. *Journal of Accountingand Economics*, 2006, 42 (3): 335 -370.

[259] Saidi F and Zaldokas A. How does Firms' Innovation Disclosure Affect Their Banking RelatIonships? [R]. Working Paper, Stockholm School of Economics, 2017.

[260] Sauermann H., Cohen W. M. What Makes Them Tick? Employee Motives and Firm Innovation [J]. *Management Science*, 2010, 56 (12): 2134 -2153.

[261] Schoar A., Zuo L. Shaped by Booms and Busts: How the Economy Impacts CEO Careers and Management Styles [J]. *Review of Financial Studies*, 2017, 30 (5): 1425 -1456.

[262] Sequeira S., Nunn N., Qian N. Immigrants and the Making of America [J]. *The Review of Economic Studies*, 2020, 87 (1):

382 – 419.

[263] Shannon C. E. A Mathematical Theory of Communication [J]. *Bell System Technical Journal*, 1948, 27 (4): 623 – 656.

[264] Shleifer A., Vishny R. W. A Survey of Corporate Governance [J]. *Journal of Finance*, 1997, 52 (2): 737 – 783.

[265] Schumpeter J. A. The Theory of Economic Development [M]. 1911.

[266] Solow R. M. A Contribution to the Theory of Economic Growth [J]. *Quarterly Journal of Economics*, 1956, 70 (1): 65 – 94.

[267] Solow R. M. Technical Change and the Aggregate Production function [J]. *Review of Economics and Statistics*, 1957, 39 (3): 312 – 320.

[268] Srinivasan S., Patents V. Innovation: Evidence from Public Firms [R]. Working paper, SSRN, 2018.

[269] Stark O. The Migration of Labor [M]. *Blackwell Books*, 1991.

[270] Stata R. Organizational Learning: The Key to Management Innovation [J]. *Sloan Management Review*, 1989, 63 (1): 63 – 73.

[271] Stiebale J. Cross-border M&As and Innovative Activity of Acquiring and Target Firms [J]. *Journal of International Economics*, 2016, 99: 1 – 15.

[272] Stinchcombe A. L. Social Structure and Organizations [M]. *Handbook of Organizations*, *Chicago*, IL: Rand McNally, 1965.

[273] Sunder J., Sunder S. V., Zhang J. Pilot CEOs and Corporate Innovation [J]. *Journal of Financial Economics*, 2017, 123 (1): 209 – 224.

[274] Sunder S., Cyert R. M. Theory of Accounting and Control [M]. *South-Western College Pub*, 1997.

[275] Tang Y., Li J. T., Yang H. Y. What I See, What I Do: How Executive Hubris Affects Firm Innovation [J]. *Journal of Management*, 2015, 41 (6): 1698-1723.

[276] Tan H. T., Wang E. Y., Zhou B. When the Use of Positive Language Backfires: The Joint Effect of Tone, Readability and Investor Sophistication on Earnings Judgments [J]. *Journal of Accounting Research*, 2014, 52 (1): 273-302.

[277] Tan, Y. X., Tian X., Zhang X., Zhao H. L. The Real Effects of Privatization: Evidence from China's Split Share Structure Reform [R]. Working paper, Shanghai University of Finance and Economics, 2015.

[278] Tian X., Wang T. Y. Tolerance for Failure and Corporate Innovation [J]. *Review of Financial Studies*, 2014, 27 (1): 211-255.

[279] Tzabbar D., Margolis J. Beyond the Startup Stage: The Founding Team's Human Capital, New Venture's Stage of Life, Founder-CEO Duality and Breakthrough Innovation [J]. *Organization Science*, 2017, 28 (5): 857-872.

[280] Vaccaro I. G., Jansen J. J. P., Van Den Bosch F. A. J., Volberda H. W. Management Innovation and Leadership: The Moderating Role of Organizational Size [J]. *Journal of Management Studies* (John Wiley & Sons, Inc), 2012, 49 (1): 28-51.

[281] Volberda H. W., Van Den Bosch F. A. J., Heij C. V. Management Innovation: Management as Fertile Ground for Innovation [J]. *European Management Review*, 2013, 10 (1): 1-15.

[282] Volberda H. W., Jansen J. J. P., Tempelaar M. P., Heij K. Sociale Innovatie: Nu Nog Beter! Erasmus Concurrentieen Innovatie Monitor 2009-2010 [M]. *Rotterdam: INSCOPE-Research for Innova-*

tion, 2010.

[283] Watts R. L., Zimmerman J. L. Positive Accounting Theory [M]. *London: Prentice-Hall*, 1986.

[284] Whited T. M., Wu G. Financial Constraints Risk [J]. *Review of Financial Studies*, 2006, 19 (2): 531 - 559.

[285] Yang X., Jin Z., Tan J. S. Foreign Residency Rights and Companies' Auditor Choice [J]. *China Journal of Accounting Research*, 2019, 12 (1): 93 - 112.

[286] Yang H. Institutional Dual Holdings and Risk Shifting: Evidence from Corporate Innovation [R]. Working paper, SSRN, 2017.

[287] Yang C., Xia X., Li Y. None of My Business: CEO Financial Career and Corporate Innovation [R]. Working paper, SSRN, 2017.

[288] Zingales L. In Search of New Foundations [J]. *The Journal of Finance*, 2000, 55 (4): 1623 - 1653.

后 记

不知不觉，博士毕业已经接近两年了。在工作之余往往被杂事纠缠，很少有时间静下来研究学问，总有蹉跎岁月之感。面对即将出版的博士学位论文，感慨良多，随意写下几句，作为后记。

十多年前，我从中南财经政法大学毕业并获得硕士学位，进入银行工作，经历了柜员、客户经理、内部审计等不同岗位，整整七年的青春与汗水，奉献给了我国的金融行业，从离开校园的毛头小伙子，变成了有些油腻被人叫做“大叔”的人。古人云，三十而立。随着年龄的不断增长，我倍感自己事业、家庭等各方面均未立，特别是学业方面。六年前，我下定了决心，决定要完成我未尽之理想，重新捡起丢弃已久的书本，在繁重的工作之余，利用休息时间继续苦读。皇天不负有心人，我于 2017 年顺利通过中南财经政法大学会计学博士入学考试，成为一名大龄博士生，回到了久违的校园。

我攻读博士学位期间的生活可以说是痛并快乐着。有研读文献难以理解，撰写论文绞尽脑汁，论文发表百转千回的痛苦，也有理解了文献精髓，灵光一现来了灵感，论文杀青并被刊用的快乐。记得第一篇英文文献的阅读，整整花了我五天的时间，即便如此，仍然有不少没能弄懂的地方；记得第一篇小论文的发表，从有思路到撰写成稿，花了三个多月的时间；从投稿至被采用，花了将近半年的时间；从被采用到刊出，又花了半年的时间，其中的不易难以言表。

我能够顺利完成攻读博士学位期间的学习，一要感谢我的导师汤湘希教授。汤老师知识渊博、治学严谨，总是循循善诱、诲人不倦。无论是学术研究还是做人做事，都是我一辈子学习的榜样。二要感谢我的父母。他们为了我省吃俭用，操劳一辈子，而我一直忙于工作和学业，没能经常关心他们，没能尽孝于膝下。三要感谢中南财经政法大学会计学院的老师，如郭道扬老师、罗飞老师、唐国平老师、杨汉明老师、王雄元老师、杨国超老师等，正是他们的谆谆教诲让我不断成长，他们的严谨踏实的学术精神感染了我。四要感谢我的同学们，是他们给了我关心和帮助，如黄华、曾军、牛艺琳、谭建华、朱杰、宁书影等，还有我的师兄师姐们，如游宇、张玉娟、黄蔚、陈彩云、孙蕊、许汝俊等。

如今，我要继续我的学术生涯，希望在未来的日子里能够静心、专心地做好学问，扎扎实实地走好人生道路！

王雪平

2022 年 4 月